农业机械化管理工作读本

农业农村部农业机械化管理司
农业农村部农业机械试验鉴定总站　编
农业农村部农业机械化技术开发推广总站

中国农业大学出版社
·北京·

内容简介

本书共分8章，第一章介绍了我国农业机械化发展历程与新阶段目标任务；第二章至第七章分专题介绍了农业机械化科技创新、农机试验鉴定与质量监督管理、农机购置补贴政策与实施、农业机械化技术推广、农机社会化服务、农机安全监督管理情况；第八章介绍了典型国家和地区农业机械化发展情况。文后附8个附录。

本书理论性、实用性和操作性强，既可作为各级农业农村部门农机化教育培训教材，也可作为从事农机化管理、研究工作快速入门的工具书。

图书在版编目(CIP)数据

农业机械化管理工作读本/农业农村部农业机械化管理司，农业农村部农业机械试验鉴定总站，农业农村部农业机械化技术开发推广总站组编. —北京：中国农业大学出版社，2020.11(2022.6重印)

ISBN 978-7-5655-2482-0

Ⅰ.①农… Ⅱ.①农…②农…③农… Ⅲ.①农业机械化-工作概况-中国 Ⅳ.①F324.2

中国版本图书馆CIP数据核字(2020)第238850号

书　　名　农业机械化管理工作读本

作　　者　农业农村部农业机械化管理司
农业农村部农业机械试验鉴定总站　编
农业农村部农业机械化技术开发推广总站

策划编辑　张秀环　　　　责任编辑　张秀环
封面设计　郑　川
出版发行　中国农业大学出版社
社　　址　北京市海淀区圆明园西路2号　　　　邮政编码　100193
电　　话　发行部 010-62733489,1190　　　　读者服务部 010-62732336
　　　　　编辑部 010-62732617,2618　　　　出　版　部 010-62733440
网　　址　http://www.caupress.cn　　　　**E-mail** cbsszs@cau.edu.cn
经　　销　新华书店
印　　刷　北京鑫丰华彩印有限公司
版　　次　2020年11月第1版　　2022年6月第2次印刷
规　　格　880×1230　　32开本　　14.25印张　　290千字
定　　价　68.00元

编审指导委员会

组　长　张桃林

副组长　冀名峰　刘恒新

成　员　罗锡文　李安宁　王甲云　刘　旭　陈巧敏
涂志强　仪坤秀　姚春生　王桂显　徐振兴
李斯华　杨敏丽　宋建武　李　伟　刘小伟
范学民

编写人员

主　编　李安宁

编　者　（按姓氏拼音排序）
白蒙亮　白　艳　曹光乔　曹　蕾　邓干然
范学民　韩　雪　霍剑波　金红伟　李安宁
李国杰　李　伟　刘　博　刘德普　刘恒新
刘小伟　刘　旭　罗锡文　彭　彬　宋建武
田金明　涂志强　王　超　王国占　王心颖
吴传云　邢子涛　徐　峰　杨敏丽　张传胜
张　园

目　录

第一章　农业机械化发展历程与新阶段目标任务

习近平总书记指出，只有回看走过的路、比较别人的路、远眺前行的路，弄清楚我们从哪儿来、往哪儿去，很多问题才能看得深、把得准。农业机械化是农业现代化不可或缺的重要支撑、重要内容和重要标志，没有农业机械化，就没有农业农村现代化。农业机械化内容丰富、涉及面广，是一个递进的历史过程。准确理解把握农业机械化的主要内涵和发展趋势，做好农业机械化管理工作，不断推进农业机械化进程，责任重大，使命光荣。本章介绍农业机械化的内涵与相关内容、我国农业机械化发展历程经验和新阶段的目标任务。

第一节　农业机械化的主要内涵

《农业机械化促进法》指出，农业机械化是指运用先进适用的农业机械装备农业，改善农业生产经营条件，不断提高农业生产技术水平、经济效益和生态效益的过程。其中的农业机械（简称"农机"）是指用于农业生产及其产品初加工等相关农事活动的机械、设备。依法全面、准确地领会农业机械化内涵，主要要把握以下几点。

一、农业机械化是不断用机械作业代替人力、畜力劳动变革农业生产方式的过程

农业机械作为农业生产的重要工具，是农业生产力的要素和先进生产力的代表。农业机械化，运用先进适用的农业机械装备农业，即采用机械作业代替人力、畜力劳动，主要功能包括代替人的体力和畜力、增强与延伸人的体力、代替或辅助人的脑力等方面，可以有效提高农业生产效能，产生基础性、革命性、广泛性的功效。如大幅度提高作业效率，突破人力、畜力所不能承担的农业生产规模的限制，实现人工所不能达到的定位、定量、适时、保质等标准化精准化作业要求，以及为现代农艺、工程、信息技术措施的应用提供有效载体与技术配套等。农业机械化的功能实质是发展农业生产力，进而变革农业生产关系，推动农业生产方式现代化，促使农业生产、农户行为和农村面貌发生重大变化。随着先进适用的农业机械逐步装备农业，机械作业逐步代替人力、畜力劳动，会逐步对农业升级、农民发展、农村进步产生全面、深刻、持久的影响，在农业农村现代化中发挥着越来越重要的作用。一是不断减轻农业劳动者的劳动强度，解放劳动力，为农村劳动力资源的开发、转移创造了条件；二是不断提升农业生产技术装备水平，增强农业投入的精准化、减量化、集约化和废弃物资源化利用能力，提高农业机械技术与生物技术、信息技术集成配套程度并扩展规模化应用领域，为提高农业劳动生产率、土地产出率和资源利用率奠定物质技术基础；三是不断提高农业生产效率，持续增强农业规模经营水平、生产组织管理水平以及抵御自然灾害能力、社会化服务

能力，为农业生产标准化、商品化、产业化和农民增收提供有效支撑等。从已实现农业现代化的发达国家看，农业机械化是农业机械装备不断增长、机械作业服务领域不断扩展、机械化技术不断进步、机械化生产效益不断提升的过程，是农业现代化进程中不可或缺的重要支撑和重要内容。尽管各国选择了不同的农业现代化发展模式和途径，但共同点都是首先解决农业机械化问题，在实现农业机械化的基础上实现农业现代化。因此，农业机械化是农业现代化的重要标志，从农业机械化到农业现代化是一个不可逾越的递进过程。

二、农业机械化的实现形式和最终体现是农业机械的作业服务

农业机械化是先进适用的农业机械在农业生产中的运用，即使用机械、设备从事种植业、畜牧业、渔业等产业的产前、产中和产后生产，其实现形式和最终体现表现为农业机械的作业服务，如种植业生产的机耕、机播、机收和机械育苗（秧）、植保、施肥、灌溉、处理秸秆、烘干等活动。因此，虽然农业机械是农业机械化的基础和前提，“没有‘机’就没有‘化’，但有‘机’不等于有‘化’”，“用‘机’才能成就‘化’”，衡量农业机械化的成效、水平，主要不是看农业机械拥（保）有量，而是看机械作业服务量，看其在生产作业总量中的比重，即用机械完成或达到的程度，以机械化率（%）或机械化水平（%）表达。实践中，以主要生产环节的机械化率加权计算后作为产业机械化的代表性评价指标，如种植业机械化，用耕

种收综合机械化率代表，以机耕率（%）×0.4＋机播率（%）×0.3＋机收率（%）×0.3计算；又如农产品初加工机械化水平，用主要作业环节机械化加工农产品的原料量占其产量的比率形成的综合机械化率表示，以脱出处理机械化率（%）×0.35＋清选处理机械化率（%）×0.35＋保质处理机械化率（%）×0.3计算等，具体依照农业行业标准《农业机械化水平评价》执行，包括种植业、畜牧养殖业、水产养殖业、农产品初加工、设施种植等方面。诚然，农业机械作业服务的数量，是农业机械化"发展的硬道理"，但同时也要看到，机械作业服务还有质量效益问题，如半机械化、机械化、自动化、信息化、智能化等技术水平不同的机具在作业效能上存在明显的差别，农田农艺等作业条件的适宜性、机具的配套性、作业的组织化程度与规模大小等会不同程度影响农业机械作业服务的效率、效益和效果。机械作业是否安全，对环境是否友好等也会影响作业服务的可持续性。因此，农业机械的作业服务要坚持因地制宜、经济有效、保障安全、保护环境的原则，注重安全生产、技术进步、环保高效，讲求经济效益、生态效益和社会效益。综上所述，农业机械化发展主要取决于农业机械的作业服务，包含"数量"和"质量"两个方面，"数量"是基础、前提，即"发展的硬道理"，"质量"则是农业机械化过程中更快、更优、更能、更好的价值追求，即"发展的成色"，两个方面共同决定了农业机械化发展的出发点、落脚点和农机化管理工作的方向目标、成果绩效，实际工作中，要正确处理发展农业机械与发展农业机械化的关系，以及农业机械作业服务"数量"与"质量"的关系。

三、农业机械化是一项需要多方面协同的系统性工程

农业机械化涉及机械、设备的研究、设计、制造、鉴定、推广、使用、维修和管理各个环节，需要农机与农田、农艺、农业经营方式等密切结合，与机械、设备的经营管理、使用操作、保养维修等人员的素质息息相关，是需要各方面协同的系统工程。农业机械的作业服务，受到很多因素的制约影响，既有自然因素、经济因素，也有政策因素、技术因素和社会因素。择其要者，一是自然条件，包括农用地状况、气候、地形与通行条件等；二是经济水平，如农民收入、农产品价格、农村劳动力价格与转移就业程度、农机燃油供应水平与价格、土地价格与经营方式、农机经营服务的方式与效益等；三是技术条件，如机械装备生产供给水平、农业种养方式适应性、农产品初加工工艺匹配度、农机操作使用技能、机具售后维修保障水平等；四是政策行为，包括政府对影响农机运用的有关因素采取的一系列措施和行动，如农机购置补贴、作业补助、安全监理、试验鉴定、质量监督，农田建设、农艺改良、土地规模经营，以及组织农业机械化技术示范培训、支持农机研发创新、推动农机社会化服务等。各种因素对农业机械化发展的影响广泛、复杂，不仅在不同时空上共同决定着机械化的需求特征、发展模式和政策选择，而且许多因素间还交互作用、相互影响，形成农业机械化发展的多种格局。在不同地区、不同时期，需要深入分析影响因素的作用、现状、问题和发展趋势等，准确地把握需要解决的主要矛盾问题，因地制宜、因时制宜，精准施策、综合施

策、科学施策，着力提高农机作业服务的水平和效能。

从农业机械化的内涵看，推进农业机械化发展涉及多个方面、多个部门。当前，农业农村部门主要负责种植业、畜牧业、渔业生产及其产品初加工机械化的管理工作，涉及的机械、设备种类由《农业机械分类》行业标准确定。主要工作包括：农业机械的试验鉴定、示范推广、安全监理、应用支持、维修指导和在用机具的质量投诉、质量调查，农机经营、操作、维修等人员的教育培训，推进农田、农艺和农业经营方式等方面与农机作业协同配套集成等，通过法规、标准、规范建设和规划、项目、指导、监督、服务等系列政策举措，鼓励、支持和指导农业生产者购置、使用先进适用的农业机械，监督农机安全作业，不断提高农机作业服务水平、效能，为种植业、畜牧业、渔业和农产品初加工转变生产方式、提高综合生产能力、加快迈向现代化提供机械化支撑保障。同时也要协调、配合工业、科技等有关部门，推进机械、设备的研究、设计、制造，支持引导有关科研院校、农机企业开展技术创新，增加农业机械有效供给。

准确理解把握农业机械化的内涵，是各级农业农村部门履职尽责，做好农业机械化管理工作的基础。不仅有助于增强从事农业机械化管理工作的使命感、责任感和荣誉感，充分认识农业机械化发展的重要性、紧迫性和长期性、系统性、复杂性，还有助于明确农业机械化管理工作的出发点、落脚点和目标、任务，也有助于厘清推进农业机械化工作中的职责范围和工作方式、工作要求，切实做好农业机械化管理工作。

第二节　我国农业机械化发展历程、主要成就与基本经验

回望中华人民共和国成立以来70年农业机械化发展历程，党中央国务院始终高度重视农业机械化发展，把农业机械化作为发展农业生产、推进农业农村现代化的重要内容、重要支撑和重要标志，持续不断推进。中央在不同时期及时明确农业机械化发展的指导方针、目标任务和政策措施，推动农业机械化在探索中不断前进、在实践中不断发展，取得了举世瞩目的历史性成就，积累了丰富的经验，走出了一条中国特色农业机械化发展道路！

一、农业机械化发展历程

纵观70年来中国农业机械化事业，从国家兴办国营机械化农场和拖拉机站开始，大体上经历了国家包办、奠基起步阶段，体制改革、过渡探索阶段，市场主导、快速突进阶段，依法促进、高速发展阶段4个阶段（表1-1），目前进入了转型升级、全程全面发展的新阶段。

（一）国家包办、奠基起步阶段（1949—1978年）

这一阶段国家实行社会主义计划经济体制，农业实行合作化、公社化，农业机械作为先进的、重要的生产资料，不允许个人所有，归国家、集体所有和经营。党和国家高度重视农业机械化，把它作为党在农业问题上的根本路线来抓。毛主席提出了“农业的根本出路在于机械化”的著名论断。中

表 1-1　我国农业机械化发展各阶段主要指标

发展阶段	年份	农机总动力保有量/万千瓦	拖拉机保有量/万台	联合收割机保有量/万台	机耕水平/%	机播水平/%	机收水平/%	农作物耕种收综合机械化率/%
1949—1978 年	1952	25.0	0.06	0.03	0.1	0	0	0.04
国家包办、奠基起步阶段	1978	11 741.9	193.04	1.90	40.9	8.9	2.1	19.66
1979—1995 年	1979	13 371.8	233.78	2.30	42.4	10.4	2.6	20.86
体制改革、过渡探索阶段	1995	36 118.0	931.78	7.54	43.12	20.04	11.15	26.60
1996—2003 年	1996	37 148.45	986.00	9.64	44.45	21.38	12.03	27.80
市场主导、快速突进阶段	2003	60 446.6	1 494.06	36.22	46.87	26.71	19.02	32.47
2004—2014 年	2004	64 140.9	1 579.59	40.66	48.90	28.84	20.36	34.32
依法促进、高	2010	71 920.43	2 177.96	99.21	69.61	43.04	38.41	52.28
速发展阶段	2014	80 536.21	2 297.72	158.42	77.48	50.75	51.29	61.60
2015 年至今	2015	90 233.86	2 310.41	173.90	80.43	52.08	53.40	63.82
转型升级、全程全面发展阶段	2019	102 758.26	2 224.29	212.84	85.22	57.30	62.46	70.02

央确定了全国“1980 年基本上实现农业机械化”的奋斗目标，农、林、牧、副、渔业机械化齐头并进。1959 年 8 月国家成立农业机械部（1965 年后称第八机械部，1970 年与第一机械部合并称第一机械部），负责农业机械化工作。农机生产计划由国家统一下达，产品由国家统一分配。农机产品、农用柴油和农机修理价格，都由国家统一制定，同时以行政命令和

奖惩等措施大力开展农业机械化各项工作。在经济实力有限的情况下，国家对农业机械化进行了大量投入，建设了第一拖拉机制造厂等一批农机生产企业，在全国农村兴办国营拖拉机站、国营机械化农场、农机修造厂，建立农机鉴定、推广、培训、供应、维修等技术服务网络。从中央、省到地市、县、乡，都逐步建立了农机管理机构，农村基本上形成了比较完善的农业机械化支持保障体系。国家投入了大量资金用于农业机械化事业支出和支援集体购买农机，并保持农机产品、农用柴油和农机修理的低价格。为鼓励集体购买农业机械，从 1966 年起将农业贷款中的生产设备贷款用于社队购置农业机械和水电设备，还发放农业机械专项长期无息贷款。国家为了减轻农村集体经济发展农业机械化的负担，还采取措施降低了农机产品、农机修理价格和农用燃料价格，对农机生产和维修企业实行价格补贴办法。

在此阶段，农业机械化广为人知、深入人心，全国初步建立起了农业机械化管理、教育培训、科研和农机制造、流通、维修体系，为我国农业机械化发展打下了较为坚实的基础。通过技术引进、农具改良、新机具推广，拖拉机与耕整地机具、排灌机械、粮油初加工机械等大量应用，播种、收获等机械开始试验示范，农业机械化基本从零起步取得了积极成效。到 1978 年，全国农机总动力达 1.17 亿千瓦，拖拉机保有量 193 万台，机耕水平达到 40%，农作物耕种收综合机械化率接近 20%。

(二)体制改革、过渡探索阶段(1979—1995 年)

1978 年党的十一届三中全会召开，我国进入了改革开放和社会主义现代化建设新时期。中央不再提“1980年基本上实现农业机械化”的口号。农村大力推行家庭联产承包责任制，农业的经营形式向农户分散经营为主转变，原属于国家和集体的农业机械分配到户，大中型机具无用武之地，当时农村出现“包产到户、农机无路”之说，一度出现农机田间作业面积下降的局面。面对改革中农业机械化的新情况，中央提出要实事求是、因地制宜、有选择地发展农业机械化，工程措施和生物措施相结合，确定了新时期发展农业机械化的方针，纠正了以前忽视国情、“大跃进”的做法。1979年，国家恢复农业机械部。1982年，农业机械部与一机部合并为机械工业部，其负责的农业机械鉴定、推广、运用、维修和使用安全管理等职能并入农牧渔业部，由农牧渔业部组建的农业机械化管理局具体负责。1983年开始，国家允许农民个人和联户购置农业机械从事生产和运输，彻底冲破了生产资料不允许个人所有的禁区，农业机械率先进入市场，国营、集体经营、农民个人或联户经营等多种所有制形式经营农机的局面开始形成，农民逐步成为农业机械化投资经营的主体。随着我国经济体制改革的逐步深入，计划经济体制的作用在逐步缩小，市场经济体制的作用在逐步扩大。农机工业改变了计划经济体制下的生产方式，确立了“农民需要什么就生产什么”的方针，面向市场开发适合国情的农机产品。国家对农机生产的指令性计划逐步改为指导性计划，但仍保留了一些支援农业机械化的优惠政策。一是继续对农机产品实行价格管制，使农机产品的资金利税率仍低于各工业部门的平均水平，保证农机产品仍以较低的价格供应农村；二是对农机生产企业仍采取价外补贴、产销倒挂补贴、减免税收、调拨平价物资等手段，弥补农机生产企业的政策性亏损；三是继续对农机使用实行优惠政策，每年仍安排数百吨平价柴油供应农村。国家对农业机械化的基本建设继续进行投资，集中建设了规模较大的农机研究所和试验鉴定站。农牧渔业部(1988年改称农业部)和各省成立农机推广机构，县和地市级农机研究所逐步转为农机推广站，先后组织实施了水稻工厂化育秧、节水灌溉、烘干设备、水田耕整机、地膜覆盖机械化、农户笼养鸡、池塘机械化养鱼等一批技术推广项目。以"新疆-2"为代表的联合收割机和以"桂林-2"为代表的背负式联合收割机研发成功，联合收割机械化技术的推广应用取得进展。1993年，国家颁布《农业技术推广法》，将"农业机械化技术"列为主要农业技术之一，明确农业技术的推广要坚持尊重农业劳动者和农业生产经营组织的意愿，因地制宜，经过试验示范，兼顾经济、社会效益，注重生态效益等原则，对农业技术的推广应用、推广体系、保障措施等作出了规定，为农机推广工作的改革发展指明了方向，提供了保障。

此阶段，农业机械化在调整中发展。在市场化取向的改革中，虽出现过短暂的农机使用下滑时期，大中型农机具保有量停滞不前，但适应家庭经营和农民需要的小型拖拉机、农用运输机械以及收获、养殖、农产品初加工机械快速发展，形成了以小型机械为主的农业机械化发展格局。1995年，全国农机总动力达到3.61亿千瓦，拖拉机保有量931.78万台，分别比1978年增长208%、381%；农作物耕种收综合机械化率达到26.6%，机耕、机播、机收水平分别达到43.12%、

20.04％和11.15％。

(三)市场主导、快速突进阶段(1996—2003年)

20世纪90年代中期,我国计划经济体制逐步为社会主义市场经济体制所取代。随着国民经济持续快速发展,工业化、城市化进程加快,农村劳动力出现大量转移的趋势,粮食安全问题日益突出,对农业机械化提出了新的更高要求。大中型农机具保有量下滑,家家户户“小四轮”的状况已经不能适应农业生产发展和技术进步需求。农民自发利用自有联合收割机跨区收获小麦,“南征北战”提供市场化、社会化作业服务,开辟了在家庭小规模生产经营条件下实现农机大规模作业的服务模式,得到了各方面广泛欢迎和支持。从1996年起,农业部与公安部、交通部、机械部、国家计委、中国石油化工总公司等六部门共同成立了全国跨区机收小麦工作领导小组,制定了相应的政策措施,对参加跨区作业的联合收割机发放作业证,并予以优先安排作业任务、及时提供信息服务、提供通行便利、免收过路过桥费、优先保质保量供应作业用油和在各地设立跨区机收服务站为机手服务等优惠政策支持。农业部先后召开了全国“三夏”跨区机收小麦现场会、小麦跨区机收供需协调会,发布全国小麦跨区机收作业市场信息,组织供需双方签订合同。一些地方县、乡农业机械化主管部门直接组队外出作业。2000年农业部颁布实施了《联合收割机跨区作业管理暂行办法》,对跨区作业的组织管理、信息服务、作业质量等方面进行规范化管理。跨区机收小麦迅速扩展到全国,并向跨区机收玉米、水稻等扩展,由机收向机播、机插、机耕等领域延伸,形成了别具一格的“农机跨区作业经济”，成为我国粮食生产机械化发展的引擎。2003 年，全国小麦机收水平突破 70%，耕种收综合机械化率接近 74%，成为第一个基本实现生产机械化的农作物。在此期间，中央充分肯定农业机械化的发展形势，指出机械化是提高农业综合生产能力的重要措施，要处理好小规模生产与机械化作业的矛盾，采取多种形式搞好农机作业服务，推动农机作业服务向社会化、市场化发展。国家有关部门多方面采取政策措施，引导和扶持农业机械化发展。国家发展农业机械化的政策以引导调控市场、支持新技术新机具研发示范推广和农业机械化服务体系建设为主要内容。1996 年以后，国家先后设立了大中型拖拉机更新补贴专项资金、救灾柴油补贴资金，在国家科技攻关计划中设立了农业机械化技术和机具研发专项，启动实施了农业节本增效工程、水稻机械化示范工程、保护性耕作示范等一批重点技术推广项目，制定了《联合收割机跨区作业管理办法》《拖拉机及驾驶人安全监理规定》《农机成人教育管理暂行办法》等规章，积极完善管理、推广和服务体系。2002 年 12 月国务院批转关于农机工业发展的意见，明确农机产品增值税长期优惠等政策，进一步加大对农机工业的扶持力度，支持农业机械化发展。

此阶段，以农民为主体、跨区作业为代表的农机市场化、社会化服务，把分散的农业机械与分散的农户紧密地联系起来，把机械化生产与家庭承包经营有机地结合起来，实现了农机资源的优化配置，提高了农机利用率和经营效益，不仅扩大了农民对农业机械化的需求，使广大农民和农机户从中节本增收，而且还促进了农机工业的发展，取得了良好的社会和经济效益，加速了农业机械化进程，为我国找到了适合国情的农业机械化实现途径，探索出了一条以“农民主体、政策支持、市场引导、社会服务、共同利用、提高效益”为主要特征的农业机械化发展道路。农业机械化的发展机制实现了根本性转换：由国家行政推动为主，变成了以农民追求农机经营效益的内在动力为主；由国家、集体投入为主转向以农民投入为主，实现了市场化、社会化、实体化、产业化发展。农业机械化管理从侧重微观管理、直接管理转向以宏观管理、间接管理为主，由主要靠行政手段转向法规管理、政策引导和行政手段相结合。跨区机收作业公司、农机作业中介公司、跨区作业服务协会及合作社等一些新型的组织形式应运而生，大中型机具加快增长，农机社会化服务产业蓬勃发展，以小麦为代表的粮食生产机械化快速突进，带动了农业机械化领域的快速拓展。1996—2003 年，全国各类农机作业服务组织及农机户总数分别新增 22.12 万个、1 081 万户，新增大中型拖拉机、联合收割机分别为 30.18 万台、26.58 万台。农民累计农业机械化投入超千亿元，农机经营总收入 1.5 万亿元。截至 2003 年年底，全国农机总动力达到 6.04 亿千瓦，拖拉机保有量 1 494.06 万台，联合收割机 36.22 万台；从事农机作业服务的人数达到 3 742 万人；农作物耕种收综合机械化率超过 32%，机耕、机播、机收水平分别达到 46.87%、26.71% 和 19.02%。

（四）依法促进、高速发展阶段（2004—2014 年）

党的十六届四中全会作出了“两个趋向”的重大判断。我国总体上已进入以工促农、以城带乡的发展阶段。国家提出在工业化、城镇化深入发展中同步推进农业现代化，农村劳动力加快转移，许多地方农业生产出现劳动力不足情况。2004 年起，党中央、国务院围绕加强“三农”工作连续印发中央一号文件，都对加强农业机械化提出了明确要求。2004 年，中央一号文件把“提高农业机械化水平”作为促进农民增收的重要措施，决定对农民购置农业机械予以补贴，中央财政和地方财政安排了农机购置补贴专项资金。同年，十届全国人大常委会审议通过了《农业机械化促进法》，确立了农业机械化在农业、农村经济发展中的地位作用和我国农业机械化发展的指导思想、基本原则和基本制度，对农机质量监督、维修管理、安全宣传教育、试验鉴定、技术推广、社会化服务等方面的相关内容作出了规定，明确了各级政府扶持发展农业机械化的政策措施，强调“县级以上人民政府应当把推进农业机械化纳入国民经济和社会发展计划，采取财政支持和实施国家规定的税收优惠政策以及金融扶持等措施，逐步提高对农业机械化的资金投入，充分发挥市场机制作用，按照因地制宜、经济有效、保障安全、保护环境的原则，促进农业机械化发展”，确定了农机购置补贴、燃油补贴等制度，标志着我国农业机械化发展进入了依法促进的新阶段。《道路交通安全法》明确规定农业（农业机械）主管部门负责上道路行驶的拖拉机登记、牌证发放、安全检验审检和拖拉机驾驶培训学校资格管理、驾驶人驾驶许可管理等工作；《国务院对确需保留的行政审批项目设定行政许可的决定》（国务院第 412 号令），明确了农机化行政主管部门负责“联合收割机及驾驶员牌证照核发”和“农业机械维修技术合格证书核发”的行政许可事项。国务院颁布的《收费公路管理条例》，明确规定“进行跨区作业的联合收割机、运输联合收割机(包括插秧机)的车辆，免交车辆通行费”，将实行多年的优惠政策以法规的形式固定下来。国务院2009年颁布《农业机械安全监督管理条例》，2010年印发《国务院关于促进农业机械化和农机工业又好又快发展的意见》(国发〔2010〕22号)，指出农业机械是发展现代农业的重要物质基础，农业机械化是农业现代化的重要标志，要深入贯彻落实科学发展观，全面实施《农业机械化促进法》，坚持走中国特色农业机械化道路，着力推进技术创新、组织创新和制度创新，着力促进农机、农艺、农业经营方式协调发展，着力加强农机社会化服务体系建设，着力提高农机工业创新能力和制造水平，进一步加大政策支持力度，促进农业机械化和农机工业又好又快发展；明确了因地制宜、分类指导，重点突破、全面发展，鼓励创新、完善机制，市场引导，政府扶持的基本原则；从加大财政支持力度、完善农机购置补贴制度、加强和改进金融服务、切实落实税费优惠政策、支持基础设施建设等方面推出了系列政策举措。农业部先后发布了《拖拉机驾驶培训管理办法》《拖拉机驾驶证申领规定》《拖拉机登记规定》《农业机械试验鉴定办法》《农业机械质量调查办法》《农机维修管理规定》《联合收割机及驾驶人安全监理规定》等规章。同时，全国30个省、自治区、直辖市公布了地方农业机械化法规，各省、自治区、直辖市和有立法权的大中城市公布的地方农业机械化管理条例共37部、地方规章共29部，出台了各种扶持农业机械化发展的政策措施，全国农业机械化管理法规、政策体系基本建立，依法促进、依法管理农业机械化的格局基本形成。2004—2014 年，国家有关部门先后启动了优质粮食产业工程“现代农机装备推进项目”“保护性耕作工程”等重大建设项目，“现代农业技术装备研制开发”“现代化农业与机械化耕作技术研究与示范”“多功能农业装备与设施研制”等国家科技攻关计划、科技支撑计划重点项目，以及农机报废更新补贴试点、农机深松整地作业补助试点等工作，中央财政累计安排农机购置补贴资金达 1 199.73 亿元，极大地调动了农民购机用机的积极性，共扶持 2 523 万农户购置了 3 289 万台套机具。

此阶段，农业机械化快速发展，农机工业进入高速发展的“黄金十年”，2004 年主营业务收入达 500 万元规模以上的企业 1 617 家，2014 年主营业务收入达 2 000 万元规模以上的企业 2 428 家，规模以上企业主营业务收入保持两位数的年增长速度；农作物耕种收综合机械化率年均增长 2 个百分点以上，先后迈过 50%、60%两个台阶，农业生产方式由千百年的人力、畜力为主转为以机械化作业为主，实现了历史性转变。截至 2014 年年底，全国农机总动力超过 8 亿千瓦，拖拉机保有量 2 297.72 万台，联合收割机 158.42 万台，农作物耕种收综合机械化率达到 61.6%，畜牧养殖、水产养殖、农产品初加工和设施农业机械化率分别达到 24.1%、32.09%、30.3% 和 29.86%，农业机械化成为“农业现代化的一道亮丽风景线”。

（五）转型升级、全程全面发展阶段（2015 年至今）

随着我国经济进入新常态，从高速增长转为中高速增长，经济结构不断优化升级，增长动力从要素驱动、投资驱动转向创新驱动。党的十八届五中全会提出牢固树立并切实贯彻“创新、协调、绿色、开放、共享”的新发展理念，要求大力推进农业现代化，加快转变农业发展方式，走产出高效、产品安全、资源节约、环境友好的农业现代化道路。2015 年 11 月 10 日，习近平总书记主持召开中央财经领导小组第十一次会议，强调要牢固树立和贯彻落实新发展理念，适应经济发展新常态，坚持稳中求进，在适度扩大总需求的同时，着力加强供给侧结构性改革，着力提高供给体系质量和效率，增强经济持续增长动力，推动中国社会生产力水平实现整体跃升。新形势下农业主要矛盾已经由产品总量不足转变为结构性矛盾，且面临资源环境约束趋紧、农业生产成本攀升、农民收入持续增长乏力等突出问题，推进农业供给侧结构性改革，加快转变农业发展方式，推进农业现代化，对农业机械化提出了新的更高要求。在农业生产方式转向以机械化作业为主的新阶段后，机械化程度的高低，直接影响农民的生产意愿和农业生产的稳定发展，农业生产全程全面机械化需求和广大农民“机械化换人”的迫切愿望与农业机械化环节、作物、产业和地区之间发展不平衡不充分的矛盾日益凸显。2016—2018 年中央一号文件相继提出“加快研发高端农机装备及关键核心零部件，提升主要农作物生产全程机械化水平”“加快研发适宜丘陵山区、设施农业、畜禽水产养殖的农机装备，提升农机核心零部件自主研发能力”“加快研发经济作物、养殖业、丘陵山区农林机械，发展高端农机装备制造”。《全国农业现代化规划（2016—2020 年）》明确要促进农业机械化提档升级，提升小麦生产全程机械化质量，提高水稻机械栽插、玉米马铃薯甘蔗机械收获水平，尽快突破棉油糖牧草等作物生产全程机械化和丘陵山区机械化制约瓶颈；积极发展畜牧业和渔业机械化，提升设施农业、病虫防治装备水平，发展农用航空。《国民经济和社会发展第十三个五年规划纲要》明确要求加快农业机械化，加快生物育种、农机装备、绿色增产等技术攻关，推广高产优质适宜机械化品种和区域性标准化高产高效栽培模式，推进主要作物生产全程机械化，促进农机农艺融合；将“农业机械化”列为农业现代化重大工程，要求到 2020 年，建设 500 个全程机械化示范县，全国主要农作物耕种收综合机械化率达 70%。《中国制造 2025》将农机装备列为十大领域之一。“智能农机装备”纳入了国家重点研发计划。2015 年，农业部印发关于开展主要农作物生产全程机械化推进行动的意见，明确以耕整地、播种、植保、收获、烘干、秸秆处理为重点环节，以推广先进适用农业机械化技术及装备、培育壮大农机服务市场主体、探索全程机械化生产模式、改善农业机械化基础设施为重点内容，积极开展全程机械化示范区创建，打造我国农业机械化发展升级版。2016—2017 年，农业部先后召开全国主要农作物生产全程机械化推进行动现场会、全国农业机械化科技创新座谈会、全国丘陵山区农业机械化发展座谈会，采取行动措施推进农业机械化发展向全程全面转变。

2017 年 10 月党的十九大召开，指出中国特色社会主义进入了新时代，要实施乡村振兴战略，加快推进农业农村现代化。中共中央、国务院印发《乡村振兴战略规划（2018－

2022年)》,指出实施乡村振兴战略是决胜全面建成小康社会、全面建设社会主义现代化国家的重大历史任务,是新时代做好“三农”工作的总抓手,对推进农业机械化作了专门部署,要求加快推进我国农机装备和农业机械化转型升级。实施乡村振兴战略,给农业机械化发展带来了重大战略机遇,对新时期农业机械化提出了新的更高要求。2018年9月,习近平总书记作出“大力推进农业机械化、智能化,给农业现代化插上科技的翅膀”的重要指示。

2018年12月21日,《国务院关于加快推进农业机械化和农机装备产业转型升级的指导意见》(国发〔2018〕42号)印发,指出“我国农业生产已从主要依靠人力畜力转向主要依靠机械动力,进入了机械化为主导的新阶段”“农业机械化和农机装备是转变农业发展方式、提高农村生产力的重要基础,是实施乡村振兴战略的重要支撑”,要求以服务乡村振兴战略、满足亿万农民对机械化生产的需要为目标,推动农业机械化向全程全面高质高效升级,为实现农业农村现代化提供有力支撑,并明确了到2020年、2025年种植业及各主要作物、畜牧业、渔业、农产品初加工业、设施农业和重点地区农业机械化发展的具体目标,推进农业机械化转型升级的主要任务和建立“国家农业机械化发展协调推进机制”等政策举措,对新阶段农业机械化发展作出了全面部署。2019年,国务院时隔40年后又一次召开农业机械化工作会议,研究部署新时期农业机械化重点工作。与此同时,2018年中央深化党和国家机构改革,确定组建农业农村部,主要职责为统筹研究和组织实施“三农”工作战略、规划和政策，监督管理种植业、畜牧业、渔业、农垦、农业机械化、农产品质量安全，负责农业投资管理等，并明确整合组建农业综合执法队伍，将农机执法队伍纳入。中央印发的农业农村部“三定”规定，明确设立农业机械化管理司，并赋予了重要职责。农业农村部印发关于加快推进农业机械化转型升级的通知，会同工业与信息化部牵头成立了“国家农业机械化发展协调推进机制”，决定农业农村部农业机械试验鉴定总站、农业农村部农业机械化技术开发推广总站合署办公，为农业机械化转型升级提供全面技术支撑和公共服务；各省、市、区政府陆续出台贯彻国务院指导意见的实施方案，各地机构改革中在农业农村部门内设农业机械化管理机构，原来相对独立的农机管理局转变职能，转为农业机械化事业单位。一些地方还进行了农机事业单位的优化整合。目前，新阶段推进农业机械化转型升级的政策体系、组织体系等已经建立，农业机械化向全程全面高质高效转型升级的良好态势已经形成。

二、农业机械化发展的主要成就与基本经验

中华人民共和国成立以来，特别是经过改革开放以来的快速发展，我国农机装备从几乎没有到服务农业各个行业，农业机械化基本从零起步到全程全面推进，农业生产方式从千百年来以人畜力劳作为主转为以机械化作业为主，农业机械化成就举世瞩目，成为农业现代化进程中的突出亮点。

(一)农机装备总量持续快速增长,我国成为农机生产使用大国

农业机械生产能力持续提升,农机装备制造基本涵盖各个门类,能够生产14大类50个小类4 000多种农机产品,逐步成长为世界农机生产大国。农村农机保有量持续增长,农业装备结构持续改善,农机作业服务领域不断拓展。2019年,全国农机总动力达到10.28亿千瓦,亩均动力超过美国、日本等发达国家;全国农业机械原值近万亿元,农业机械保有量达2亿台套,其中拖拉机达到2 224万台,谷物联合收割机达到213万台;全国机耕、机播、机收、机电灌溉、机械植保五项作业面积达到67.5亿亩次。我国农机拥有量、使用量均已位居世界前列。

(二)农机作业水平持续快速提高,农业生产方式实现历史性转变

主要粮食作物生产基本实现机械化,完全改变了农忙季节“工人放假、学生停课、干部下乡”抢收抢种的局面;棉油糖饲等大宗经济作物、畜牧水产养殖、果茶菜、设施农业等农业各业生产机械化作业取得长足发展,农业生产已从主要依靠人力、畜力转向主要依靠机械动力,进入了机械化为主导的新阶段。农业机械化为保障粮食等主要农产品供给,把农民从“面朝黄土背朝天”的繁重体力劳动中解脱出来,共享现代社会物质文明成果提供了坚实支撑。2019年,全国农业生产机耕率、机播(栽植)率、机收率分别达到85.22%、57.30%和62.46%,农作物耕种收综合机械化率超过70%,其中小麦、水稻、玉米耕种收综合机械化率分别达到96.36%、83.73%、

88.95%。

（三）农机社会化服务持续发展，成为农业生产服务的主力军

农机大户、农机合作社、农机专业协会、农机作业公司等新型社会化服务组织不断发展壮大，订单服务、生产托管、承包服务和跨区作业等农机作业社会化服务方兴未艾，农机作业服务领域逐步拓展到农业产业各个领域。2019 年，全国农机户总数达到 4 074 万个，农机服务组织 19.2 万个，其中农机合作社 7.44 万个；乡村农机从业人员 4 677 万人，农机服务总收入 4 723.16 亿元。农机跨区作业面积 3.07 亿亩，农机合作社作业服务面积 7.94 亿亩。农机社会化服务成为农民增收的一个重要渠道和农业生产服务的主力军，在推进小农户与现代农业发展有机衔接中发挥着重要桥梁作用，为构建集约化、专业化、组织化、市场化的新型农业经营体系，提供了重要支撑。

（四）管理服务水平持续提升，法规政策体系基本建立

以《农业机械化促进法》的公布实施和中央出台农机购置补贴政策为引领，农业机械化的法规和政策体系不断完善。国务院颁布《农业机械安全监督管理条例》，先后印发《国务院关于促进农业机械化和农机工业又好又快发展的意见》（国发［2010］22 号）和《国务院关于加快推进农业机械化和农机装备产业转型升级的指导意见》（国发［2018］42 号）。《拖拉机和联合收割机登记规定》等 8 个部门规章先后发布，农业机械化行业标准已达 342 项；29 个省（自治区、直辖市）制定了 36 部地方性法规及 26 部政府规章，以及 700 余项地

方标准等，涵盖了农机管理、培训、鉴定、推广、监理、维修、质量等各个方面，全国农业机械化管理工作基本有法可依，管理服务体系日臻完善。围绕支持农机生产和作业服务等，出台了购机补贴、税费减免、设施用地、信贷担保、融资租赁、跨区作业、贷款保险、人才培养、作业补助等方面扶持措施，在不同时期还设立重点农机科研和农业机械化技术示范推广项目，支持重点农机装备研发和农业机械化技术推广，为农业机械化的发展提供了有力保障。

回顾总结70年来农业机械化发展历程和成就，各级农业机械化主管部门不断深化对农业机械化发展规律的认识，积累了宝贵的经验。主要有以下几个方面：

第一，要始终坚持服务大局，主动入位。从“三农”全局出发谋划农业机械化发展，推动将农业机械化纳入农业农村发展规划和议事日程，积极作为，不断巩固拓展农业机械化的地位作用。

第二，要始终坚持遵循规律，循序渐进。根据不同区域的自然禀赋、种养制度和经济条件，采取相应的技术路线和政策措施，因地制宜推进农机、农艺、农田、农业经营方式协调发展，不断开辟农业机械化发展新局面。

第三，要始终坚持市场引导，政府扶持。尊重农民主体地位和创造性，充分发挥市场在资源配置中的决定性作用和更好发挥政府作用，持续完善农业机械化扶持政策，推进管理体制机制改革，增强公共服务供给，有效激发市场主体活力，调动企业研发生产机具和农民购机用机积极性，不断提升农机作业服务的水平和效能。

第四，要始终坚持创新驱动，开放搞活。持续推进农业机械化技术攻关与推广机制创新、农机服务组织形式与农机社会化服务机制创新、农业机械化管理制度与扶持政策创新，积极引进国外先进技术与管理经验，不断提升农机研发制造水平和推广应用效率效益。

第五，要始终坚持依法促进，合力推进。自觉运用法治思维、法治方式推动发展、化解矛盾、解决问题，积极争取有关部门的支持配合，发挥行业协会等社会组织作用，多方联动，久久为功，形成推进农业机械化发展的强大合力。

这些经验，来之不易、弥足珍贵，必须长期坚持并不断完善。

第三节　新阶段农业机械化发展的目标任务

当前，中国特色社会主义进入了新时代，我国将步入全面建设社会主义现代化国家的新发展阶段，实施乡村振兴战略、实现农业农村现代化，对农业机械化的发展提出了新的更高要求，带来了新的历史机遇和挑战。随着农业生产方式由人力、畜力为主转为以机械化作业为主，农业机械化的发展环境和需求结构深刻变化，进入全程全面发展的新阶段，农业机械化管理的领域、对象和工作内容、方式等深刻变化，要准确把握新阶段农业机械化的发展趋势、面临的主要矛盾问题和目标任务，加快推进农业机械化向全程全面高质高效转型升级，为推进农业农村现代化提供坚实有力的支撑。

一、新阶段农业机械化的需求变化与面临的矛盾问题

我国农业生产从主要依靠人力、畜力转向主要依靠机械动力，进入机械化为主导的新阶段后，农业机械化渗入农业生产的方方面面，融入农业产业链条的广泛领域，需求的广度、深度发生了深刻变化。

（一）产业方面

正从主要作物的耕种收环节加快向植保、秸秆处理、烘干等全程延伸，从粮食作物加速向棉油糖等经济作物扩展，从种植业快速向养殖业、初加工业拓展。

（二）区域方面

北方平原和旱作区等农业机械化水平较高的地方，正在加快提档升级，向全程化、大型化、智能化转变；南方水田地区、丘陵山区等发展相对滞后的地方，农业机械化需求全面、快速上升，尤其是特色优势产业机械化需求迫切。

（三）经营方面

农业机械化与规模经营加快融合，由产中为主向产前、产中、产后全程配套。新型经营主体更加注重获取高质量的全程机械化解决方案，更加注重延伸机械化价值链，更加注重高效率的作业服务和组织管理，“农机＋农艺＋农事”“互联网＋农机作业服务”等加快发展，正在引领着农机经营方式的转变。

（四）机具方面

农民对缺门机具和农机系列化的需求迫切，由关注价格

向注重品牌、质量、舒适性转变，大马力、复式、智能等高端机具需求快速增长。

（五）技术方面

农机农艺融合、高效节本、绿色环保、智能安全、集成配套正在成为农机技术创新、研发制造、推广应用的基本导向，呈现深刻引领品种选育、种养制度变革的趋向。

新阶段，农业生产各领域对农机作业服务的依赖越来越明显，广大农民对机械化生产需求越来越迫切，但农业机械化发展不平衡不充分的矛盾也日益突出，主要表现为总量不足、结构不优与质量不高并存。一方面，“三高三低”：从作物上看，小麦、水稻、玉米三大主粮的综合机械化水平较高，棉油糖、果菜茶等经济作物的综合机械化水平较低；从产业上看，种植业机械化水平较高，而畜牧业、渔业、农产品初加工机械化水平较低；从区域上看，北方平原地区的机械化水平较高，南方丘陵山区的机械化水平较低。另一方面，“三多三少”：机具上，小马力、中低端机具较多，大马力、高品质机具较少；技术上，单项应用的农业机械化技术较多，全程集成配套的农业机械化技术较少；主体上，小规模自用型农机户较多，规模化、专业化农机服务组织较少等。适应新阶段农业生产和广大农民的需求，推进农业机械化向更宽领域、更高水平发展，还面临不少亟待解决的问题和挑战。主要是四个方面：

第一，农机科技创新能力不强。表现为基础研究薄弱、原创性科技成果少，关键技术自给率较低，还有很多短板和薄弱环节亟待突破；企业技术创新能力弱，主体地位没有真正确立，产学研推用结合不够紧密，研发和成果转化效率不高；科技信用体系与权益保护机制作用发挥不够，科技人员的积极性创造性还没有得到充分发挥。

第二，部分农机产品有效供给不足。表现为产能过剩与缺门断档并存，中高端产品不多，机具适应性、可靠性有待提高。一些领域一些环节“无机可用”“无好机用”，“供不足需”的问题比较突出。传统、大宗、低端产品产能过剩，“供不适需”“有机难卖”矛盾开始显现。农机工业结构调整跟不上需求变化的步伐，增速下降。

第三，农机农艺融合不够。一些产业品种、栽培、装备不配套，种养方式、产后加工与机械化生产不协调，制约了农机研发、推广应用和作业效率效益，集成配套的机械化生产体系和系统解决方案还不多。

第四，农机作业的基础设施建设滞后。许多地方特别是丘陵山区，地形地貌复杂，田块细碎零乱，机耕道路缺乏，农机“下田难”“作业难”。机具停放库棚设施缺乏，“存放难”和“保养难”问题比较突出。

新阶段农业机械化发展中的这些突出矛盾问题，主要是机具技术供给、农艺农田配套等方面“供不足需、供不适需”，直接制约着农机作业服务的能力、效率和质量，影响了农业机械化广度、深度的拓展，需要加快农业机械化管理改革创新步伐，大力推进农业机械化供给侧结构性改革，着力破解去除“堵点”“难点”“痛点”，培育新动能，释放农业机械化发展的空间、潜力、活力，推动农业机械化向全程全面高质高效发展跃升。

二、新阶段农业机械化转型升级的思路目标

以习近平总书记为核心的党中央高度重视新阶段农业机械化发展工作。站在新的历史起点，要深刻领会习近平总书记的重要指示和深入贯彻落实党中央国务院的决策部署，加快推进农业机械化转型升级。在指导思想上，要以习近平新时代中国特色社会主义思想为指导，牢固树立和贯彻落实新发展理念，适应供给侧结构性改革要求，以服务乡村振兴战略、满足亿万农民对机械化生产的需要为目标，以农机农艺融合、机械化信息化融合、农机服务模式与农业适度规模经营相适应、机械化生产与农田基本建设相适应为路径，以科技创新、机制创新、政策创新为动力，补短板、强弱项、促协调，推动农机装备产业向高质量发展，推动农业机械化向全程全面高质高效转型升级，为实施乡村振兴战略、推进农业农村现代化提供强有力支撑。在发展目标上，到 2025 年，实现四个基本、两个跨越，即农机装备品类基本齐全，产品质量可靠性达到国际先进水平、产品和技术供给基本满足需要，农机作业条件显著改善、覆盖农业产前产中产后的农机社会化服务体系基本建立，农作物耕种收综合机械化率达到 75%、粮棉油糖主产县(市、区)基本实现农业机械化，以及丘陵山区县(市、区)农作物耕种收综合机械化率达到 55%、设施农业、畜牧水产养殖和农产品初加工机械化率总体达到 50%左右，实现农机装备产业迈入高质量发展阶段，农业机械化进入全程全面高质高效发展时期。

推动农业机械化向全程全面高质高效转型升级，是新阶

段推进农业机械化发展的目标、观念，也是方法、要求。要义一是要全程推进、全面发展，以全程促全面，通过系统谋划主要作物、养殖品种生产全程机械化，推动品种、种养方式、土地、机具集成，产前、产中、产后机具配套，技术、主体、规模、机制统筹，着力突破薄弱环节，构建全程机械化技术体系并加快推广应用，通过全程发展，实现产业、地区机械化全面发展。二是要推进农机作业服务的供给结构性改革，推动农机有效供给及农艺、农田、农业经营方式等方面"宜机化"，达成有高质量的农机产品和服务、宜机化的高标准农田、宜机化的品种与种养方式、高素质的实用人才、适宜的土地经营管理模式等方面的目标，促使良种、良法、良地、良机等与农机作业服务协同配套，农机作业服务实现高效率、高效益和安全绿色、效果优良，由此实现农业机械化高质量发展。这些都充分体现了农业生产进入到以机械化为主导的新阶段后，对农业机械化提出的新的更高要求。

"补短板、强弱项、促协调"是新阶段推进农业机械化转型升级的工作总基调，重点是围绕发挥市场在资源配置中的决定性作用和更好发挥政府作用，通过政府有关部门联动、产学研推用协同、政府与市场互动，推动科技创新、机制创新、政策创新，破解部分农机装备有效供给不足、农机农艺结合不够紧密、农机作业基础设施建设滞后等突出矛盾，推进农机农艺融合、机械化信息化融合、农机服务模式与农业适度规模经营相适应、机械化生产与农田建设相适应，实现农机、农艺、农田和农业经营方式等方面协调发展，为农业机械化向全程全面高质高效转型升级赋能增效，创造良好环境和条件。

三、新阶段农业机械化管理工作的主要任务

推动农业机械化向全程全面高质高效转型升级，需要有关方面协同发力。《国务院关于加快推进农业机械化和农机装备产业转型升级的指导意见》从加快推动农机装备产业高质量发展、着力推进主要农作物生产全程机械化、大力推广先进适用农机装备与机械化技术、积极发展农机社会化服务、持续改善农机作业基础条件、切实加强农机人才培养、强化组织领导等方面明确了主要工作任务；明确建立由农业农村部、工业和信息化部牵头的国家农业机械化发展协调推进机制，统筹协调农业机械化和农机装备产业发展工作，认真梳理和解决突出问题，加强战略谋划和工作指导，破除发展中的障碍；要求“各省级人民政府要认真研究实施乡村振兴战略对农机装备的需求，充分认识加快推进农业机械化和农机装备产业转型升级的重要性、紧迫性，将其作为推进农业农村现代化的重要内容，纳入本地区经济社会发展规划和议事日程，结合实际制定实施意见。深入贯彻落实《中华人民共和国农业机械化促进法》等法律法规，完善粮食安全省长责任制等政府目标考核中的农业机械化内容，建立协同推进机制，落实部门责任，加强经费保障，形成工作合力”。各级农业农村部门要把思想和行动统一到党中央、国务院的决策部署上来，把推进农业机械化转型升级列入重要议事日程，聚焦聚力推进农业机械化供给侧结构性改革和农业机械化管理改革创新，履职尽责，主动协调、争取有关部门的支持配合，加快推进农业机械化由耕、种、收环节向植保、烘干、秸秆

处理全过程发展，由种植业向畜牧业、渔业、设施农业、农产品初加工业延伸，由平原地区向丘陵山区扩展，加快迈入全程全面高质高效发展时期，为实施乡村振兴战略，推进实现农业农村现代化提供有力支撑。当前和今后一段时期，重点要做好以下8个方面的工作。

(一)着力推进农机农艺融合

农机、种植、畜牧、渔业、种业、农产品加工、科教等有关方面要密切配合，建立健全推进农机农艺融合的工作机制，推动产学研推用多部门联合攻关、品种栽培养殖装备多学科协同联动、产前产中产后各环节集成配套。选优配强现代农业产业技术体系和有关科技创新联盟、创新中心及科技创新项目农机专家力量，加强农业机械化学科群和全程机械化科研基地、试验站、实验室建设，为农机农艺融合研究提供有效支撑。完善主要农作物品种审定标准，将机械化生产适应性作为重要指标，加快选育推广适宜玉米籽粒机收、油菜机收、棉花机采、甘蔗切段式收割的品种，加快推进果菜茶等特色作物和设施农业品种的"宜机化"。大力推进育种机械化，积极发展种子选育、繁育、清选、加工等装备设施。在现代农业示范区建设、农业生产发展资金相关项目中，落实农机农艺融合的要求，围绕品种栽培养殖和机械装备集成配套，推动种植、养殖和产品初加工方式的改进，制定相互适应的农艺标准、养殖工艺和机械作业规范，构建区域化、标准化的种植养殖机械化生产模式并加快推广。

(二)着力推进机械化信息化融合

在装备发展上，通过建立智能农机标准、完善农机鉴定大纲、优化农机购置补贴机具分类分档等措施，引导农机企业研发制造新一代农机装备，引导大中型农业机械配备导航定位、作业监测、自动驾驶、智能管控等终端，不断提高农机装备信息化、智能化水平。在作业服务上，积极发展“互联网＋农机作业”，加快推广应用农机作业服务供需对接、远程调度管理等信息化系统，促进农机共享共用；加快农机作业服务物联网、大数据研发应用，促进农机精准作业、精准服务、精准监测；建设大田作物精准耕作、智慧养殖、设施园艺作物智能化生产等数字农业示范基地，推进智能农机与智慧农业、云农场建设等融合发展。在农业机械化管理上，加快农机鉴定、农机监理、农机购置补贴、农机作业补助核定等管理服务工作的信息化步伐，推进信息系统互联互通，推动构建左右相连、上下贯通的农业机械化管理服务“一张网”，提升管理的精准性、便利性。农业农村信息化的有关规划、项目中，要把发展智能农业装备、推进农机作业服务和管理信息化作为重要内容，强化规划引领、项目带动，加快机械化信息化融合步伐。

（三）着力推进农机服务模式与农业适度规模经营相适应

积极推进国家扶持农机服务的税费减免、设施用地、信贷担保、抵押贷款、融资租赁、财政补贴、跨区作业、农机保险、人才培养等方面政策措施落实落地，帮助农机服务主体解决好融资难、用地难、维修难、请机手难等实际困难，大力发展农机社会化服务组织，创新作业服务模式，加快推进农机服务向农业生产全过程、全产业延伸。加快培育壮大农机合作社、农机合作社联合社、农机作业公司等新型服务主体，支持大中专毕业生、退伍军人、科技人员等创办领办新型农机服务组织，注重选树一批有较强示范作用的农机合作社。引导鼓励农机服务组织与家庭农场、种植养殖大户、农业合作社及农业企业等规模生产主体构建农业生产联合体，探索实现农机互助、设备共享、互利共赢的有效方式，提高农机使用效率。积极指导发展“全程机械化＋综合农事服务”等新业态，为农户提供全程机械作业、农资统购、技术培训、信息咨询、农产品销售对接等“一站式”综合服务。通过政府购买服务、作业补助等方式，支持新型经营主体开展深松深耕、机播机收、机械化植保、烘干、秸秆处理等全程生产性托管服务，开展养殖饲草料“种、收、贮、加、送”、粪污资源化利用、病死动物无害化处理、产品贮运、安全净化防疫等环节的社会化服务，发展规模化农机作业服务，促进小农户与现代农业发展有机衔接。精心组织好重要农时机械化生产活动，引导农机服务主体通过跨区作业、订单作业、生产托管等多种形式，提高作业效率和质量。

（四）着力推进机械化生产与农田建设相适应

推动高标准农田建设、农村土地综合整治等方面的规划、标准、实施规范的修订，进一步明确田间道路、田块长度宽度与平整度等“宜机化”要求。拓展各级财政投入，积极引导社会资本参与高标准农田建设，把适宜机械化作为农田基本建设的重要目标和基本要求，推动农田地块小并大、短并长、陡变平、弯变直和互联互通，切实改善农机通行和作业条件，为全程机械化作业、规模化生产创造条件。贯彻农业农村部《丘陵山区农田宜机化改造工作指引(试行)》,统筹高标准农田建设与农田“宜机化”改造,积极推进丘陵山区因地制宜开展农田“宜机化”改造。制定完善果园、菜园、茶园和设施种养基地建设及改造的“宜机化”标准,加快建设改造力度,推进标准化生产、机械化作业。大力推广应用挖掘、平地、清淤、排灌等农田建设机械和工程技术,为高标准农田建设和农田“宜机化”改造提供支撑。

(五)着力推进农业机械化新技术新装备创新应用

积极推动薄弱环节机械化技术创新研究与应用,通过制定发布发展规划、技术装备需求目录、主推技术等形式,强化需求引领和政策支持,引导企业和科研单位开展技术创新,加快攻克制约农业机械化全程全面高质高效发展的技术难题。组织遴选重大科技创新项目,积极争取科技、财政等部门立项支持,加快研发适合国情、农民需要、先进适用的农机装备,注重发展适应小农生产、丘陵山区作业以及适应特色作物生产、特产养殖需要的高效专用农机产品。稳定实施农机购置补贴政策,严格落实农业农村部、财政部相关规定,对购买国内外农机一视同仁,充分发挥政策实施的导向作用,重点支持薄弱环节、绿色高效机械装备以及智能农机与信息化装备等推广应用,加快向养殖业、设施农业和农产品初加工装备拓展。加大对丘陵山区和特色产业适用农机装备购置补贴支持力度,大力提升贫困地区农业机械化技术和装备应用水平。深入实施农机深松整地补助、东北黑土地保护性耕作行动计划等重大项目工程,引领推动绿色高效农业机械化技术大范围推广应用。深入开展主要农作物全程机械化推进行动，积极开展粮食薄弱环节机械化技术试验示范和全程机械化技术集成，加快建立棉、油、糖、果、菜、茶等大宗经济作物全程机械化生产体系，总结推出一批全程机械化解决方案，构建高效机械化生产体系。积极推进农机报废更新，加快淘汰高能耗、高污染、安全性能差的老旧农业机械，促进农机装备更新换代。

(六)着力推进农业机械化人才队伍建设

推动高等院校加强农业工程学科建设，实施产教融合、校企合作，培养创新型、应用型、复合型农业机械化人才；支持农机科研院所通过国际项目合作和境外人才培训交流等方式，引进国外高层次农机科研人才。大力开展农业机械化管理、技术推广、试验鉴定、安全监理等系统的干部和技术人员培训和再教育，强化政风行风和职业能力建设，不断提升素质能力。推进农机实用人才队伍建设，加强农机职业技能开发，组织开展农机技能竞赛，遴选和培养一批农机生产及使用一线“土专家”。通过购买服务、项目支持等方式，支持农机企业、合作社培养农机生产、作业操作、维修等技能服务型人才。加大新型职业农民培育工程对农机大户、农机合作社带头人和返乡下乡农机从业人员的扶持力度，培育一批既懂生产又善管理的新型农机职业经理人和实用人才，打造农机社会化服务提档升级发展的生力军。

(七)着力推进农业机械化管理“放管服”改革

在农机鉴定、推广、监理、维修、培训等领域深入推进“放管服”改革，不断提升农业机械化公共服务能力，切实调动各类市场主体发展农业机械化的积极性、主动性和创造性。加快制修订农业机械化相关技术、管理标准和规范，改进完善统计、评价指标体系，强化农业机械化发展监测工作，支撑引领农业机械化转型升级。全面落实新修订的《农业机械试验鉴定办法》，畅通产业急需、农民急用的创新型农机装备的试验鉴定渠道，支持新成果新装备新技术加快转化应用。创新"田间日""互联网＋技术推广"和重大技术协同推广等方式，切实提升农业机械化技术推广服务能力和效果。做好农机执法队伍纳入整合组建的农业综合执法队伍改革工作，深入开展"平安农机"创建活动，积极推进农机安全监管力量向农村延伸。推进拖拉机驾驶培训学校（班）管理改革，强化农业机械维修技术合格证核发行政许可取消后的事中事后监管，压实农机产销企业、培训单位和维修网点等市场主体责任，促进政府与市场良性互动。

（八）着力构建合力推进农业机械化转型升级的工作格局

按照党委政府的统一部署，积极主动做好省级人民政府贯彻落实国务院意见的实施意见或方案的落实工作。推动完善粮食安全省长责任制等相关目标考核中的农业机械化考核内容，落实重点工作任务责任。组织开展基本实现全程机械化的示范县（场）创建，推动有条件的省份、市县和垦区整建制率先基本实现主要农作物生产、主要养殖品种规模化生产全程机械化，加强典型引领，调动有关方面积极性。争取各方面的支持，与工信部门一道发挥好牵头作用，加强与发展改革、财政、科技、教育、交通、商务、税务、自然资源、市场监管等部门的沟通协作，建立多方参与的农业机械化发展协调推进机制，协同解决农业机械化转型升级中的有关问题，尤其要主动配合工信、发展改革等部门，做好完善农机装备创新体系、推进农机装备全产业链协同发展、优化农机装备产业结构布局、加强农机装备质量可靠性建设等方面工作，推动农机装备产业向高质量发展转型。切实加强农业农村部门内各方面的协作配合，互相支持，形成合力。充分发挥行业协会作用，服务引导行业转型升级。加强舆论引导，推介典型经验，宣传表彰先进，努力营造加快推进农业机械化转型升级的良好氛围。

第二章　农业机械化科技创新

科技创新是原创性科学研究和技术创新的总称，是指创造和应用新知识、新技术和新工艺，采用新的生产方式和经营管理模式，开发新产品，提高产品质量，提供新服务的过程。农业机械化科技创新研究主要包括应用基础研究、关键共性技术研究、核心部件研发、整机创制与技术集成创新等，不仅包括农业机械装备的创新，还包括机械化生产全过程中农机与农艺融合创新、机械化与信息化技术融合创新，同时还涉及农机装备创制、农业生产模式与耕作制度变革等，是一项综合性的系统工程。农业机械化科技创新是驱动农业机械化发展的第一动力，是农业科技创新体系的重要组成部分。本章主要介绍农业机械化科技创新的主要成果、存在的问题和今后一段时期的方向和重点。

第一节　农业机械化科技创新发展情况

一、农业机械化科技创新概况

中华人民共和国成立后，国家在抓好旧式农机具改造和新式农机具研发的同时，在全国构建了包括人才培养、研究开发、生产制造、推广应用的农业机械化科技创新支撑体系。党的十一届三中全会后，农业机械化科研生产及时调整研究方向和产品结构，以市场需求为导向，将研究大中型农机为主调整为研究中小型农机为主，并将研究领域从种植业机械拓宽至覆盖农业全产业链的农业机械装备。20 世纪 90 年代中期后，大中型拖拉机、联合收割机等研发生产加快发展，适应中国农情特色的自走式玉米收获机、自走式全喂入稻麦联合收获机、机动水稻插秧机等产品的技术逐渐成熟，并在生产中推广应用。同时，国家不断深化科技体制改革，部分农机科研院所转企、归并或撤销，高等院校学科调整，民营企业数量逐年增加，国际知名农机企业在我国建厂，推进了农业机械化科技创新能力、活力和竞争力提升。国家“九五”和“十五”重点科技攻关项目也加大了对农业机械化领域的研发投入。

2004 年，《中华人民共和国农业机械化促进法》公布实施，明确规定“省级以上人民政府及其有关部门应当组织有关单位采取技术攻关、试验、示范等措施，促进基础性、关键性、公益性农业机械科学研究和先进适用的农业机械的推广应用”，农业机械化科技创新进入了快车道。在“948”“863”和“973”等国家科技支撑计划支持下，农机科技创新取得了重大突破，如“精准农业关键技术研究与示范”项目突破了农机导航、变量作业、谷物测产等共性关键技术；“棉花精量铺膜播种机具的研究与推广”项目实现了棉花膜下滴灌及精量播种作业，填补了国内外同类机具的空白；“水稻精量穴直播技术与机具”项目为水稻机械化生产提供了一种先进的轻简化栽培技术，引领了全国水稻机械化直播技术的发展；“北方玉米少免耕高速精量播种关键技术与装备”项目创新了秸秆高效清理、高速条件下单粒精量排种、播深均匀控制的玉米少免耕播种关键技术，推动了我国玉米少免耕播种机的升级换代。2014 年以来，先后有花生收获机械化关键技术与装备、水稻精量穴直播技术与机具、东北玉米全价值仿生收获关键技术与装备等成果获得国家技术发明二等奖，新型低能耗多功能节水灌溉装备关键技术研究与应用、精量滴灌关键技术与产品研发及应用、棉花生产全程机械化关键技术及装备的研发应用、机械化秸秆还田技术与装备、大型智能化饲料加工装备的创制及产业化、花生机械化播种与收获关键技术及装备、高光效低能耗 LED 智能植物工厂关键技术及系统、水产集约化养殖精准测控关键技术与装备、北方玉米少免耕高速精量播种关键技术与装备等成果获得国家科技进步二等奖。

目前，我国共有 30 多家省级及以上农机科研院所，50 多所高校设置了农业机械化工程学科，部分农机制造企业建立了农机科研创新中心。在农机装备研发方面，国家建有 1 个农机装备创新中心，2 个重点实验室（拖拉机动力系统和土壤植物机器系统），3 个国家工程实验室，8 个国家工程技术研究中心，以及农业农村部的“现代农业装备”学科群和“设施农业工程”学科群，建设了一批农业生产全程机械化科研基地。农业农村部“现代农业装备学科群”建有 1 个综合重点实验室、16 个区域性（专业性）重点实验室和 5 个观测实验站；农业生产全程机械化科研基地包括水稻、玉米、牧草、马铃薯、油菜、柑橘、蛋鸡养殖等21个科研基地。国家现代农业产业技术体系农机岗位专家大幅度增加,达到105名,实现了50个产业全覆盖。成立了“主要农作物生产全程机械化推进行动专家指导组”,指导水稻、玉米、小麦、马铃薯、棉花、油菜、花生、大豆、甘蔗9大作物生产机械化。成立了“全国农业机械化科技创新专家组”,设立了1个综合组和10个专业组。成立了东北黑土地保护性耕作专家指导组,相关省(区)也成立了省级专家组。总体来说,我国农业机械化科技创新工作瞄准产业需求和农民需要,总体呈现“创新能力不断提高、创新领域在拓宽、创新速度不断加快、创新成果不断出现”的良好态势,有力支撑了农业生产机器换人,助推了农业发展的质量变革、效率变革和动力变革。

二、农业机械化科技创新重要进展

(一)拖拉机和农用动力机械装备

100～200马力(73～147千瓦)级拖拉机研发成功并推广应用,基本能够满足精量播种、深耕深松、化肥深施、秸秆还田及耕种复式作业需求,水田耕作中型拖拉机正在向多功能、高性能、轻简化方向发展,实现了我国农用动力机械的重大跨越。300马力(220千瓦)级拖拉机研发实现重大突破,进入试制阶段。动换挡和CVT无级变速技术的研发取得积极进展。

(二)耕整机械装备

高效节能复式耕整地装备和技术广泛应用。20世纪90年代以来,稻田秸秆还田机和水田驱动耙等新型耕整地机具相继投入使用，水田和旱地激光平地机的应用大幅度提高了耕地平整精度。近年来，多功能联合耕整地技术打破了过去耕翻、耙平、起垄等单一作业模式，向深松、旋耕、灭茬、秸秆还田、起垄和施肥等技术集成化方向发展，可减少机具进地次数2～3次，保护耕层土壤，提高作业效率，已大面积推广使用。保护性耕作技术与机具加快推广，适用于一年一熟与一年两熟制地区的免耕、少耕技术和适用于不同土壤的深松机具快速发展，突破了秸秆还田、秸秆覆盖、免耕播种、轮作倒茬等装备关键技术，形成了干旱、半干旱保护性耕作技术体系。同时，无人驾驶旋耕机、无人驾驶起垄机和自动测量耕深与作业面积的智能装备应用日益广泛。

(三)种植机械装备

水稻机械化插秧技术大面积推广，机械化直播技术取得重大突破。水稻机插秧成为水稻机械化种植的主流技术，毯状苗、钵体苗和钵体毯状苗育秧技术加快推广，促进了多熟制地区水稻机插秧水平的提升。研发成功水稻精量穴直播技术与机具，为水稻机械化生产提供了一种先进的轻简化栽培技术。玉米播种精度不断提高，研发成功适合我国国情的玉米精量播种机，勺轮式、指夹式和气力式排种器的排种精度不断提高。保护性耕作技术的应用促进了玉米免耕播种技术的快速发展，种肥分施技术解决了烧种问题、提高了肥料利用率。油菜精量直播技术大面积推广，毯状苗移栽技术取得重大突破。创新了气力式油菜精量排种技术，研制成功油菜少耕精量联合直播机，集条带旋耕、开沟、精量播种和施肥于一体。首创油菜毯状苗育苗技术和连续切块、对缝插栽的油菜毯状苗移栽机，可一次性完成开沟、取苗、栽插、覆土和镇压等作业，在长江中下游地区具有广泛的推广应用前景。花生播种机械化技术取得突破性进展，突破了多垄多行播种作业一体化集成技术、宽幅仿形技术和播量精确控制技术等，可实现多垄多行花生播种联合作业。蔬菜育苗种植机械化快速发展，研制成功蔬菜育苗营养钵、蔬菜工厂化育苗技术及成套设备、蔬菜起垄播种机、蔬菜作畦播种机、地膜覆盖机和蔬菜高速移栽（栽植）机等，基本能够满足蔬菜集中育苗、整地播种及高速移栽的作业要求。同时，智能控制技术在种植装备中加速应用，自动导航系统和无人驾驶系统已在棉花播种机、甘蔗播种机和水稻插秧机上应用，可保证种植行距均匀，通风透气采光好；接行误差小，提高了土地利用率；可以全天候作业，提高了农机利用率。

（四）田间管理机械装备

节水灌溉技术快速发展，渠道防渗、管道输水、喷灌、微喷灌、渗灌、滴灌、覆膜灌和痕灌等节水灌溉技术全面发展，向低压喷洒、降低能耗、系列成套、智能控制和综合利用方向发展，实现了节水增效。农田精准平整控制技术、高效施药关键基础部件、水肥精准控制技术、自动测控技术等关键共性技术研究上也取得积极进展，部分达到国外同类技术先进水平。精准施肥技术与机具进入推广应用，测土配方施肥技术、同步播种施肥技术大规模应用，精准侧施肥技术和水肥一体化技术发展迅速。自走式高地隙喷杆喷雾机快速发展，自走式高地隙喷杆喷雾机通过性好，作业效率高，施药精准高效，逐步成为精准施药主流技术。无人植保机发展迅速，年作业面积超过 30 000 万亩次，产品趋于成熟，采用“航路规划、自主飞行、定点施药、断点续航”的超低空施药技术模式，应用趋于规模化。

（五）收获机械装备

稻麦收获机持续稳定发展。目前我国稻麦联合收获机喂入量基本稳定在 5～7 千克/秒，逐步向 8 千克/秒喂入量产品发展。喂入量达到 10～12 千克/秒纵轴流大型稻麦联合收获机加快发展，产品功能正在向兼收多种作物拓展，以实现一机多用。再生稻收获机、稻麦收获机和运粮车协同作业的无人驾驶主从收获系统等新技术投入应用。果穗玉米收获机、籽粒玉米收获机和青贮玉米收获机全面发展。果穗玉米收获机技术趋于成熟，从机型来看，有背负型、穗茎兼收型和自走式；从摘穗方式上看，有摘穗辊式、摘穗板式、对刀式和立辊式。通过采用适宜籽粒机收的玉米品种、栽培技术、收获机械以及烘干设施等方面的集成配套，籽粒玉米收获技术取得重大突破，青贮玉米收获机快速发展。花生机械化收获装备水平逐年提升，分段收获、半喂入摘果、捡拾联合收获和半喂入联合收获设备在主产区扩大推广应用，技术性能与可靠性逐年提升。油菜机械化收获技术研究稳步推进，分段收获和联合收获两种方式取得重要进展，油菜联合收获技术已经基本成熟，向低损高效广适、作业过程自适应调节与智能化方向发展。冬油菜区油菜分段收获技术与装备进入示范推广阶段。

（六）秸秆还田离田机械装备

小麦联合收获机上加装秸秆切碎器得到大面积推广，在收获过程中实现了秸秆切碎并均匀抛撒还田,有效地改善了后续夏玉米播种作业机具的通过性能,减少了秸秆焚烧和乱堆放带来的污染;目前秸秆离田打捆设备主要针对田间直立、铺放和散状的秸秆,能够一次完成收割、粉碎以及打捆成形作业;同时,还研发成功方草捆捡拾压捆机、双刀轴秸秆切割揉碎方捆压捆机、中密度秸秆切割揉碎方捆压捆机、圆草捆卷捆机以及切割揉碎圆草捆打捆机等装备,为秸秆"饲料化、基料化、燃料化与原料化"利用提供了技术支持。

(七)设施农业机械装备

设施农业的耕整机械可根据农艺要求一次完成深松、精细碎土、整平、起畦或起垄作业。小型离心式撒肥机作业幅宽大、工作效率高,在设施温室大棚中得到广泛应用。高温蒸汽消毒设备和自走式精旋土壤火焰杀虫机能较好地改良土壤和消除连作障碍。适宜不同叶菜收获的机械取得实质性进展,可实现蔬菜有序收获和茎叶兼收。设施土壤中磷素过剩的消减技术和设施蔬菜节能高效栽培关键技术研究与集成示范等达到国际领先水平,局部环境调控与节能技术、环境增值能源达到国际先进水平。

(八)养殖业机械装备

生猪养殖机械装备。目前,我国生产的生猪养殖机械装备主要包括铁制猪栏、猪舍内的供水设备、供料设备、供热保温设备、通风降温设备、粪污处理设备、猪人工授精设备和照明设备等,正加快向自动化方向发展,房舍环境自动化控制、自动饲喂设备、粪便清理设备、智能手机终端控制、脂肪测定、妊娠测定和种猪个体饲喂等智能化技术进入推广应用,初步形成了全程机械化解决方案。同时，随着互联网与物联网技术日益进步，我国生猪养殖正逐渐步入网络时代。

奶牛养殖机械装备。目前我国生产的奶牛养殖机械装备主要包括饲料收获机械、挤奶机械、牛舍配套装置、饲喂机械、通风降温装置、人工授精装置、清粪装置和奶牛保健装置等。近年来，我国自行研制了不同类型的挤奶设备，包括移动车式、提桶式、管道式和挤奶间式挤奶设备。部分规模养牛场已经采用铲斗机、固液分离机、翻堆机、筛选机、装袋机与脱臭设备等牛粪处理设施。少部分养牛场实现了奶牛的自动化饲养。

禽类养殖机械装备。目前我国生产的禽类养殖机械装备主要包括笼架和笼具、饮水系统、施药系统、舍内湿帘降温系统、大流量通风系统、消毒设施和喂料装备等，基本上可满足各类养禽场和农户的设备需求。孵化设备正向大容量和自动化控制方向发展，以满足国内大、中型养禽场需要。饲喂方面，对鸡群进行机械化自动饲喂，饮水器饮水和机械清粪，将鸡粪发酵处理成有机肥。环控方面，以密闭性鸡舍为主，采用机械通风降温和自动照明控制等。

渔业养殖机械装备。目前我国生产的渔业养殖机械装备主要包括捕捞装备（捕捞机械、织网机械、渔货起卸机械和高海况打捞设备）、渔业船舶、渔用通讯导航和助渔设备、水产品加工装备（冷冻鱼糜生产设备、海带综合利用加工设备、制冰、冷藏设备和其他加工机械）、渔用饲料加工装备（颗粒饲料机械、膨化颗粒饲料机械、特种饲料及饲料原料加工机械和其他加工机械）、水产养殖机械（增氧机械、挖塘清淤机械、投饲机械和活鱼及活鱼苗(种)运输装备)、深水网箱等。近年来,研制开发了一批海淡水养殖和繁育等专用水产养殖设施设备,并推广应用。

(九)丘陵山区及草原机械装备

丘陵山区机械装备。耕整地机械方面,微耕机在丘陵山区得到了广泛应用,可完成旋耕、开沟、培土、铺膜、中耕锄草、播种施肥和喷药等多项作业;果园运输机械方面,研制成功履带式运输机以及自走式、牵引式、遥控式等多种适合国内丘陵山地果园的轨道式运输机械,运输效率可达 6.8 吨/小时的链式循环货运索道;水果采收机械方面,先后研制出与手扶拖拉机配套的机械振动式山楂采果机、气囊式采果器、手持电动采果器、气动剪枝机和采摘水果辅助升降平台等机具;此外,多功能果园作业机、振动式山核桃采摘机、伸缩式林果采摘机械臂和采摘机器人也在丘陵山区开始示范应用。

草原机械装备。草原管理机械方面,开发了草原复壮装备、毒草识别清除装备等;饲草料生产机械方面,成功研制了简易割草机、搂草机、翻晒机和集垛机等机械,产品逐渐增加。目前,草原建设改良保护装备、饲草料收贮装备、青饲收贮设备、饲草料加工与运输装备、全混合日粮(TMR)制备机等草业机械拥有量呈上升趋势,已初步形成以牧草种植、收获、储运、加工利用为主的牧草生产机械化装备产业链。

(十)产地初加工机械装备

干燥机械装备。突破了水分实时在线精确监测、干燥不均匀、干燥能耗高等难题,并在新能源利用、多工艺组合干燥方面取得了进展。我国使用的干燥机主要有横流循环式干燥机、混流式干燥机、横流式谷物干燥机、顺流式干燥机和逆流式干燥圆仓。在粮食烘干方面，研发出了水分自动检测设备，在准确度和精确度方面达到了国际先进技术水平，开发出粮食干燥品质在线检测与信息化的品质管控系统。在烘干工艺上，实现了多工艺组合式干燥工艺与设备研究。在烘干热源上，开发了热泵、太阳能、生物质燃料技术，实现了烘干的高效优质节能环保。在经济作物烘干方面，开发出适应多品种的产地烘干设备、品质控制技术和热量回收技术。干燥领域技术突破为我国干燥节能降耗、提质增效提供了理论支撑。

果蔬茶加工机械装备。突破了果实成熟度色选 CCD 分级、气流去杂、振动去土、果实收集、枝叶果实自动分离等技术，并集成紫外线杀菌、臭氧杀菌、氯系列杀菌、电生功能水等杀菌技术，开发了多种果蔬采收、分级和清选机械设备，实现了清洗、分级、分选和打蜡复式作业。电生功能水清洁、蒸汽去皮和水力切削等技术应用于鲜活农产品初加工过程，进一步提高了去除微生物污染、农药残留和非菌细胞等有害物质的能力。

畜禽加工机械装备。研制了与生猪屠宰加工工艺配套的成套装备，包括手提式麻电器、烫猪机、各种提升机、立(卧)式剥皮机、V 形(平板)输送机、全自动烫毛和刮毛系列以及同步检验线等。家禽屠宰加工分割成套设备包括悬挂式高架传动线、沥血槽、浸烫机、脱毛机、喷淋器、自动卸载装置、冷却机和脱鸡爪机等。

水产品加工机械装备。先后研发成功弹簧刷去鳞机和卧式多滚筒去鳞机，基于直线切割的圆盘刀去头机和基于弧线切割的弧形刀去头机，针对海水小杂鱼的开腹去脏设备和剖腹机、开背机、开片机、切断机等，研发了活鱼运输箱水质自动控制系统。研发了鱼副产物破碎和动植物蛋白复合发酵设备。研制了对虾剥壳样机、南极磷虾脱壳设备、河蟹壳肉分离专用设备、蛤类清洗分级设备和牡蛎组合式高效清洗设备、海参预检筛分、连续蒸煮及整形等关键装备。

第二节　农业机械化科技创新存在的问题

总体看，近年我国农业机械化科技创新工作取得了长足进展，“无机可用”和“无好机用”的问题得到初步缓解，但与发达国家相比，仿制、改进产品多，原创性、突破性产品少，产品研发能力、装备技术水平还相对落后。与各地区、各领域对农机装备的全面旺盛的迫切需求相比，产品多样性、区域适应性、技术供给有效性等方面还存在一定差距。

一、科技创新体制机制有待完善

持续稳定的公益性科研投入机制缺乏。农业机械化科技创新具有复杂性、探索性、周期长、投入高和风险大等特点，应该作为公益性科研得到政府支持。但是，长期以来农业机械化科技创新投入不够，多为短期项目或一次性投入。对农业机械化基础理论和共性关键技术研究的稳定支持不够，难以支撑农机产品创新和农艺制度变革。农业机械化科研力量分散，能够发挥引领作用的科研创新团队较少，重点科研平台布局和建设不够。农机工业集中度低，企业规模小，行业利润较低，研发投入不足，难以发挥技术创新的主体作用。

农机农艺技术融合研究不紧密。农业机械化是一项系统工程，需要生物技术、机械技术和信息技术的深度融合，从育种到栽培、收获和加工，都要统筹兼顾，形成全产业链的技术体系。长期以来，我国农机和农艺是两个相对独立的系统。农机专家对农艺了解不多，农艺专家对农机重视不够，导致品种多样化，栽培模式复杂化，农机难以适应农艺的变化。品种、栽培和装备不配套，种养方式、产后加工与机械化生产不协调，制约了农机研发、推广应用和作业效率效益。

产学研推协同创新机制有待加强。国外主要农机企业的科研投入占销售额的比例基本在2％～5％，越是优秀的企业其科研投入比例越高且逐年增加。而国内农业机械化科技创新主体不突出，各创新单元互动性差，高校和科研机构成果与市场结合不紧，研发成果转化率不高，政府在资源配置上统筹协调主导作用不够。农机高等院校科研活动与市场、产业、企业结合不紧密，科研成果转化率较低；部分科研单位科研方向不明确，基础条件较差，较多关注短期效益，对中长期的基础研究和应用基础研究重视不够。

二、农机装备设计研发能力较弱

在应用基础研究方面，缺乏田间实际工况采集及载荷谱分析等基础研究。基础支撑数据少，导致设计开发和试验验证结果偏差大、控制策略不科学，产品性能与国外的差距较大。

在研发设计理念方面，国外产品设计以“好用”为标准，充分考虑用户操作方便舒适、产品可靠、环境友好等因素；国内设计以“可用”为标准，主要注重满足产品功能性需求。不同的设计理念，导致产品档次及用户感受差距很大。创新性设计要求设计人员具有开创性思维，而国内企业容错环境不足，设计人员思路不够开阔。

在设计方法和手段方面，发达国家的农机设计已从过去的传统方式转向现代化方法，数字化设计技术、数控加工技术、柔性生产线、各种工业机器人大量应用于农机设计与生产中。而国内大多处于经验设计或模仿设计阶段，部分骨干企业虽然使用的开发软件与国外类似，但由于基础数据缺乏，设计（尤其是虚拟设计和验证）要求的边界条件不科学，造成设计结果偏差较大。虽然主要设计开发流程基本相似，但每个环节的细节划分以及到位的程度差距较大。在试验验证方法和手段方面，缺乏模拟（台架）试验验证手段，大都只能在田间进行试验验证。大多数农机产品具有季节性使用的特点，新产品试验验证周期长，不少企业在验证不充分、产品不成熟的情况下将产品推向市场，造成产品的性能和可靠性差。即使有部分验证在台架上进行，也因缺乏基础数据和台架模拟试验规范（参数）不够科学，影响了试验验证结果的准确性。

在研发机构、人员和成果方面，虽然大多数企业建有设计研发机构，但规模较小，设计人员数量占企业职工的比例较小；人员素质不高，尤其在农机农艺融合方面，由于设计人员不熟悉农艺，导致开发的产品适应性不强；企业对设计人员的容错机制不够，设计人员思路受限，原创性成果少。

三、农机装备生产制造水平不高

以传统制造技术为主，自动化、柔性化水平低。目前我国农机装备制造以传统制造技术为主，多数企业生产装备水平比较落后，在冲压、焊接、涂装和总装中采用先进设备、先进工艺，能形成柔性制造流水线的不多；制造的标准化、流程化和自动化程度不高。智能制造尚未形成有机整体，少数企业开始采用智能制造，但也只是在部分车间、部分工艺等进行试点示范，整个生产过程未能成为智能有机整体。

企业的自主开发能力薄弱。缺乏对基础工艺的研究，关键制造工艺跟随或仿照国外；设计开发时工艺验证不充分，工艺参数不合理。核心制造设备对外依存度高，精密制造装备及生产线大多依赖进口。

关键零部件专用材料和检测手段缺乏，农机具关键耐磨零部件的质量与国际先进水平差距大。20 世纪 80 年代意大利菲亚特公司拖拉机的平均故障间隔时间（MTBF）指标是 350 小时，而我国某大型农机企业的拖拉机 MTBF 指标 2017 年才达到 330 小时，落后 30～40 年。湿式离合器摩擦片，齿轮钢和液压系统等关键零部件缺乏；加工过程中材质一致性差；部分产品批量较小，关键零部件原材料采购成本较高。生产过程在线检测和整机下线检测缺乏先进手段（传感器及检测平台）和科学的检验规范；试验检测平台的基础数据谱积累严重不足；关键检测设备和试验验证平台主要依赖进口。

产业工人专业能力不强。国外重视技术工人培训，鼓励做专做精，不少技术工人和测试人员都是十几年甚至几十年从事同一岗位，具备丰富的实践经验，对工作精益求精，确保了高质量产品的产出。国内缺乏培养技术工人的专业渠道，一般只是进行简单的上岗培训，管理简单粗放，待遇大多与生产数量挂钩，造成操作工人缺乏主人翁意识、人员流动性大，不利于产品质量的保障和提高。

四、部分关键核心技术受制于人

当前我国农业装备部分共性技术、基础零部件、材料与制造工艺和重大装备等与发达国家仍有较大差距，尚未形成具备高精专特优势的农业装备及零部件开发和制造能力。高效、多功能、智能装备和信息化技术以及200马力(147千瓦)以上拖拉机及配套机具进口依存度达90%以上，大宗农机产品可靠性仅为发达国家40%左右。部分农机产品有效供给不足，表现为农机产能过剩与缺门断档并存，低端产品过剩与中高端产品不足并存，产品适应性和可靠性有待提高，在部分领域或环节还存在“无机可用”和“无好机用”问题。

在关键核心技术方面，国外非道路用柴油发动机技术排放标准为欧Ⅳ，采用高压共轨技术、高效率的催化转换技术以及高精度和高耐热性传感器；我国排放标准刚过渡到国Ⅲ，主要采用低中压共轨技术，高精度与高耐热传感器依赖进口。我国大功率拖拉机电控液压提升技术的核心零部件，如电控提升阀、控制器和力位传感器等多从国外进口。

在基础零部件方面，目前我国缺乏高精度传感器、控制阀和控制软件，大型收获机械电控换挡变速箱、高性能大排量电控变量泵和变量马达等制造技术不成熟，可靠性和耐久性低。国内 160 马力(117 千瓦)以上拖拉机、喂入量 15 千克/秒以上谷物联合收获机和 6 行采棉机等大型收获机械的驱动桥主要依赖进口。

在材料与制造工艺方面，国内农机装备关键耐磨减阻材料大多依赖进口，拖拉机低速动力输出轴材料，犁铧和犁体材质及热处理，动力换挡变速箱离合器材料和制造工艺等与国外差距较大。

在重大装备集成开发方面，国外拖拉机功率已超过 600 马力(441 千瓦)，均采用动力换挡和 CVT 无级变速，而国内拖拉机以中小马力和机械换挡为主，CVT 无级变速技术研究和产品开发刚刚起步；喂入量 15 千克/秒以上的谷物联合收割机、喂入量 30 千克/秒以上的高效青贮饲料收割机主要依赖进口。

在农机装备智能化方面，国产农业专用传感器种类不足世界的 10%，性能不稳定，部分关键芯片依赖进口；农机导航及自动作业技术中轮角转向测定精度不高、稳定性差，以机具为基准的机组定位技术有待突破，星基增强技术刚刚起步；满足作物生产农艺要求的精准播种、灌溉、施肥、施药、收获和干燥等调控机理不清；农机运维管理信息化程度不高，作业工况监控与故障诊断滞后或缺乏，难以满足农机高效调度、远程运维、故障预警、智能诊断和协同作业的迫切需求。

第三节 农业机械化科技创新的方向任务

面对我国农业机械化发展的新形势新要求和科技创新中存在的问题与挑战,农业机械化科技创新应统筹谋划、超前部署、系统推进,明确“三步走”的发展目标,坚持两项发展原则,落实三项重点任务,抓重点、补短板、强弱项,加快创新步伐,为推进农业机械化转型升级、促进农业农村现代化提供科技支撑。

一、发展目标

当前和今后一段时期,农业机械化科技创新要努力实现“三步走”发展目标。

到 2025 年,农机科技创新能力显著增强,突破农业机械化发展的薄弱环节和关键核心技术,实现农机装备和农业机械化技术“从无到有”和“从有到全”,有效支撑我国基本实现农业机械化。

到 2035 年,农机科技创新能力基本达到发达国家水平,以信息技术提升农业机械化水平,实现我国农机装备和农业机械化技术“从全到好”,为全面实现农业机械化提供有力支撑。

到 2050 年,农机科技创新能力与发达国家“并跑”,部分领域“领跑”,以智能技术引领农机装备和农业机械化技术发展,实现“从好到强”,农业机械化达到更高水平。

二、基本原则

(一)全程全面机械化同步推进

全程机械化主要从植物和动物生产关键环节考虑,包括产前、产中和产后各个环节的全程机械化。以植物生产为例,产前包括育种和清选、分级、包衣、丸粒化处理等种子加工机械。产中包括耕整、种植、田间管理、收获和秸秆处理等作业机械。产后包括干燥加工和贮藏设备。全面机械化包括“作物”“产业”和“区域”等全面发展:“作物”全面化,由粮食作物向经济作物、园艺作物和饲草料作物全面发展。“产业”全面化,由种植业向畜禽水产养殖业和农产品初加工等全面发展。“区域”全面化,由平原地区向丘陵山区发展,由东部地区向西部地区发展,由发达地区向欠发达地区发展。

(二)农机1.0至农机4.0并行发展

农机1.0是指“从无到有”,特点是以机器代替人力和畜力,目前我国在这一阶段已取得了很大成绩,但还有很多“短板”和薄弱环节,需要“补课”。农机2.0是指“从有到全”,特点是全程全面机械化,这是现阶段我国努力实现的目标,要大力“普及”。农机3.0是指“从全到好”,特点是应用信息技术提升农业机械化水平,包括农机设计、制造、作业和管理水平,这一阶段我国正在加快试验“示范”。农机4.0是指“从好到强”,即实现农机自动化和智能化,“农机+互联网”,这个方向我国正在积极“探索”。根据我国国情农情,从农机1.0到农机4.0,我国不能走顺序发展道路,应该走并行发展道路,实现弯道超车。

三、创新方向

(一)基础性工作

加强农业机械化科研基本情况、基础资料和基础数据积累,开展农机试验监测工作,掌握不同区域土壤理化性状、气候环境、作物特性(动物习性)和产量等情况,为机械化研究提供支持;开展机械化作业状况调研,掌握机器作业性能参数,为农业机械化科研提供依据。构建相关数据库,开发农业机械化科研设计软件,构建全程机械化、标准化工程技术模式。跟踪国际标准技术进展,加强农业机械化科研交流平台建设,建设农业机械化科研大数据库。

(二)基础研究

研究土壤合理耕层构建机理与方法,改善土壤耕层结构,提高耕地质量;研究优质饲草生产建植系统机理,改善草场生态,提高播种质量;研究主要作物精准高速种植方法与规范,提高播栽质量和效率;研究定位施肥、精准施药、节水灌溉理论与方法,减少投入品施用量;研究作物高效低损收获方法与规范,降低农产品损耗,提高收获效率;研究主要作物秸秆高效低耗还田与收集机理及规范,提高秸秆利用率;研究畜禽水产绿色健康养殖设施与环境调控机理及规范,动物生长发育规律及种养结合协同参数,增强动物免疫机能,提升养殖效率和效益;研究农产品物料特性及信息采集方法,为快速低耗采集、烘干、分选、包装、运输提供依据;研究多维度农业信息获取与分析的理论方法,农机装备作业载荷、工况环境、本体信息、智能作业测试与控制机理,加快智能农机开发步伐；研究农机装备标准化技术体系，推进动力机械与配套农具、主机与部件的标准化、系列化和通用化，加快农机与信息化装置配置标准化；研究农业机械化试验检测及评价方法，提高农业装备的适用性、可靠性、安全性和经济性。

（三）技术开发

大力推进农业生产全程全面机械化。在粮食生产方面，重点研发杂交稻、超级杂交稻的种植和再生稻的收获，小麦茬地的玉米精量播种和玉米籽粒收获，玉米茬地的小麦精量播种、保护性耕作等技术装备。在园艺作物、经济作物和饲草料方面，重点研发马铃薯、油菜、甘蔗、蔬菜、杂粮杂豆、长江中下游和黄淮海地区的棉花的种植和收获；水果的采运收及分选；饲草料多资源获取制备和作物种子收获；高端茶叶的采摘；农作物秸秆还田和农田残膜回收等技术装备。在田间管理方面，重点研发作物直播和移栽同步侧深精准施肥技术、有机肥施用、水肥一体化技术装备，高地隙宽幅喷杆喷雾机和无人植保飞机精准对靶施药技术装备等；在设施农业方面，重点研发环境调控、土壤或基质整理与消毒、水肥药精准管控和智能收获等技术装备；在畜禽水产养殖方面，重点研究新型养殖工艺与设施，设施养殖环境智能调控、精准饲喂、清洁消毒及粪肥资源化利用技术装备；在农村环境治理方面，重点研发生活废弃物（固、液）处理与综合利用技术装备等。创制农机装备关键部件和整机性能检测平台。

大力推进农业机械化和农机装备产业转型升级。在农机装备制造方面，攻克农业机械数字化设计，研发大马力发动机、小功率轻量化发动机、柴油机高压共轨燃油喷射技术等，开展新能源动力机械研究；重点研究液压机械无级变速器、大功率电液转向驱动桥等；研究喂入量 15 千克/秒以上谷物收获机械和喂入量 30 千克/秒以上高效青贮饲料收割机等，提升大型农机制造水平。重点研究大马力拖拉机电控提升器和悬浮前驱动桥、大型收获机械电控换挡变速箱、高性能大排量电控变量泵和变量马达、高性能打结器等，实现高端农机装备产业化、关键核心零部件国产自给、农机装备质量全面提升。在农机智能化方面，重点开展专用传感器、农机导航、精准作业技术和运维管理智能化等研究，突破信息感知、决策智控、试验检测等基础和关键共性技术。研发敏感材料和关键芯片，开发专用传感器；研究轮角转向测定技术，研发电动方向盘电机、以机具为基准的机组定位技术和星基增强技术，提高导航精度与稳定性及自动作业性能；研究与农艺相适应的作物精准播种、灌溉、施肥、施药、收获和干燥等技术，实现农机作业过程的实时分析决策与自主优化控制；突破养殖过程精准环控、饲喂、防疫等智能精准控制技术；研究农机信息获取、高效调度、远程运维、故障预警、智能诊断和协同作业等技术，通过信息技术系统集成，实现农机装备高效智能运维管理。创制适应不同作业需求的农业机器人。

(四)集成示范

加强农机农艺融合研究，按照区域农业劳动生产率水平、土地适度规模经营程度、农业科技发展现状和自然条件，加强农业机械化技术集成研究，促进科技创新、技术集成和成果转化。选择宜机化优良品种，确立适宜机械化作业、标准化生产的生产模式，开展机械化、集成化、标准化、规模化生产试验示范，完善从种到收全过程机械化作业的工艺要求和机器系统配置，制定科学合理、农机与农艺相互适应的机械作业规范和农艺标准，形成全程机械化技术体系，示范带动区域农业生产方式转变和机械化水平提高。同时，加强机械化和信息化融合发展，开展数字化、自动化、智能化技术装备试验示范，推进"无人农业"健康发展。

四、重点任务

（一）补短板，解决薄弱环节农业机械化技术

以粮食作物、经济作物、饲料作物种植和畜禽水产养殖为重点，按照"夯实基础、补齐短板、优化提升、综合集成、构建体系"的总体要求，围绕农机农艺融合、种养模式优化、增产增效并重、生产生态协调的目标任务，突破耕种管收和初加工薄弱环节机械化技术，突破畜禽水产健康养殖工艺及机械化关键技术，实现机械化发展路径清晰明确、薄弱环节技术装备填平补齐、全程机械化技术链优化提升和区域技术体系模式集成定型，为发展现代农业，实施乡村振兴战略提供技术和装备支撑。

（二）攻核心，突破关键核心装备技术

针对部分关键共性技术与重大产品依赖进口，国产装备可靠性和适应差等问题，按照"提升水平、完善功能、增加品种"的总体要求，围绕"智能、高端、高效、环保"的目标，重点解决基础零部件、材料与制造工艺、动力机械、农机传动系

统、种养机械等的“卡脖子”关键技术问题,形成基础研究、关键攻关、装备研制与示范应用的农机装备技术体系,实现关键核心技术与重大装备国产化,显著提升我国农机装备的国际竞争力,为推进农业农村现代化和打造农机制造强国提供技术支撑。

(三)强智能,提升农机装备智能化水平

以提升大田作物种植、设施种养业等智能化绿色化水平为目标,按照“信息在线感知、精细生产管控、高效运维管理”的产业需求,重点突破农机装备专用传感器、农机导航、精准作业和农机智能运维管理等关键装备技术,推进农机农艺和信息技术等集成研究与系统示范,实现农机作业“信息感知、定量决策、智能控制、精准投入、个性服务”,构建适应我国农业高质量发展的种养业高效智能精准装备技术体系。

五、保障措施

(一)加强规划引领,谋划创新布局

围绕乡村振兴、保障粮食安全、制造强国等国家重大战略部署,将农业机械化科技创新摆在更加突出的位置,在国家新一轮中长期科技规划纲要和“十四五”农业农村领域科技创新规划中,将农业机械化列入农业农村领域的重要方向,从国家战略高度布局未来农业机械化科技创新。同时,各地农业机械化管理部门要切实加强对农业机械化科研的组织领导,结合当地农业生产和农业机械化发展需求,明确重点任务,统筹规划,积极推进农业机械化科技创新。发挥好全国农业机械化科技创新专家组的决策咨询作用,形成布局合理、分工明确、各具特色的农业机械化科技创新体系。

(二)加强政策扶持,增加科研投入

坚持农业机械化科技的公共性、基础性和社会性定位,强化分类指导,保障经费投入。认真落实国家有关鼓励科技创新的扶持政策,加大农业机械化科技创新和成果转化的支持力度。积极争取国家重点研发计划项目和地方科技项目对农业机械化的投入,重点支持农业机械化应用基础研究、行业共性和关键性技术研发,使优势科研团队及成员获得长期、稳定和持续支持。优化投入结构,引导社会力量投入,建立多元化投入机制,鼓励社会力量成立农业机械化科研机构,引导其他领域科研单位积极参与,推进农业机械化科技创新。

(三)加强条件建设,提升创新能力

加强科技创新平台建设,推进国家重点实验室、国家农业装备技术创新中心和技术创新战略联盟建设,提升关键核心技术攻关能力。将农业机械化纳入“十四五”农业科研条件能力建设规划重要内容,改善农机科研院所基础设施条件,优化布局农业农村部“现代农业装备”“设施农业工程”和“农业信息化”等学科群,增强创新能力。加强主要农作物和畜禽生产全程机械化科研基地建设,充分发挥引领示范功能和作用,服务区域农业机械化科技创新。

(四)加强人才建设,打造优势团队

依托科研计划项目、重点实验室、现代农业产业技术体系等科研平台,加大对农业机械化科研领军人才、青年科技人才、创新团队及企业人才的培养力度，建立总量结构合理、创新气氛浓厚的科研人才队伍。依托农业科研杰出人才培养计划、农业科技创新工程，加强农业机械化创新团队的建设工作。同时，通过高等院校与部、省共建形式，加强农业机械化人才培养。积极向人才主管部门推荐和遴选农业机械化高层次领军人才或团队，建设若干个国家级及省级专业创新团队。

(五)加强联合协作，加快成果转化

建立多学科协作攻关长效机制，促进农机农艺融合、农业机械化与信息化融合。加强科研、教育、企业和推广等多部门合作，形成合理分工、密切协作的长效机制，促进科技创新、技术集成和成果转化。加强农业机械化示范基地建设，加快农业机械化科技推广。加快农机新产品试验鉴定，畅通创新产品补贴渠道，加快新技术新产品普及应用。完善农业机械化科研成果转化机制，充分体现科研人员的创新价值，调动科研人员创新积极性。

(六)加强企业研发，培植创新主体

充分发挥企业创新主体作用，不断提升自主研发能力。进一步鼓励和引导国家农业科技园区、国家农业高新技术产业示范区发展壮大农业装备高新技术产业，推进先进农业装备技术及产品应用、产业化转化。支持企业牵头承担国家和地方科技研发项目，面向生产实际、市场需求研发创制农业急需、农民急用的产品。支持高校、科研院所等面向企业开展研发设计、科技服务、检验检测和转移转化等创新服务，提高我国农机制造业的国际竞争力。

(七)加强国际合作,扩大技术交流

坚持“引进来”和“走出去”相结合,依托重大工程或专项,引进国外先进技术装备,开展消化吸收再创新,增强自主研发和产业化能力。扶持民族企业和品牌发展,积极引导具有国际竞争力的农机产品扩大出口。支持农业机械化相关学科海外高层次人才引进工作。加强政府间农业机械化项目合作,组织好中外农业机械化示范区建设。充分发挥农业机械化、农业机械、农业工程、农机工业和农机流通等学会协会作用,积极开展国内外农业机械化学术交流与合作。

第三章　农机试验鉴定与质量监督管理

农机产品质量关系到农业机械化生产安全、农民群众切身利益和农机企业可持续发展。农机试验鉴定、农机质量投诉监督、农机质量调查和农机维修监督管理是《中华人民共和国农业机械化促进法》和《农业机械安全监督管理条例》赋予农业农村部门的重要职责，是农业机械化公共服务的重要载体和手段，是农业机械化工作的重要内容，在提升农业机械化质量水平、保障农业机械化技术推广应用、促进生产企业技术进步、实施农机购置补贴等惠农政策方面发挥着重要作用。本章概要介绍农机产品质量监管制度的基本框架与农机试验鉴定、农机质量投诉监督和农机质量调查制度的实施管理情况。

第一节　农机产品生产与质量监督管理概述

一、农机工业概况

农机工业是我国机械工业的重要组成部分，主要服务对象是农业、农村和农民，是为农业提供技术装备，为农业机械化提供动力及农业机械产品的重要产业。中华人民共和国成立以来，特别是改革开放以来，在国家惠农富农强农政策的强有力牵引带动下，我国农机工业发展迅猛，农机数量由小到大，农机种类由少到多，产品质量由差变好，综合实力由弱到强，核心竞争力逐步提升，实现从农机生产弱国发展成为世界农机生产大国的历史性跨越，为我国农业机械化的快速发展做出了巨大贡献。

(一)主要发展成就

1.农机工业总量持续增长。我国已成为农机装备第一生产大国和使用大国，据统计，2019 年全国规模以上农机企业主营业务总收入为 2 464.67 亿元，连续 8 年世界第一，行业利润为 103.39 亿元，利润率为 4.76%。改革开放前，1977 年，我国农机工业总产值仅为 54.22 亿元，40 年来增长了 45 倍。特别是 2004 年以来，随着《中华人民共和国农业机械化促进法》的公布实施，以及农机购置补贴政策的出台，我国农机行业产销两旺，农机工业迎来了快速发展的“黄金十年”，生产总值年均增幅保持在 20%左右。2019 年，在全国农机试验鉴定管理服务信息化平台注册的农机企业 3 320 家，享受农机购置补贴的农机企业 2 711 家，规模以上农机企业 2 400 多家，年收入超过 2 000 万元的农机企业 1 892 家，其中民企、外企主营业务收入占比分别为 80%、9%，形成了以民营为主、具有较强活力的产业发展格局。

2.农机装备种类基本齐全。我国农机装备种类和数量不断丰富，已经形成了 15 大类、50 小类、4 000 多个品种的农机产品系列，基本覆盖了 NY/T 1640—2015《农业机械分类》标准划定的所有品目。2019 年，农机总动力达到 10.25 亿千瓦，在农机推广鉴定证书有效期内的产品达 3 万余种，在各省农机购置补贴归档系统中的产品达 2.5 万个，除特大型、尖端技术产品，我国农业生产所需要的农业机械已经基本实现自给；除拖拉机无级变速器、打捆机高性能打结器等少数零部件还需要进口，其他 95%以上零配件已经实现国产化。我国已经形成了零部件制造、整机装配相互衔接，大、中、小企业配套，产品门路较为健全，产学研协同创新，产业链条运转高效的农机民族工业体系，为我国农业生产的现代化、机械化的发展提供了坚实的物质基础。

3. 农机装备结构逐步优化。我国主要农机产品总量增长较快，拖拉机、联合收割机等产品产量居世界首位，植保机械、农用水泵等产品产量全球领先，植保无人机等新型农机装备蓬勃发展。特别是近几年来，随着新发展理念和农业供给侧改革，农机装备结构不断调整优化，加快向大马力、多功能、高性能方向发展，2019 年，大中型拖拉机、联合收获机、水稻插秧机保有量分别超过 443.9 万台、212.8 万台和 90.7 万台，分别是 2004 年的 3.0 倍、4.2 倍和 12.5 倍，产品集中度逐步提高，与农业生产方式和组织形式的适应性进一步增强。

(二)技术和质量状况

1. 产品技术水平快速提高。我国农机装备将电子、信息、生物等高新技术融入产品技术开发，由单一功能的机具发展为机电液一体、专业化程度较高的复式联合机械，并向大型化、高效率以及控制智能化、操作自动化方向发展，智能农机已开始试点示范。广泛采用现代设计、人机工程、智能生产等先进制造技术和工艺，产品逐步实现了精准化、智能化生产。一批关键技术和产品取得重大突破，已具备200马力(147千瓦)以上拖拉机大规模生产能力，大型采棉机、甘蔗收获机实现国产化及应用，无人飞机在农业植保、播种等领域广泛应用，高性能免耕播种机等机具的技术质量趋于成熟稳定。拖拉机换挡技术已从啮合套为主转换为以同步器为主，动力换挡和无级变速技术逐步突破并成熟，国内部分公司研制的400马力(294千瓦)大型拖拉机、动力换挡拖拉机达到世界先进水平。

2. *产品质量水平稳步提升*。近年来，我国农机产品投诉量大幅度减少，国家监督抽查不合格率进一步下降，质量调查结果满意度不断提升，拖拉机产品平均故障间隔时间(MTBF)等质量指标逐步抬升，农机产品整体质量稳步提升。2018年农机产品质量国家监督抽查情况的公告显示，碾米机、旋耕机、播种机、玉米联合收割机、稻麦联合收割机、棉花加工机械等产品不合格发现率为0；植物保护机械、机动脱粒机、泵、饲料加工机械等产品不合格发现率为10%及以下。2018年农业农村部农业机械化管理司组织开展的大型轮式拖拉机质量调查，用户总体满意度评价得分为76.02分，属于“满意”档次，综合满意度评价为“满意”的产品占调查总数的90.3%，没有“不满意”和“非常不满意”的产品；2019年开展的水稻插秧机质量调查，用户总体满意度评价为82.10分，比上一次2016年的调查结果提高13.4%。从农机推广鉴定结果看，100马力(73千瓦)的轮式拖拉机MTBF指标平均达 310 小时,可靠性考核中的严重故障、致命故障明显减少。

3. 产品国际竞争力明显增强。一是出口由弱走强。我国农机产品不仅能满足国内市场需要,而且在国际市场上也表现出了明显的竞争优势。1977 年,我国农机工业出口额只有 0.33 亿元,2019 年达 370.25 亿元,40 年来增长了 1 120 多倍。其中拖拉机出口额 33.22 亿元,大中型拖拉机出口 24 264 台,100 马力(73 千瓦)以上的大拖出口 3 982 台,履带式水稻收获机出口 5 585 台,饲料机械出口额 4.61 亿元,畜牧机械出口额 15.33 亿元,农机零部件出口额为 12.97 亿元,我国农机装备在东南亚、南美等地区性价比优势明显。二是国际合作增强。随着我国农机产品质量的提升和技术日趋成熟,国内一些重点农机企业加快进军国际市场,在海外整合并购农机装备国际知名品牌企业,设立研发中心,建立了全球化运营体系,实施全球化发展布局。同时,国外农机巨头和知名企业也看好中国市场,纷纷在中国投资设厂,近年来逐渐增加投资、扩大产量。

(三)主要差距与短板

1. 农机产品的主要差距。我国农机工业发展取得显著成就,技术水平、产品质量进步明显,但与发达国家相比还存在较大差距。一是在技术水平方面。拖拉机和收获机是两种代表农业机械设计和制造水平的典型产品,与美国相比,我国差距明显。拖拉机方面,美国于 1970 年开始采用动力换挡技术,而我国是 2014 年研发,相差 44 年;美国于 1961 年开始采用闭心式液压系统,而我国是 2010 年,落后 39 年;美国于1980年生产了250马力(183千瓦)拖拉机，而我国2015年才生产240马力(176千瓦)拖拉机，晚了35年。收获机方面，美国在1976年开始生产纵轴流谷物联合机，而我国是35年后的2011年；美国1979年就有了割幅6米、发动机功率230马力(169千瓦)的谷物联合收割机，我国在2013年才生产割幅5.3米、发动机功率220马力(161千瓦)的收割机，相差34年。二是在产品可靠性方面。20世纪80年代意大利菲亚特公司拖拉机MTBF指标是350小时，而我国某大型农机企业的拖拉机MTBF指标2017年才达到330小时，落后30～40年。拖拉机、联合收割机等产品平均无故障时间指标(MTBF)平均水平不到国际先进企业同类产品的2/3，达到国际领先水平产品的不到5%。三是在作业和利用效率方面。2016年我国田间作业亩均动力0.41千瓦，美国亩均动力0.06～0.07千瓦，我国是美国的5.8～6.8倍；发达国家农机动力机械与作业机具之比为1∶(3～6)，而我国平均只有1∶1.6，说明我国的农机作业效率和综合利用率不高。

2.农机产业的发展短板。一是农机科技创新能力不强，基础研究薄弱，机艺结合不紧密，原创性科技成果少，关键技术自给率较低，核心竞争力不足。二是农机制造业产业集中度低，全国8 000多家农机制造企业中，规模以上企业不足1/4，“大企业大而不强，小企业专而不精”的现象比较普遍，严重制约农机装备产业转型升级。三是部分农机产品有效供给不足，世界上农机产品种类有7 000多种，而我国目前只有4 000多种，而且中高端产品不多，一些领域、一些环节还存在“无机可用”“无好机用”的问题，农机产能过剩与缺门断档问题并存。

总体而言，我国农机装备研发能力、技术水平、制造水平、产品质量、产品种类等方面与发达国家相比差距较大，存在核心技术缺失、产业结构不合理、制造技术能力低、农机农艺融合与全程机械化配套性差等问题。产业发展不平衡不充分的现象凸显，高端产品依赖进口，中低端产品严重过剩，低水平同质化竞争激烈。未来农机工业发展应以目标、问题和需求为导向，以调整优化供给结构、提高供给质量为主攻方向，以推动农机装备转型升级、提高现代农业建设装备支撑能力为目标，加快重点农机装备及关键零部件研发攻关和质量标准体系建设，提升产品安全性、可靠性、适用性和先进性，促进我国由农机制造大国向制造强国转变，显著提高农机装备有效供给能力。

二、农机生产流通领域的产品质量监督

依照《中华人民共和国产品质量法》《中华人民共和国农业机械化促进法》等相关法律法规，市场监督管理部门负责农机产品生产和流通领域的质量监督，农业农村部门负责农机产品推广应用领域的质量监督。两个领域的质量监管制度互为补充，形成农机质量评价和农机质量监督管理的有机整体，共同推动农业机械化和农机装备质量持续提升。在农机产品生产和流通领域的质量监督方面，我国确立了生产许可证制度、产品质量认证制度、企业质量体系认证制度、以抽查为主要方式的产品质量监督检查制度等产品质量监督管理制度，并对农业机械产品实行三包责任制度。

(一)生产许可证制度

生产许可证制度是指国家基于保障产品质量安全和贯彻国家产业政策的需要,对于直接关系公共安全、人体健康、生命财产安全的重要工业产品生产实施的行政审批制度,即按照《国家实施工业产品生产许可证管理的产品目录》,对生产有关产品,且生产条件和产品质量符合要求的企业,依法授予其生产相关产品凭证的行政许可制度。

《中华人民共和国工业产品生产许可证管理条例》规定,任何企业未取得生产许可证不得生产列入目录的产品,任何单位和个人不得销售或者在经营活动中使用未取得生产许可证的列入目录的产品。近年来,国家实施“放管服”改革,生产许可证产品管理目录逐步压减,到 2018 年 10 月 1 日,国务院印发《关于进一步压减工业产品生产许可证管理目录和简化审批程序的决定》,调整后实施生产许可证管理的农机产品,由此前的水泵、机动脱粒机、内燃机、饲料粉碎机 4 类产品压减至仅内燃机 1 类产品,并下放给省级人民政府市场监督管理部门管理。2019 年 9 月 8 日,国务院印发《国务院关于调整工业产品生产许可证管理目录加强事中事后监管的决定》,调整后不再涉及农机产品。

(二)产品质量认证制度

产品质量认证是指由依法取得产品质量认证资格的认证机构,依据有关的产品标准和要求,按照规定的程序,对申请认证的产品进行工厂审查和产品检验,对符合条件要求的,通过颁发认证证书和认证标志以证明该项产品符合相应标准要求的活动。经认证合格的,由认证机构颁发产品质量认证证书，准许企业在产品或者其包装上使用产品质量认证标志。产品质量认证分为强制性产品认证和自愿性产品认证。其中强制性产品认证要求产品达到强制性标准要求，获得认证后方能出厂、销售和进口。依据国家市场监管总局2020年第18号公告公布的《强制性产品认证目录》，我国对植物保护机械和以单缸柴油机或功率不大于25马力的多缸柴油机为动力的轮式拖拉机两种农机产品实行强制性产品认证制度。

2018年，遵照《国务院关于加强质量认证体系建设促进全面质量管理的意见》（国发〔2018〕3号）要求，农业部办公厅和国家认监委办公室联合印发通知，将获得农机产品认证证书的产品列入补贴机具资质采信范围，即直接采信强制性产品认证结果，试点采信100马力以下轮式拖拉机、甘蔗收获机、旋耕机、微耕机自愿性产品认证结果。

（三）企业质量体系认证制度

企业质量体系认证是指由国家有关部门认可的认证机构，依据认证标准，按照规定的程序，对企业的质量保证体系，包括企业的质量管理制度、企业的生产、技术条件等保证产品质量的诸因素进行全面的评审，对符合条件要求的，通过颁发认证证明书的形式，证明企业的质量保证能力符合相应标准要求的活动。

（四）产品质量监督抽查制度

产品质量监督抽查是指市场监督管理部门为监督产品质量，依法组织对在中华人民共和国境内生产、销售的产品进行抽样、检验，并进行处理的活动。抽查重点是可能危及人体健康和人身、财产安全的产品，影响国计民生的重要工业产品以及消费者、有关组织反映有质量问题的产品。监督抽查分为国家市场监督管理总局组织的国家监督抽查和县级以上地方市场监督管理部门组织的地方监督抽查，并按计划实施。按照2020年1月1日起施行的《产品质量监督抽查管理暂行办法》（国家市场监督管理总局令第18号）规定，市场监督管理部门应当按照政府采购等有关要求，确定承担监督抽查抽样、检验工作的机构。被抽查的生产者、销售者应随机抽取。抽查的样品应当在生产者、销售者的待销产品中随机抽取。检验机构依据公布的监督抽查实施细则进行检验并出具检验报告，市场监督管理部门依法公开监督抽查结果。对检验结论为不合格的，依法处置，包括立即停止生产、销售同一产品，责令整改，停业整顿，直至吊销营业执照。

（五）农机三包责任制度

农机三包责任制度是指农机产品的生产者、销售者、修理者依法承担农机产品的修理、更换、退货责任，以保护农机用户合法权益的质量监管制度。根据原国家质量监督检验检疫总局、国家工商行政管理总局、农业部、工业和信息化部2010年修订发布的《农业机械产品修理、更换、退货责任规定》，农机产品实行谁销售谁负责三包的原则。三包有效期（一般自销售者开具购机发票之日起计）内农机产品出现质量问题，农机用户凭三包凭证在指定的或者约定的修理者处进行免费修理；符合换货、退货条件，农机用户要求换货、退货的，凭三包凭证、修理记录、购机发票更换、退货；因质量问题给农机用户造成损失的，销售者应当依法负责赔偿相应的损失，属于生产者的责任的，可以依法向生产者追偿。

生产者、销售者未按照规定履行三包义务的，由市场监督管理部门依法予以处理；维修者未按照规定履行三包义务的，由农业机械化主管部门依法予以处理。农机用户因三包责任问题与销售者、生产者、修理者发生纠纷，自行协商不能解决的，农机用户可以向当地市场监督管理部门或者农业机械化主管部门设立的投诉机构进行投诉，或者依法向消费者权益保护组织等反映情况；调解不成的，可以申请仲裁，也可以直接向人民法院起诉。

三、农机推广应用领域的产品质量监督

(一)农机试验鉴定

农机试验鉴定指农业机械试验鉴定机构(以下简称“农机鉴定机构”)通过科学试验、检测和考核，对农业机械的适用性、安全性和可靠性作出技术评价，为农业机械的选择和推广提供依据和信息的活动。农机试验鉴定是农业机械化管理工作的重要组成部分，属公益性服务。企业自愿申请。通过农机试验鉴定的产品，可以依法纳入国家促进农业机械化技术推广的财政补贴、优惠信贷、政府采购等政策支持的范围。根据鉴定目的不同，农机试验鉴定分为推广鉴定和专项鉴定。农机推广鉴定的内容包括安全性评价、适用性评价和可靠性评价，农机专项鉴定的内容包括创新性评价、安全性检查和适用地区性能试验。

农机试验鉴定的法律依据是《中华人民共和国农业机械

化促进法》和《中华人民共和国农业技术推广法》。

《中华人民共和国农业机械化促进法》规定，国家支持向农民和农业生产经营组织推广先进适用的农业机械产品。推广农业机械产品，应当适应当地农业发展的需要，并依照农业技术推广法的规定，在推广地区经过试验证明具有先进性和适用性。农业机械生产者或者销售者，可以委托农业机械试验鉴定机构，对其定型生产或者销售的农业机械产品进行适用性、安全性和可靠性检测，作出技术评价。农业机械试验鉴定机构应当公布具有适用性、安全性和可靠性的农业机械产品的检测结果，为农民和农业生产经营组织选购先进适用的农业机械提供信息。《中华人民共和国农业技术推广法》规定：向农业劳动者和农业生产经营组织推广的农业技术，必须在推广地区经过试验证明具有先进性、适用性和安全性。

农机试验鉴定由省级以上人民政府农业机械化行政主管部门所属或者指定的农机鉴定机构实施。农业农村部农业机械试验鉴定总站（以下简称“农业农村部农机鉴定总站”）负责组织协调农机鉴定机构开展国家支持的推广鉴定工作。

农机试验鉴定坚持公开、公正、科学、高效的原则开展。依据《中华人民共和国农业机械化促进法》和《中华人民共和国农业技术推广法》，农业农村部修订发布了《农业机械试验鉴定办法》，并制定了《农业机械试验鉴定工作规范》等一系列制度规范。农机试验鉴定的技术依据主要包括农机试验鉴定通则和农机试验鉴定大纲。农机试验鉴定大纲基于农机产品相关标准,结合农机试验鉴定内容和评价要求制定,规定了农机试验鉴定内容、试验条件、试验方法和判定规则等内容。农机试验鉴定大纲分为推广鉴定大纲和专项鉴定大纲,尚无推广鉴定大纲或现行推广鉴定大纲不能涵盖其新增功能和结构特点的创新产品,制定专项鉴定大纲。农业农村部制定并公布推广鉴定大纲,全国通用;省级农业农村部门制定并公布专项鉴定大纲,报农业农村部备案后本省使用,其他地区根据本地实际参照使用。

(二)农机质量投诉监督

农机质量投诉监督是指依据农机投诉者反映的质量信息,有针对性地采取质量督导、质量调查、公布投诉结果等措施,从而达到解决纠纷,促进农机质量提高的活动。因农业机械产品质量、作业质量、维修质量和售后服务引起的争议,用户可向农机质量投诉监督机构投诉或向当地消费者协会投诉。

农机质量投诉监督的法律法规依据是《中华人民共和国农业机械化促进法》《中华人民共和国消费者权益保护法》和《农业机械安全监督管理条例》。《中华人民共和国农业机械化促进法》规定,根据农机使用者的投诉情况和农业生产的实际需要,国务院农业行政主管部门和省级人民政府主管农业机械化工作的部门,可以组织对在用的特定种类农机产品质量进行调查;《中华人民共和国消费者权益保护法》是用户消费维权的法律依据,并明确规定"农民购买、使用直接用于农业生产的生产资料,参照本法执行";《农业机械监督管理条例》规定:使用操作过程中发现农业机械存在产品质量、维修质量问题的，当事人可以向县级以上地方人民政府农业机械化主管部门或者县级以上地方质量监督部门、工商行政管理部门投诉。接到投诉的部门对属于职责范围内的事项，应当依法及时处理；对不属于职责范围内的事项，应当及时移交有权处理的部门，有权处理的部门应当立即处理，不得推诿。县级以上地方人民政府农业机械化主管部门和县级以上地方质量监督部门、工商行政管理部门应当定期汇总农业机械产品质量、维修质量投诉情况并逐级上报。

农业机械化主管部门是农机质量投诉监督的管理主体；农机质量投诉监督机构是农机质量投诉监督的实施主体，由县级以上人民政府农业机械化行政主管部门予以明确，并提供必要的工作条件和经费保障。农机质量投诉监督机构应当具备符合工作要求的人员、场所、设备和工作制度。农机质量投诉监督系统由部、省、市、县四级投诉监督机构组成。省级投诉监督机构主要设在省级农机鉴定机构，市、县两级投诉监督机构设在当地农机推广机构、监理机构或农业机械化主管部门。

农机质量投诉受理处理工作遵循“属地管理、就近处理、首问负责、无偿服务”的原则，采取调查、调解的方式进行。调查方式包括电话调查、信函调查、访谈调查、现场勘验调查等。

(三)农机质量调查

农机质量调查是指省级以上人民政府农业机械化行政主管部门组织对在用特定种类农业机械产品的适用性、安全性、可靠性和售后服务状况进行调查监督的活动。农机质量调查是农业机械化管理工作的重要组成部分，是农机产品质量监督管理的重要形式，是根据农机产品的特点对基于《中华人民共和国产品质量法》实行的产品质量国家监管制度的重要补充，其主要特点是产品投入使用后在农业生产第一线对其进行质量调查，不是反映出厂“新机”的质量水平，而是了解实际使用的“在用机”的质量状况。农机质量调查内容包括适用性、安全性、可靠性和售后服务状况（简称“三性一状况”）调查。

《中华人民共和国农业机械化促进法》规定，国务院农业行政主管部门和省级人民政府主管农业机械化工作的部门根据农业机械使用者的投诉情况和农业生产的实际需要，可以组织对在用的特定种类农业机械产品的适用性、安全性、可靠性和售后服务状况进行调查，并公布调查结果。依据《中华人民共和国农业机械化促进法》的相关规定，农业部制定了《中华人民共和国农业机械质量调查办法》，是开展农机质量调查工作的基本遵循。农机质量调查重点针对的是享受购置补贴的在用农机产品；农机质量调查实施方案是农机质量调查工作的基本依据，由省级以上农机鉴定机构针对当次调查计划任务制定；实施方案经省级以上农业机械化主管部门批准后生效。

根据工作主体不同，农机质量调查分为由农业农村部组织的全国农机质量调查（简称“部级调查”）和省级农业机械化主管部门组织的本行政区域内的质量调查（简称“省级调查”）。农业农村部主管全国农机质量调查工作，统一质量调查规范，协调跨省的质量调查，制定并组织实施全国质量调查计划，公布调查结果。省级农业机械化主管部门负责本行政区域内的质量调查工作，制定并组织实施本行政区域的质量调查计划，公布调查结果。农机质量调查的具体工作由省级以上农机鉴定机构承担，农业机械化技术推广、安全监理等机构配合。调查涉及地区的农业农村、农业机械化主管部门应当予以支持协助。

农机质量调查坚持科学、公正、公开的原则，接受农业机械使用者、生产者、销售者和社会的监督，不向调查涉及的单位和个人收取任何费用。农机质量调查基本方法包括信函调查和入户调查；可以通过问询查证、发放问卷、现场跟踪、召开座谈会等方式进行。必要时依据国家标准、行业标准、企业标准或者企业质量承诺进行试验验证。

（四）农机安全鉴定和重点检查

《农业机械安全监督管理条例》规定："根据投诉情况和农业安全生产需要，组织开展在用的特定种类农业机械的安全鉴定和重点检查，并公布结果。"

农机安全鉴定是指由省级以上农机鉴定机构对农业机械的安全防护、运行安全、环境安全等方面进行检测和评定的活动。安全防护主要是指农业机械安全防护装置和安全警示标识的结构、强度、功能和效果。运行安全是指农业机械在一定条件下，进行工作时所应具备的安全功能和安全性能，比如移动纵向稳定性、移动横向稳定性、振动、耐压性、密封性、绝缘性和动力切断等。环境安全是指农业机械在工作时对周围环境及相关人员的污染和损害情况，比如农药的滴漏、有害物质的排放、噪声污染等。对于容易引起安全生产事故、环境污染或存在安全隐患的农业机械，组织开展年度安全鉴定活动，比如沼气生产系统、大型植保机械等。国务院农业机械化主管部门根据农业生产实际公布安全鉴定产品种类指南。

农机安全鉴定的特点：一是由国家主导和统一规范管理。按照条例的要求，安全鉴定的规章、规则及具体操作程序等都由农业农村部统一组织制定和管理，以保证在全国范围内工作开展的统一和规范。二是承担安全鉴定工作的机构相对固定，具备相应产品的检测能力，且经授权后才能开展工作。三是标准规则统一。安全鉴定可依据国家对于拖拉机等机械发布的安全技术标准，同时，应按照不同产品的特点制定适用的安全鉴定规则。四是有条件启动。根据投诉情况和农业安全生产需要，建立一种非常态的、条件满足时才启动鉴定的机制，重点关注道路行驶和移动的、操作复杂、危险性较大的、对环境易造成污染的机械。截至目前尚未启动过安全鉴定工作。

农机重点检查是指由省级以上农机鉴定机构对出现集中性安全事故的农业机械产品开展产品结构、安装、使用等方面的综合检查，分析问题原因，提出解决办法。2010—2011 年，以“农业部农业投入品质量监管项目”为依托，农业部农机鉴定总站相继组织开展了水田耕整机、微型谷物加工组合机、卷帘机等产品重点检查，为农业机械化主管部门实施针对性监督提供了第一手材料。2019 年农业农村部发布实施《农业机械重点检查技术规范》(NY/T 3488—2019)行业标准，指导规范农机重点检查工作。

(五)农机维修监督管理

农机维修是指使用工具、仪器、设备,对农业机械进行维护和修理,使其保持、恢复技术状态和工作能力的技术服务活动。农业机械维修质量直接影响到农业机械安全生产、作业质量、经营效益、资源节约和环境保护,涉及人民群众的生命财产安全,关系到消费者权益的保护。加强农业机械维修经营管理,是提高农业机械维修质量的重要保证。《中华人民共和国农业机械化促进法》规定:"从事农业机械维修,应当具备与维修业务相适应的仪器、设备和具有农业机械维修职业技能的技术人员,保证维修质量。维修质量不合格的,维修者应当免费重新修理;造成人身伤害或者财产损失的,维修者应当依法承担赔偿责任。"

《农业机械安全监督管理条例》对农机维修经营管理、维修经营规范及违反相关规定的责任和有关部门的职责作出了规定,明确从事农机维修经营应取得县级农业机械化主管部门颁发的农机维修技术合格证,并依法办理工商登记。2006年,原农业部和国家工商行政管理总局根据《农业机械化促进法》联合发布了《农业机械维修管理规定》,明确了农业机械维修的资质管理、质量管理、监督检查、罚则等管理要求。

2018年,国务院印发《关于取消一批行政许可事项的决定》,取消《农业机械维修技术合格证》审批事项,农机维修管理转向事中事后监管。2019年,国务院对条例有关条款做了相应的修改。农业农村部办公厅印发《关于农业机械维修技术合格证核发行政许可取消后加强事中事后监管的通知》

(农办机〔2018〕21号),对新时期农机维修监督管理工作做了部署。一是认真履行法定职责,严格依照《农业机械安全监督管理条例》等法规,认真履行农业机械维修相关监督管理职责,积极转变农机维修管理方式,制定完善事中事后监管工作实施方案,防止出现管理真空。坚持"放管服"结合,加强高技能农机维修人才培养和区域农机维修能力建设,促进农业机械维修行业健康发展。二是加强相关标准宣贯,县级以上地方农业机械化主管部门应当加强对《农机修理通用技术规范》(GB/T 22129—2008)《农业机械维修业开业技术条件》(NY/T 1138.1—2—2016)等国家标准、行业标准的宣贯,引导农机维修经营者按照标准完善设备设施、人员、质量管理、安全生产等经营条件,承揽与自身维修能力相适应的业务,遵守国家有关维修质量安全技术规范和维修质量保证期的规定,确保维修质量。三是推动行业自律,各地要研究发布农业机械维修服务示范合同文本,规范服务内容。引导农业机械维修企业推行服务承诺制,公开明示服务项目、价格及配件来源、保修承诺等信息。支持成立各类农业机械维修行业自律组织,鼓励其发布服务规范、服务公约,组织会员交流提高维修水平,搭建维修企业与产销企业合作共赢的平台,开展服务能力、服务质量评价,宣传推介典型事例,倡导诚信经营、优质服务。四是依法开展监督检查,县级以上地方农业机械化主管部门应依照法规规章,健全农业机械维修监督检查制度,对农业机械维修者的维修质量、维修设备和检测仪器技术状态以及安全生产情况进行监督检查。对于检查中发现的不符合维修技术条件要求、未按规定填写维修记录等情况，应督促限期整改。对于农业机械维修经营者使用不符合农业机械安全技术标准的配件维修农业机械，或者拼装、改装农业机械整机，或者承揽维修已经达到报废条件的农业机械的，依法责令改正并按权限实施处罚。五是畅通投诉渠道，县级农业机械化主管部门应当明确受理农机维修质量投诉监督机构，公布其联系方式等信息，畅通投诉渠道。投诉监督机构应依法受理符合条件的有关维修质量的投诉或其他行政部门转交的投诉事项，依法调解质量纠纷，必要时组织进行现场调查，维护农业机械维修当事人的合法权益。

2020 年，农业农村部印发《农业综合行政执法事项指导目录(2020 年版)》，将“对农业机械维修者未按规定填写维修记录和报送年度维修情况统计表的行政处罚”和“对使用不符合农业机械安全技术标准的配件维修农业机械，或者拼装、改装农业机械整机等行为的行政处罚”列入农业农村部门农业综合行政执法事项，由设区的市或县级作为第一责任层级主体。

综上，农机试验鉴定、质量调查、质量投诉监督、安全鉴定、重点检查等农业机械化质量监管制度是对产品质量国家监管制度的有效补充，是推动农业机械化全程全面高质高效发展，促进农业机械化转型升级的重要手段，体现了在农业机械化技术推广和生产应用环节的行业监督特点，在农机推广应用、安全运行、补贴政策实施中发挥质量把关、技术基础和管理保障作用。

第二节　农机试验鉴定的实施管理

一、农机试验鉴定由来、成效与作用

(一)产生背景和发展历程

我国农机试验鉴定工作始于20世纪50年代初。中华人民共和国成立初期,为使推广的农具能适应当地农业技术要求,农业部于1951年成立“农具试验鉴定组”,并在河北、山西、山东、河南、陕西、江苏6省设立10个“特约农具试验鉴定组”。1955年,农业部等部门联合提出设立必要的试验机构,配备人员和设备,制定统一的试验鉴定标准,部属农具试验鉴定组扩建为农业部农机试验鉴定站。1957年,农业部加强部农机试验站建设,并建立8个地区农机试验鉴定中心站,制定发布了《农业机械试验鉴定通则》和农机具试验鉴定方法,为农机鉴定工作奠定了基础。1978年2月,恢复部属农机鉴定总站。到1981年,全国农机鉴定系统基本建成。1982年,农牧渔业部在山东省崂山县召开会议,讨论通过了《中华人民共和国农牧渔业部农业机械鉴定工作条例(试行)》。1983年1月1日,《中华人民共和国农牧渔业部农业机械鉴定工作条例(试行)》施行,确定了我国农业机械推广许可证制度,农机试验鉴定工作首次具有部门规章作为依据。1984年,组织召开第一次全国农机试验鉴定站站长会议,明确了农机试验鉴定工作的重要性,开始对手扶拖拉机、小四轮拖拉机、小型柴油机和小型脱粒机(简称“四小机”)进

行鉴定。以此为起点，农机鉴定工作快速发展。1985 年，农牧渔业部印发了《关于加强农业机械试验鉴定工作的意见》和《农牧渔业部农业机械鉴定工作条例（试行）实施细则》，农业机械推广许可证制度成为农机质量安全监管的重要手段，农业机械推广许可证章菱形标志逐渐成为农民选购农业机械的依据。

与国家发展进程同步，改革也始终贯穿于推广鉴定的发展全过程。1997 年，农业部修订了《农牧渔业部农业机械鉴定工作条例（试行）》。2004 年，《中华人民共和国农业机械化促进法》发布实施，明确了农机鉴定工作的法律地位，农机试验鉴定进入有法可依、依法鉴定的新阶段。农业部相继发布实施了试验鉴定、能力认定、证书和标志管理等方面的部门规章和规范性文件，农机试验鉴定法规体系基本形成。2005 年，农业部对涉及行政许可的规章和规范性文件进行了清理和修订，将《农牧渔业部农业机械鉴定工作条例（试行）》更名为《农业机械试验鉴定办法》，“农业机械推广许可证”更名为“农业机械推广鉴定证”，农机试验鉴定由行政许可向公共服务方向转变。2007 年起，对农机鉴定机构实施能力认定。2013 年，为适应新时期农业机械化发展和农机购置补贴政策需要，对《农业机械试验鉴定办法》进行局部修订（农业部令 2013 年第 5 号），在鉴定申请条件中增加了“企业违规”情况审查项。2015 年，为了贯彻落实国家简政放权、转变政府职能的精神，围绕精简内容、简化程序、提高效率、服务实体经济，农业部对农机推广鉴定制度进行改革，修订《农业机械试验鉴定办法》（农业部令 2015 年第 2 号），发证主体由农业机械化主管部门变更为农机鉴定机构。2018 年，根据国务院深化“放管服”改革精神，以及主动适应停征“农机产品测试检验费”的变化和有关要求，进一步对农机试验鉴定制度系统性、整体性改革，再次修订《农业机械试验鉴定办法》(农业农村部令 2018 年第 3 号)。同年，农机试验鉴定工作纳入农机购置补贴延伸绩效考核，制度管理体系更加优化、完善。通过最近两轮鉴定制度改革，突出试验鉴定为农业机械化技术推广提供支撑服务的公益性定位，理顺了主管部门和试验鉴定机构的职责关系，优化了试验鉴定分类，聚焦适用性、安全性、可靠性和先进性，压减试验鉴定内容和环节，强化信息化服务要求，畅通农机创新产品鉴定渠道，明确了新阶段农机试验鉴定工作的发展方向。

(二)工作成效

回顾农机试验鉴定发展历程，农机试验鉴定始终沿着“依据法规化、程序规范化、鉴定特色化、业务多样化”的方向发展，按照“立足公益、依法鉴定、科学高效、公正廉洁”的基本原则展开，并不断改革完善，取得显著成效。一是构建了系统完善的制度体系。农机鉴定制度紧跟我国经济社会及农业农村发展的步伐，在改革中发展，在发展中提高，逐步形成了与时代需求和农业机械化发展相适应的制度机制，构建了由法律规章、规范性文件和操作层面制度组成的具有中国特色、较为完善的农机试验鉴定制度体系。二是建立了科学规范的技术体系。不断完善农机试验鉴定理论和技术，评价技术和考核方式更加系统和科学，完善了适用性、安全性、可靠性和先进性的评价内容，优化了检测、调查、考核的评价方式，形成了以农机试验鉴定通则为基础、推广鉴定大纲为主体、专项鉴定大纲为补充、质量评价技术规范等标准为支撑的农机试验鉴定技术体系。目前已发布 6 个农机试验鉴定通则、232 个农机推广鉴定大纲，49 个农机专项鉴定大纲，98 个农机质量评价技术规范。三是形成了覆盖广泛的鉴定能力。目前省级以上人民政府农业机械化行政主管部门所属或者指定的农机鉴定机构 37 个，全国鉴定能力达 15 大类 200 余个品目，基本覆盖农机购置补贴品目。四是开展了支撑有力的鉴定业务。鉴定工作始终把质量放在第一位，严把鉴定申请受理关、鉴定实施关、发证审核关和证后监督关。近十年来，平均每年完成农机鉴定项目 6 000 多项，基本满足企业鉴定要求，有效支撑了先进适用、安全可靠农业机械的推广应用。加强农机试验鉴定信息化建设，建立全国农机试验鉴定管理服务信息化平台，累计网上注册 3 300 多家企业，公开有效期内 32 400 余张农机试验鉴定证书结果信息。五是打造了保障到位的专业队伍。坚持按照依法鉴定、科学鉴定、规范鉴定、廉洁鉴定的要求，切实增强责任意识、创新意识、服务意识、风险意识，有效防范管理风险、技术风险、廉政风险，形成了强有力的作风保障机制。经常性开展大纲宣贯、技术研讨等行业培训，年均培训农机鉴定、企业人员 3 000 余人次，促进鉴定人员能力水平提升。六是开辟了多边合作的国际交流途径。拓展多层次、多方位的国际技术交流渠道，始终保持与国际农机试验检测技术接轨，积极参加 OECD 农林拖拉机试验标准规则组织活动，与联合国可持续农业机械化中心（CSAM）深入合作，积极推动建立亚太农机检测网(ANTAM),联合组织多次培训,提高了我国农机试验鉴定的国际影响力。

(三)主要作用

农机试验鉴定既是农业机械化管理工作的重要组成部分,也是农业机械化发展的重要技术支撑,直接关系到先进适用、安全可靠和节能环保农机装备及技术的推广应用,关系到农机的使用效果和经营效益,关系到农机购置补贴等强农惠农富农政策的实施效果,关系到农机企业产品质量提升、技术进步和农机装备产业转型升级。农机试验鉴定紧紧围绕"三农"中心工作、服务农业机械化发展大局,积极发挥基础性、技术性、公益性的职能作用,为推进农业机械化"两全两高"提供了重要支撑。主要作用体现在:

1. 为农业机械化管理和技术推广提供技术支撑和服务保障。农机试验鉴定通过对产品适用性、安全性和可靠性的试验、考核、调查和评价,掌握大量农业机械化基础性数据,为农业机械化持续健康发展奠定了基础。农机试验鉴定结果为各地因地制宜选择技术,组织开展示范推广提供了依据,农机试验鉴定已经成为农业机械化行政主管部门组织推广现代农业技术装备的重要抓手。各地农机安全监管部门将通过农机鉴定的拖拉机和联合收割机等产品信息接入农机安全监理牌证管理数据库,有效地避免了拼装改装和安全性能差的农机产品上牌,为农机安全生产监督管理提供有力支撑。

2. 为农机购置补贴政策实施提供质量保障和技术供给。2004 年实施农机购置补贴政策以来,农机试验鉴定证书一直作为确定补贴产品资质的主要依据，农机鉴定结果信息成为实施补贴机具分类分档的重要技术支撑，为补贴资金的科学使用和补贴政策的有效实施提供了重要保障。农机试验鉴定工作发挥质量考核、技术评价作用，通过织密技术防线，从源头上保证农机产品质量，严把补贴入口关。全国农机鉴定管理服务信息化平台与农机补贴投档系统全面对接，为补贴政策实施提供准确、权威、快捷的基础数据。

3. 为促进农机质量提升和技术进步提供重要指引。农机试验鉴定将企业、产品和用户有机联系在一起，一方面，通过鉴定大纲的要求，推动企业执行国家强制性安全、环保标准，淘汰落后产品，督促企业提高产品性能，促进企业技术进步；另一方面，通过用户调查制度，帮助企业了解农民和农业生产对产品适用性、可靠性的实际需求，分析产品存在的问题，提出改进建议，推动农机装备产业转型升级。农机鉴定制度实施以来，我国拖拉机可靠性、噪声水平明显改进，“三漏”问题在全国范围内基本解决，产品质量普遍提高；谷物联合收割机等主要农机产品的平均故障间隔时间指标明显改善。

4. 为推进维护农机市场秩序提供重要保障。通过农机试验鉴定的把关作用，避免质量差、技术落后的农机产品进入补贴市场。通过每年开展获证产品证后监督和质量投诉监督，促使获证企业持续提高产品质量和服务水平，同时严厉打击假冒农机鉴定证书和标志行为，提高农机鉴定证书的权威性和公信力，为引导农机市场健康发展发挥了重要作用。农机产品是否粘贴“农业机械推广鉴定”证章，已成为广大农机经销商进货的重要依据。

5.为农民用户购机用机提供重要产品信息。通过发布农机实验鉴定结果，给农民选机购机提供产品质量信息，为保护农民利益发挥了重要作用。“农业机械推广鉴定”菱形标志，成为广大农民选购农机的放心标志。推广鉴定证书不仅得到了国内广大农机用户和企业的认可，也具有一定的国际知名度，俄罗斯以及东南亚等国家在进口我国拖拉机等农机产品时，都要求有推广鉴定报告，一些境外农机厂商为开辟中国市场，也主动申请我国农机推广鉴定。

二、工作程序与内容要求

农机试验鉴定工作主要分为申请受理、鉴定实施、结果通报等三个阶段。具体工作流程见图 3-1。

(一)发布指南

列入产品种类指南范围是申请农机鉴定的前提。农机鉴定机构负责制定并定期调整、发布农机试验鉴定产品种类指南，明确可鉴定的产品范围。鉴定产品种类范围按照服务大局、开放共享，积极作为、挖潜扩能，突出重点、鼓励创新的原则，根据农业生产和农机化发展需要，结合鉴定能力、经费预算等因素综合确定，其内容包括产品类别、品目、名称，以及鉴定受理单位和要求等。指南须报同级农机化主管部门同意后发布并向社会公开，包括国家支持的农机推广鉴定产品种类指南和各省(自治区、直辖市)农机试验鉴定产品种类指南。

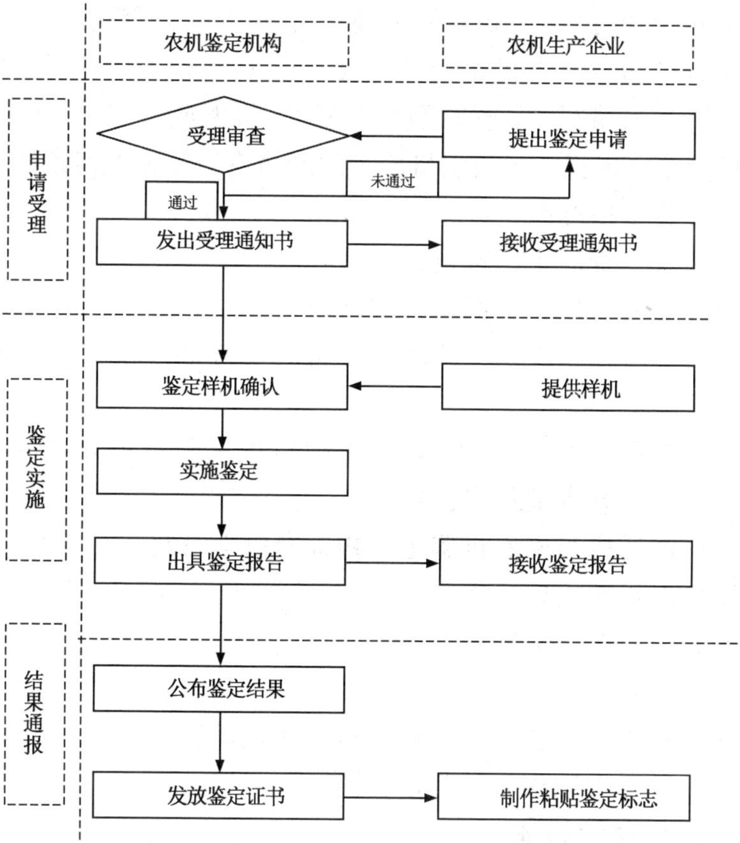

图 3-1　农机试验鉴定工作流程

(二)企业申请

申请农机试验鉴定的农机生产者或者销售者(以下简称“鉴定申请者”)根据受理主体的不同分别进行鉴定申报,目前国家支持的农机推广鉴定在全国农机鉴定平台申报,各省农机推广鉴定在本省农机鉴定平台上申报。申请者首先注册账号,经农机鉴定机构审核通过后再登录申请农机鉴定,提交后自动生成农机鉴定申请表。申请者应按照一个独立的申请产品填写,符合大纲规定的涵盖机型或鉴定单元,应与主机型合并申报。申请农机鉴定的产品应当符合下列条件:

1.属合格产品;

2.有一定的生产批量;

3.列入农机鉴定产品种类指南;

4.实行强制性认证或者生产许可管理的产品,还应当取得相应的证书;

5.申请前五年内,未违反《农业机械试验鉴定办法》第二十五条等条款有关规定。

申请者应当向农机鉴定机构提交以下材料:

1.农机鉴定申请表;

2.产品执行标准;

3.产品使用说明书;

4.农机产品合格和申请材料真实性承诺书;

5.鉴定大纲规定的其他材料。

(三)受理审查

农机鉴定机构在收到申请之日起10天内,依据农机鉴定管理规定、鉴定大纲、种类指南和工作程序等要求,对申请材料进行审查,决定是否受理,并通知申请者。不予受理的,说明理由。目前,农机鉴定受理工作正逐步纳入农业农村部门的政务服务大厅,实现“一站式”便民服务。

(四)实施鉴定

农机鉴定机构应当在受理申请后与申请者确定试验鉴

定时间,组织人员按鉴定大纲抽取或确认样机,复核申报材料的原件,审核必需的技术文件,填写《农业机械试验鉴定申请信息确认记录表》。鉴定用样机由申请者提供,并按期送到指定试验地点。鉴定结束后,样机由申请者自行处理。农机鉴定机构按照鉴定大纲要求,采信申请者申请时提供、由具有资质的检验检测机构出具的检验检测结果。农机鉴定机构在符合相关规定的情况下,可共享鉴定资源,也可采取任务委托等合作方式。合作鉴定由受理或牵头承担任务的农机鉴定机构出具鉴定报告。

(五)出具报告

在试验鉴定现场检测、检查、调查结束后,农机鉴定机构依据试验、调查等原始记录组织编写试验鉴定报告(含检验报告),试验鉴定报告是农机鉴定工作的最终产品,是发放农机试验鉴定证书的重要依据。按鉴定类型和阶段可分为推广鉴定报告(含检验报告)、专项鉴定报告、换证报告、信息变更确认报告。

(六)公布结果

对通过鉴定的产品,农机鉴定机构在指定媒体上通报企业和产品信息,并在全国农机试验鉴定管理服务信息化平台公开获证企业和产品的信息,公布获证产品的技术规格参数信息和相应的检测结果,供查询并接受社会监督。

(七)发放证书

农机鉴定机构对获证产品颁发《农业机械试验鉴定证书》。《农业机械试验鉴定证书》分为《农业机械推广鉴定证书》和《农业机械专项鉴定证书》两种,《农业机械推广鉴定证书》的有效期为5年,《农业机械专项鉴定证书》的有效期为3年。有效期满仍符合现行鉴定大纲要求的,实行注册管理;不再符合鉴定大纲要求的,证书失效。《农业机械试验鉴定证书》的式样由农业农村部统一制定、发布,如图3-2所示。证书编号由农机鉴定机构统一编制,证书编号由鉴定类型、颁发年号、鉴定机构编号和颁发顺序号四部分组成。

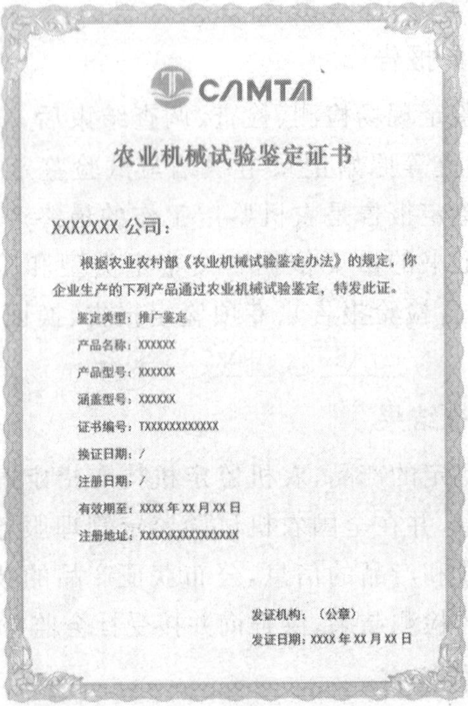
CAMTA

农业机械试验鉴定证书

XXXXXXX 公司:

根据农业农村部《农业机械试验鉴定办法》的规定,你企业生产的下列产品通过农业机械试验鉴定,特发此证。

鉴定类型:推广鉴定

产品名称:XXXXXX

产品型号:XXXXXX

涵盖型号:XXXXXX

证书编号:TXXXXXXXXXXXX

换证日期:/

注册日期:/

有效期至:XXXX 年 XX 月 XX 日

注册地址:XXXXXXXXXXXXXXX

发证机构:(公章)

发证日期:XXXX 年 XX 月 XX 日

图3-2 《农业机械试验鉴定证书》式样

(八)标志使用

通过农机鉴定的产品,产品生产者凭《农业机械试验鉴定证书》使用相应的农业机械鉴定标志。生产者按照农业农村部发布的式样自行制作标志,并将标志加施在获证产品本体的显著位置。推广鉴定标志的名称为“农业机械推广鉴定证章”,专项鉴定标志的名称为“农业机械专项鉴定证章”,其式样见图 3-3。

图 3-3　农业机械推广鉴定证章和专项鉴定证章式样

(九)证后监督

农机鉴定机构对发放的《农业机械试验鉴定证书》和标志使用情况进行监督,分为日常监督和专项监督。日常监督是指农机鉴定机构定期对获得证书的生产者及产品开展的抽查监督,采取“双随机一公开”的抽查方式,按比例随机抽取监督对象和监督人员,依照实施方案进行。监督内容包括:①生产者名称、地址一致性。②获证产品一致性。③证书和标志使用情况。专项监督是指当获证生产者涉嫌存在违反《农业机械试验鉴定办法》有关条款而开展的针对性监督。

农机鉴定机构在完成证书和标志使用情况监督检查后,

同时编制工作报告抄报主管部门公布结果并依规处理相关违规企业和产品。监督检查不合格的撤销其证书;无法联系到生产企业的,在指定媒体公示公告15天无异议后,注销其鉴定证书。

农机试验鉴定实行信息化管理,目前已建立全国农机试验鉴定管理服务信息化平台和各省农机试验鉴定管理服务平台,推行网上申请、受理、审核、发证、注册等全流程信息化。通过与农机购置补贴投档信息系统对接联通,已实现了鉴定信息被补贴机具投档系统直接抓取。

三、新时期矛盾问题与改进措施

(一)问题和挑战

新时期,面对推进农机化全程全面和转型升级的新形势,支撑农机购置补贴政策深入实施的新需求,满足深化"放管服"改革的新要求,农机试验鉴定工作还存在一些突出矛盾和问题,主要表现在:

1. 鉴定能力发展不够平衡。农机试验鉴定能力仍然主要集中于传统农机产品,短板和弱项比较突出,结构不尽合理,特别是对不断涌现的新型高效、自动化、智能化、复式作业的农机新产品的鉴定能力不足。区域鉴定能力发展不平衡,供需矛盾比较突出。农机试验鉴定公益性服务财政保障不充分,不能满足日益增长的鉴定需求。

2. 技术发展不够充分。农机试验鉴定技术科研力量和创新能力不足,在基础理论和技术研究方面没有新的突破,体现农机试验鉴定特点的适用性、可靠性评价方法研究有待进一步深入，信息化、智能化技术等高新技术在鉴定中的应用才刚刚起步，工作效率和效能急需提升。农机鉴定人员的研究和创新能力有待提高，专业人才队伍建设还需加强。

3. 机制创新相对滞后。农机试验鉴定内容、结果应用与农机化技术推广工作对接不够、融合度不高。运用市场化手段解决鉴定能力不足的机制还没形成，部、省以及社会鉴定资源的统筹利用机制有待进一步完善，尚不能满足日益增长的鉴定公共服务需求。加强人才引进培养、提高工作积极性的有效机制有待进一步完善。农机试验鉴定品牌意识还不够强，持续发展的动力不足。

面对新形势新要求和新时期矛盾问题，需要加强调查研究，强化改革创新，系统思考规划，着力解决当前鉴定工作中的难点问题。

（二）改革创新趋势与举措

当前和今后一个时期，农机试验鉴定工作将牢固树立和贯彻落实新发展理念，不断适应农业高质量发展和供给侧结构性改革要求，紧紧围绕推进农机化和农机装备产业转型升级的总目标，坚持目标导向、问题导向和需求导向，补短板、强弱项、促协调，突出科技创新、机制创新和制度创新，建立新形势下农机试验鉴定发展的长效机制，为促进农机化高质量发展提供有力的技术支撑和可靠的服务保障。

1. 强化制度和机制创新。一是强化功能定位。坚持以农业农村生产和农民实际使用需要为出发点，以农机化技术推广服务为落脚点，以服务农机购置补贴为重点任务，注重发挥农机鉴定在农机管理工作的“第一关”、基础性作用，为农机化发展提供强有力的技术支撑。二是优化管理制度。深入贯彻落实新修订的《农业机械试验鉴定办法》,适应改革新措施,积极推动相关配套制度制修订,进一步优化鉴定内容和程序,规范鉴定过程管理和强化获证产品监管,提升农机试验鉴定公共服务的质量和效率。三是深化体制创新。加强资源整合,利用现有的鉴定系统资源发挥最大的作用,通过绩效管理、政策激励、工作考核等手段,激发农机鉴定机构工作潜力,强化部省机构联动,形成上下贯通、步调一致、协同推进的组织架构,提高系统的合力。充分利用农机鉴定工作被纳入购机补贴延伸绩效考核的契机,以绩效管理促落实,以绩效考核促服务,切实提升公共服务能力和水平。四是完善开放机制。坚持农机试验鉴定公益性和市场化的双驱动发展战略,既要充分利用公益性农机鉴定机构的公信力保障优势,又要发挥市场的应变应需灵活度优势,进一步优化公益性与市场化共存的多元化、开放性的评价体系,形成多元开放、优势互补、资源共享的农机试验鉴定工作机制。

2.强化鉴定能力提升。一是加快补齐鉴定能力短板。优化鉴定能力结构,加快提升畜牧业、渔业、农产品初加工业、设施农业机械装备的鉴定供给能力,加快提升丘陵山区农业机械,以及自动化、信息化、成套设备等新型农机产品的鉴定供给能力。二是优化鉴定能力布局。加强全国农机试验鉴定能力体系规划研究,统筹组织开展农机试验鉴定能力建设,争取国家项目资金投入和地方支持,加快"国家农机试验鉴定中心"项目建设步伐,优化全国农机鉴定能力布局,推动鉴定能力向专长突出、功能齐全、结构合理的方向发展,破解发展不平衡不充分的问题。三是合理利用市场检测资源。创新数据、信息获取方式，在实施有效管控、确保准确有效的前提下，积极采信社会有资质的检验检测机构出具的检测数据，推动公益性鉴定检测资源和市场检测资源合理配置。

3. 强化科技创新引领。一是鉴定方法创新。进一步深化鉴定理论、方法研究，创新农机试验鉴定的方式，深入研究衡量农机适用性、安全性、可靠性、先进性的核心指标和技术评价手段，加快精准化、智能化、信息化高新技术新产品的试验鉴定方法研究，不断拓展农机试验鉴定的领域，全面推进标准、大纲等农机鉴定技术体系升级。二是设备手段创新。加强与科研院所、高等院校、制造企业的合作交流，开发适应农机试验鉴定的先进适用、高效便捷的仪器设备，逐步形成联合开发、协同创新、成果共享的科研机制。加快农机试验鉴定工作“机器换人”步伐，充分借鉴吸收现代科技进步的成果，促进物联网、大数据、智能控制等先进技术在农机鉴定检测仪器设备、设施手段等方面的应用，逐步实现农机试验鉴定工作信息化、智能化。

4. 强化信息化技术利用。一是管理服务信息化。进一步完善全国农机试验鉴定管理服务信息化平台，加大推动全国范围互联互通的农机试验鉴定信息系统建设，推行农机试验鉴定从申请到发证的全流程网上办理，实现“一个企业、一个账号、一个入口、一网通办”的网上办理模式，减少企业重复注册申报，提升试验鉴定工作的管理水平和服务效率。强化信息化监管，推行全国农机鉴定违规企业和产品信息一体化管理，完善获证产品二维码信息查询，创新证后监督信息化监管方式。二是结果数据信息化。全面推进鉴定结果数据化、信息化、公开化,加强试验鉴定工作与农机购置补贴、安全监理、质量监督等业务平台软件互联互通、数据共享和服务升级,全面打通鉴定结果数据信息联通的路径,挖掘鉴定结果数据的价值。

5.强化机构队伍建设。一是强化组织建设。强化农机鉴定机构公益性职能定位,推动农机试验鉴定体系和技术推广体系有机融合发展。发挥农业农村部农机鉴定总站、农机推广总站合署办公优势,全面强化技术支撑,提升公共服务能力。优化完善农机试验鉴定工作资金保障方式,形成稳定的财政支持渠道,保障各项工作顺利实施和事业的持续发展。二是强化队伍建设。建立农机试验鉴定培训常态化机制、专业资质保持机制,创新培训方式方法,持续开展政策法规和业务知识更新培训,不断扩展专业技术人员视野,增强鉴定责任意识、创新意识、服务意识和风险防控意识,强化政风行风和职业道德建设,不断提升工作能力和业务素质。完善廉政风险防控机制和纪律监督机制,持续提高试验鉴定公信力。

6.强化国际交流互认。一是农机鉴定品牌化。加强试验鉴定公共服务的品牌建设,不断提高自身工作的规范化、信息化水平,在技术和服务上精益求精,让服务对象切实感受到品牌质量的可靠性和服务的高质化,提高社会公信度,以服务创品牌,以品牌促发展。加强对外宣传交流,探索与其他国家实行农机试验鉴定结果和证书互认机制,利用亚太农机检测网(ANTAM)的平台,进一步提升亚太地区对我国农机试验鉴定证书和标志的认可度，提高品牌国际影响力。二是农机鉴定国际化。加快农机鉴定“走出去”，参与国际合作竞争，积极拓展与国际组织和国外农机检测鉴定机构的多边合作，推动双边技术交流和人员互派，加快与国际接轨步伐，不断提升国际化水平。落实农机鉴定对境内外企业一视同仁的要求，加强政策宣传，畅通申报渠道，促进经济贸易，推动国外先进技术和产品更好地服务我国农机化发展。

第三节　农机质量投诉监督的实施管理

一、农机质量投诉监督由来、成效与作用

（一）产生背景与发展历程

20 世纪 90 年代初，随着农业机械化的快速发展，农机生产企业和产品数量不断增加，因产品质量和售后服务问题造成的纠纷时有发生，农机用户权益缺乏保障。1994 年 1 月 1 日《中华人民共和国消费者权益保护法》颁布实施，农机消费维权也被纳入法律保护范围。1996 年，中国消费者协会与农业部农机鉴定总站签署协议，在农业部农机鉴定总站挂牌成立“中国消费者协会农机产品质量投诉监督站”，其后各省（自治区、直辖市）主要依托农机鉴定机构陆续设立省级农机质量投诉监督站并逐步向基层延伸，承担起农机质量投诉受理调解工作。1998 年原国家经济贸易委员会、国家技术监督局和农业部等六部门联合发布《农业机械产品修理、更换、退

货责任规定》(通称“农机三包规定”),为农机质量三包责任判定提供了依据。2001 年 3 月 15 日,中国消费者协会农机产品质量投诉监督站印发试行“受理投诉办法”。同年 9 月,在第一次全国农机质量投诉监督工作会议上审议通过了“受理农业机械产品质量投诉规则”,指导各站开展投诉监督工作。2004 年,“根据农业机械使用者的投诉情况”可以组织对在用特定种类农业机械进行质量调查被写入《中华人民共和国农业机械化促进法》。2005 年农业部印发《关于加强财政资金补贴的农业机械产品质量调查监督工作的通知》,对建立健全农机产品质量投诉监督体系和补贴机具质量投诉处理提出要求。2008 年农业部发布实施《农业机械质量投诉监督管理办法》,进一步明确了各级农机化主管部门的农机质量投诉监督工作职责,对投诉机构设置、投诉受理调解、投诉信息报送等做出细化规定。2009 年《农业机械安全监督管理条例》颁布实施,强化了对农机产品质量、维修质量问题的投诉监督责任。2010 年,原质检总局、工商总局、农业部和工信部联合修订发布新“农机三包规定”,农业部办公厅专门发出通知要求各地贯彻实施。2012 年,针对部分地区投诉机构不健全、监管责任不明确、投诉渠道不畅通和信息报送不及时等问题,农业部印发《关于进一步加强农业机械质量投诉监督管理工作的通知》,进一步明确投诉监督职责定位,提出“属地管理、就近处理、首问负责、无偿服务”工作原则,推进投诉监督工作信息化。2018 年,对省级投诉信息报送工作的考核通报制度开始实行。2019 年,农机化系统首次全国联动,以“维护农民合法权益,助推农机转型升级”为主题开展了“农机 3·15”消费者权益日活动(简称“农机 3·15”活动),发布“农机 3·15”标志,形成广泛社会影响。同年,农机质量投诉监督工作被纳入省级人民政府当年质量工作考核内容。

(二)工作成效

多年来,各级农机化主管部门积极落实《农业机械质量投诉监督管理办法》有关要求,加强投诉监督体系建设,已形成部、省、市、县四级机构组成的农机质量投诉监督网络。据 2019 年年底统计,全国共有农机质量投诉监督机构 2 897 个,其中部级机构 1 个、省级机构 33 个、地市级机构 352 个、县级机构 2 511 个。各级投诉监督机构逐步建立投诉工作规范,定期开展投诉监督工作培训,依法开展投诉咨询、受理、处理工作;建立、实施农机质量投诉信息报送制度并加强工作考核,建设和应用全国农机质量投诉管理系统,推进农机质量信息的收集、汇总,提高投诉信息分析利用水平。据不完全统计,2011 年以来,累计接收投诉 10 073 件,受理 9 495 件,受理率 94.3%;办结 9 151 件,办结率 96.1%,累计为用户挽回经济损失 1.66 亿元。投诉涉及动力、耕整地、种植、田间管理、收获、加工等各类农机产品,主要问题反映在产品质量和服务质量方面,其中因产品可靠性、适用性和售后服务问题的投诉占比超过 85%。创新开展全国“农机 3·15”活动,加强投诉监督宣传,强化农机企业质量主体责任,营造促进农机化高质量发展、依法维护农机用户权益的良好氛围。到 2020 年,“农机 3·15”活动已覆盖 30 个省(自治区、直辖市)并延伸至 2 300 多个市县,受到社会广泛关注,品牌效应初显。

(三)主要作用

农机质量投诉监督是农机化质量工作的重要组成部分，是农机化质量监管的有效手段，直接关系到农机化持续健康发展，关系到农民群众合法权益的保护，关系到农村社会稳定。主要作用体现在：

1. 维护农机用户和农机企业的合法权益。各级农业农村部门和农机质量投诉监督机构始终把维护群众利益作为工作的出发点和落脚点，积极受理农机质量投诉。坚持公正立场，严格工作程序，遵守工作原则，以事实为依据，依法依规调解处理。对符合受理条件的全部受理，支持用户合理诉求；对恶意投诉和无理要求坚决抵制，努力促成当事双方达成协议、解决问题，化解纠纷，维护社会稳定。

2. 督促农机企业落实三包责任。在投诉案件处理中，严格按照“农机三包规定”进行责任判定，跟进督促生产、销售、维修服务企业依法依规履行相应义务，承担修理、更换和退货责任。对拒不履行三包责任的，公布投诉情况，予以曝光处理，从而达到解决纠纷、强化责任、促进质量提高的目的。近年来，通过投诉监督工作的有效开展，企业故意拖延维修时间、推卸三包责任情况逐渐减少，售后服务水平逐步提高。

3. 维护农机市场秩序。结合农机投诉监督和打假综合治理，开展“农机 3·15”等形式多样的宣传服务活动，宣传政策法规、发布消费警示、普及识假辨假方法，引导用户提高依法维权意识和维权能力，自觉抵制农机销售和服务中的侵权行为；强化农机生产、销售、维修服务企业的质量主体责任，推动构建公开、公平、诚信、阳光的发展环境，维护农机市场秩序。

4. 保证强农惠农政策实施。紧密结合农机购置补贴政策实施开展投诉监督工作，通过落实农机质量投诉信息报送制度，收集农机产品质量状况信息并汇总分析，对拖拉机、玉米收获机等投诉反映集中的产品针对性地开展质量督导、质量调查，公布调查结果，促进产品质量改进，切实发挥投诉监督的支撑保障作用。从近三年统计情况看，补贴机具投诉总量稳中趋降，春耕备耕、"三夏""三秋"等重点农时季节农机投诉有所减少，用户对补贴产品的总体满意度逐步提升。

二、工作程序与内容要求

农机质量投诉工作通常涉及投诉方（用户）、农机质量投诉监督机构和被投诉方（企业）三方，主要包括受理、处理、结案三个阶段。农机质量投诉工作流程见图 3-4。

（一）投诉受理

1. 投诉案件登记。农机质量投诉监督机构接到投诉后，应首先进行投诉案件的台账登记，记录投诉方与被投诉方的基本信息、投诉产品、投诉内容、投诉要求等，并根据投诉者提供的书面投诉材料予以确认。

2. 投诉案件受理审查。包括投诉者资格审查、投诉材料审查、投诉情形审查。投诉者应为具备民事行为能力，并从事农业生产的农机所有者或使用者。农机质量投诉监督机构对接到的投诉建立档案，并在 2 个工作日内做出是否受理的答复。有下列情形之一的投诉，不予受理：没有明确的质量诉求和被投诉方的；在国家规定和生产企业承诺的三包服

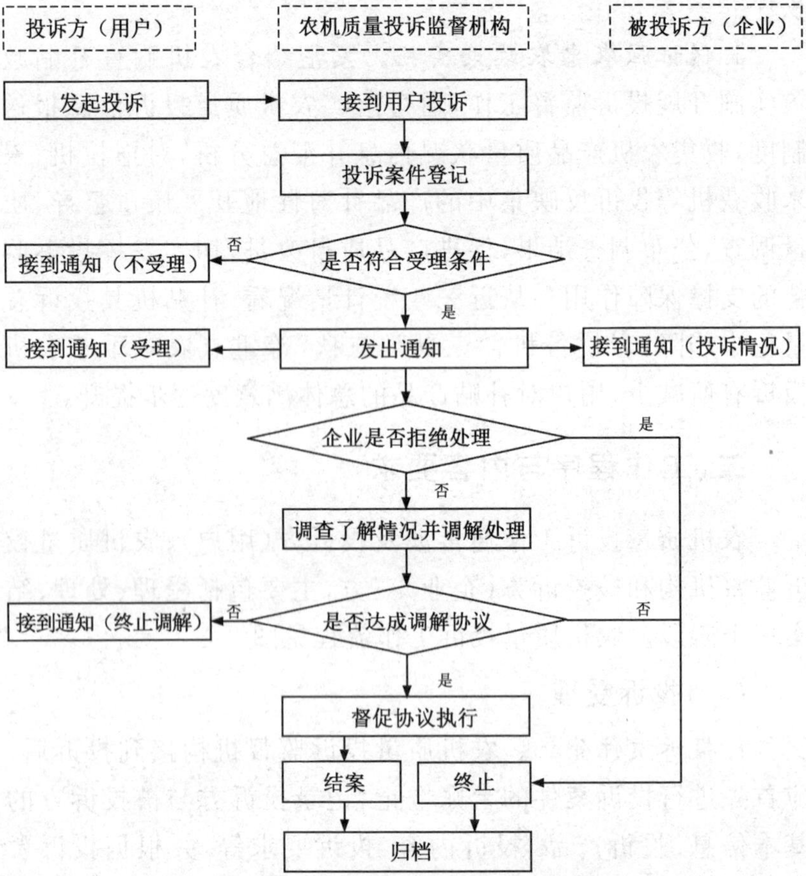

图 3-4　农机质量投诉工作流程

务之外发生质量纠纷（因农机产品质量缺陷造成人身、财产伤害的除外）的；法院、仲裁机构、有关行政部门、地方消费者协会或其他农机质量投诉监督机构已经受理或已经处理的；争议双方曾达成调解协议并已履行，且无新情况、新理由、新证据的;其他不符合有关法律、法规规定的。

(二)投诉处理

1.投诉案件调查。对已受理的投诉,通过电话、面谈、实地调查等方式了解情况,对争议问题进行核实、确认。如需现场调查的,应征得投诉双方同意后进行。对跨行政区域的调查,所在地的农机质量投诉监督机构应给予配合。

2.投诉案件调解。投诉监督机构在调查基础上依法进行调解。调解中需要进行检验或技术鉴定时,由争议双方协商确定实施检验或鉴定的农机鉴定机构和所依据的技术规范。检验或鉴定所发生的费用由责任方承担。

3.调解协议执行。经调解,争议双方达成解决方案,并形成书面协议。农机质量投诉监督机构督促双方执行。

(三)投诉结案

被投诉方对投诉问题逾期不予处理和答复,在农机质量投诉监督机构催办三次后仍然不予处理时,视为拒绝处理。省级以上人民政府农机化行政主管部门可对拒绝处理投诉的企业进行调查,并按规定公布调查结果。若出现争议双方自行和解,投诉者撤回其投诉。争议一方已向法院起诉、申请仲裁或向有关行政部门提出申诉,投诉者无正当理由不参加调解等情形之一的投诉案件,可终止调解。争议双方分歧较大,无法达成和解方案时,农机质量投诉监督机构给出书面处理意见,终止调解。投诉者可通过其他合法途径进行解决。农机质量投诉监督机构作出终止处理、终止调解决定的投诉案件,被投诉方拒绝处理的投诉案件可直接结案;达成调解协议的案件在督促双方履行协议后结案。投诉材料整理归档。

(四)投诉信息报送

各级农机质量投诉监督机构要对辖区内受理投诉的农机产品信息、用户诉求和处理结果等基本情况进行汇总统计和总结分析,按季度报送本级农机化行政主管部门和上级农机质量投诉监督机构。对于单次10个用户以上、不同用户在同一作业季节累计投诉超过10次的群体性投诉或有人员伤亡的重大质量事件,各级农机质量投诉监督机构应及时报告本级人民政府农机化行政主管部门,同时逐级上报上级农机质量投诉监督机构,不得瞒报和漏报。对涉及进口农机的质量安全事件,由省级以上人民政府农机化行政主管部门通报相关出入境检验检疫机构。农机质量投诉推行网上信息报送、案件流转和档案管理。县级以上农机质量投诉监督机构可以通过"全国农机质量投诉管理系统",完成投诉案件的受理、处理、移交、结案(含终止),以及投诉表单输出、投诉案件档案管理、投诉信息报送、投诉信息汇总分析等工作。

三、新时期矛盾问题与改进措施

(一)问题与挑战

随着农机化发展进入新阶段,农机服务组织快速发展,新型、智能、大型农机广泛应用,二手机、网购机增多,农机质量投诉也呈现品类增加、案值增高,投诉主体多元和调解难度加大等特点。此外,地方机构改革也一定程度带来投诉监督职能的调整和不确定性。农机质量投诉监督工作面临挑战和一些亟待解决的问题,主要表现在:

1.思想认识不到位，工作开展不平衡。一些地方对农机质量投诉监督的职能定位、工作责任不同程度存在模糊认识，个别地方投诉监督工作没有得到应有的重视，造成法定职责落实不到位、投诉渠道不畅通，不同省份、不同层级投诉监督工作开展力度存在较大差异。总体上省级机构工作强，县级机构工作弱，较大程度影响了投诉监督服务的有效性和及时性。

2.投诉体系未健全，投诉工作制度落实不到位。基层投诉监督机构尚未实现全覆盖、已有机构不稳定，投诉“属地管理、就近处理”不能全面落实。投诉工作人员专业知识还不能满足用户对新型、高端农机产品质量投诉处理需求。农机投诉监督工作信息化水平较低，全国农机质量投诉管理信息系统应用的覆盖面和有效性不够。投诉信息报送考核机制尚不健全，市县机构投诉信息报送工作没有得到足够的重视，一些地方信息报送不及时、甚至常年“零报告”。

3.管理制度需完善，投诉监督效力待强化。2008年实施的《农业机械质量投诉监督管理办法》部分内容已不适应农机质量投诉监督工作发展需要，在投诉受理职责分工、投诉受理条件设置、投诉处理方式、投诉信息报送管理等方面需进一步明确、完善，对二手机投诉、网购机投诉、网络群体投诉等情况缺乏相应规定，对拒不配合调解或拒不承担三包责任的企业缺乏有效的约束手段。投诉调解周期长、调解协议达成难、达成协议落实难等问题较普遍存在。

4.用户依法维权意识弱，投诉监督宣传需加强。由于一些用户对“消费者权益保护法”和“农机三包规定”等相关法律法规缺乏了解，对正确购机、用机、保养掌握得不深不透，特别是当出现质量问题产生纠纷后，因缺少购机发票、三包凭证、维修记录等必要的维权证明，造成投诉受理、处理障碍，也给投诉监督工作带来困难。

（二）改革创新趋势与举措

当前和今后一个时期，农机质量投诉监督工作将紧紧围绕推进农机化和农机装备产业转型升级的总目标，深入贯彻落实“放管服”改革要求，坚持目标导向、问题导向和需求导向，突出方法创新、机制创新和制度创新，不断提升农机质量投诉监督工作的及时性、规范性和有效性，为促进农机化高质量发展提供有力的技术支撑和可靠的服务保障。

1.逐步健全完善制度规范。适时修订《农业机械质量投诉监督管理办法》，完善投诉监督管理对象和流程，解决管理盲点，充分发挥质量投诉监督结果对责任企业的警戒作用，建立农机企业“负面清单”，通过有效惩治措施，提升农机质量投诉监督工作的地位和作用，促进农机产品质量稳定提高。积极探索投诉监督与质量调查、试验鉴定的联动互促机制，不断提高质量监督效力。研究建立农机质量投诉监督工作标准，提高工作规范性。

2.不断加强投诉监督体系建设。推进将农机质量投诉监督工作常态化纳入省级人民政府质量工作考核内容，依法强化各级农业农村部门的农机化质量工作职责。加强人员配备和经费保障，建立岗位轮训制度，创新培训方法，不断提升工作队伍的专业水平和业务能力。进一步规范投诉监督机构的建设，健全建强县级投诉监督机构。

3.稳步提升投诉监督信息化水平。推进“互联网＋农机质量监管”，优化建设全国农机质量投诉系统，联通质量调查数据，逐步实现用户质量投诉、案件受理处理、企业售后服务全流程信息化。改进农机质量投诉信息报送方式，加强质量数据积累与实时分析利用，不断提高投诉监督工作效率和效力。

4.持续打造“农机 3·15”质量服务品牌。围绕农机消费维权和农机化发展重点设立年度主题，丰富“政策宣传、投诉咨询、质量发布、消费警示、倡议承诺”等活动内容，线上线下、联合联动，推动将“政府部门引导、企业广泛参与、社会高度关注、农民直接受益”的“农机 3·15”活动制度化、规范化和常态化，搭建用户与企业的联系平台，营造社会共治氛围。发挥品牌带动作用，加强农机质量投诉监督工作，形成整体效应，持续、有效发挥农机化监管、服务作用。

第四节　农机质量调查的实施管理

一、农机质量调查由来、成效与作用

（一）产生背景与发展历程

1982 年，部农机鉴定总站组织开展脱粒机安全事故调查课题，拉开质量调查工作序幕。调查结果引起了国家有关领导的高度重视，原农机部发出通知，加强对脱粒机安全事故管理工作，脱粒机伤人事故得到了有效遏制。1999 年，农业部和国家质量技术监督局联合组织在山西、河北、河南、山

东、陕西五省开展联合收割机质量跟踪调查,探索了一条对在用农机进行质量监管的新路。2001—2002 年,农业部连续两年组织开展种子加工机械、免耕播种机质量安全普查,进一步丰富了质量调查实践。2004 年,《中华人民共和国农业机械化促进法》颁布实施,农机质量调查制度作为促进农机化发展的一项质量保障措施得到法律确认。质量调查工作进入有法可依、依法推进的新阶段。2006 年,农业部依法制定了《农业机械质量调查办法》(农业部令第 69 号),对质量调查的工作职责、计划确定、内容程序和结果公布等做出具体规定。2008 年,农业部召开全国农业机械化质量工作会议,提出了包含农业机械产品质量、作业质量、维修质量和服务质量在内的农业机械化质量新概念,会后印发《关于进一步加强农业机械化质量工作的意见》,明确了农机鉴定系统是农机化质量工作的主体,要求各省(自治区、直辖市)农机化主管部门充分运用好质量调查手段,加强农机化质量管理。2005 年,河北、山西两省率先依法开展省级质量调查;2008 年,农业部下达计划,首次开展部级质量调查。到 2019 年,中国大陆除西藏外的 30 个省份已全部开展了质量调查工作,调查对象以享受农机购置补贴的在用产品为主。2011 年,农业部发布实施《农业机械质量调查技术规范》行业标准,规范质量调查工作方法。2012 年,农业部开始对外公布调查结果,但公布内容仅限于调查的总体情况和结果较好的产品;2016 年,公布内容延伸至每个被调查产品,实现全面公布,引起行业广泛关注,对省级调查结果的公布起到示范作用。从 2017 年起,在部级质量调查工作中开发应用农机产品调查数据管理系统，推进质量调查工作的信息化管理水平。2019 年，探索部省联动开展水稻插秧机质量调查，在有效扩大调查样本量的同时，也带动了地方质量调查工作的规范开展。2019 年农机质量调查工作被纳入当年省级政府质量工作考核内容，对推动质量调查工作的常态化和省域全覆盖发挥了重要作用。

(二)工作成效

为贯彻落实《中华人民共和国农业机械化促进法》，农业部制定实施《农业机械质量调查办法》。经过多年实践，目前已形成农业农村部门主管、农机鉴定机构实施、基层农机化部门配合的调查工作组织机制。农机鉴定机构积极开展调查方法研究，拖拉机、玉米收获机、水稻插秧机等重点产品质量评价方法日渐成熟，2 项相关农业行业标准发布实施。通过加强培训，规范实施，调查工作质量不断提升。根据农机使用者投诉情况和农业生产实际需要，以农机购置补贴产品为重点，持续开展在用特定种类农业机械质量调查，并逐步实现调查结果的全面公开。2008—2019 年，农业部组织完成部级调查 10 余项，累计调查了 322 家(次)企业生产的 517 个机型、11 130 台产品，调查用户 11 130 个；2005—2019 年，全国 30 个省(自治区、直辖市)农机化主管部门组织完成省级调查 350 多项，累计调查了 4 100 多家(次)企业生产的 6 000 多个(次)机型、80 000 多台产品，调查用户达 78 000 多个。调查产品涵盖动力、耕作、种植、田管、灌溉、收获、加工以及畜牧、水产养殖等类机械的近 70 种产品。从 2019 年水稻插秧机调查结果看，用户满意度较 2016 年提高了 13.4%；从近年来农机质量投诉量看，也呈现出稳中趋降的形势，农机产品质量总体向好。

(三)主要作用

农机质量调查是农机化管理工作的重要组成部分，是农业农村部门对在用特定种类农机产品质量实施监管的有效措施，是对农机领域产品质量监督抽查制度的有力补充。主要作用体现在：

1. 有力推动企业改进产品质量。通过调查，分析用户需求中反映的问题，判断产品的质量状况，提出针对性整改要求和改进建议，督促和指导企业实施整改，推动农机装备产品质量和企业服务水平提升，促进农机装备技术进步。

2. 有力维护农机使用者合法权益。采用的入户调查方式，为用户提供了反映质量诉求的渠道和机会，帮助农机用户有效解决质量问题。调查结果面向社会发布，为用户购机用机提供质量信息，引导用户购买安全适用、质量可靠的农机产品，保障农业生产经营效益。

3. 有力维护农机试验鉴定制度的公信力。通过建立质量调查与试验鉴定制度有效衔接机制，对调查中用户反映存在重大质量问题而企业拒不整改、或整改达不到要求的，依法撤销农机推广鉴定证书；对调查发现滥用鉴定证书和鉴定标志的，纳入证后监督重点。

4. 有力支撑农机购置补贴政策实施。通过开展质量调查，全面掌握补贴产品的质量状况，公布调查结果，形成威慑，严把补贴产品质量关，切实保障农机购置补贴政策的有效实施。

二、工作程序与内容要求

农机质量调查工作主要分为调查准备、实施调查、结果处置三个阶段。具体工作流程见图 3-5。

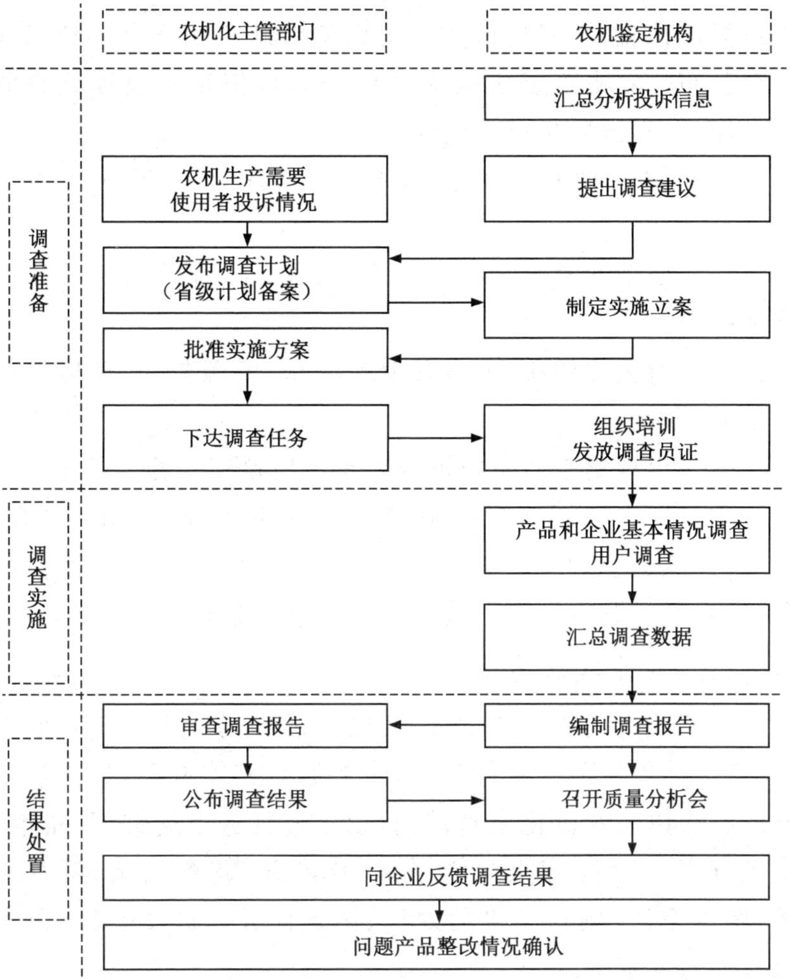

图 3-5　农机质量调查工作流程

(一)确定调查计划

为及时、全面掌握农机使用者的投诉情况,《农业机械质量调查办法》规定县级以上人民政府农机化行政主管部门应当明确农机质量投诉监督机构,负责受理投诉,统计、分析、报送投诉信息;农机投诉监督机构的地址和联系电话应当向社会公布。农机鉴定机构应当加强质量信息收集和调查研究工作,并提出质量调查建议。

列入质量调查计划的农机产品,应当具备下列条件之一:

——属于国家财政补贴、优惠信贷、政府采购等政策支持范围的;

——对人体健康、人身和财产安全、资源节约、环境保护有重大影响的;

——出现集中质量投诉或者重大质量事故的。

质量调查计划应当明确调查的目的、内容、范围、对象、时间、方法、实施单位等事项。质量调查计划应当向社会公布,省级质量调查计划在公布前应当报农业农村部备案。

(二)制定实施方案

承担质量调查任务的省级以上农机鉴定机构(以下称“调查承担单位”)接受任务后,应当制订实施方案,报下达任务的省级以上农机化主管部门(以下称任务下达部门)批准。实施方案一般包括调查依据、调查内容、调查区域、调查对象、调查方法、调查结果的处理、调查任务和进度安排、调查报告编写要求等。

(三)组织实施调查

调查承担单位接受调查任务后,按照实施方案组织参加单位实施调查工作。调查开始前,调查承担单位应当对调查人员进行培训,发放当次质量调查证件。质量调查采取问询查证、发放问卷、现场跟踪、召开座谈会等方式进行。必要时依据国家标准、行业标准、企业标准或者企业质量承诺进行试验检测。

调查包括:面向企业的产品及生产企业基本情况调查,以函调方式为主;面向用户的产品满意度调查(用户调查),需见机见人。用户调查应现场记录,调查人员和用户双方签字。

(四)编制调查报告

质量调查结束后,调查承担单位按照实施方案要求汇总、处理和分析调查信息,形成调查报告,报送任务下达部门。尽可能利用信息系统处理调查数据,提高工作效率和准确性。

(五)公布调查结果

任务下达部门收到调查报告后,应当对调查内容、程序、方法是否符合实施方案的规定进行审查。审查工作应当在收到调查报告之日起 20 个工作日内完成。审查通过的,任务下达部门及时公布质量调查结果,接受企业的查询和社会监督。省级质量调查结果应当在公布前报农业农村部备案。

(六)调查问题整改

调查承担单位应当在质量调查结果公布后 20 个工作日内组织召开质量分析会,向有关企业通报调查中发现的问题，提出改进建议。对质量调查中发现的产品质量或售后服务问题严重的生产或者销售企业，由任务下达部门下达整改通知责令整改，并组织企业所在省份农机化主管部门对整改情况予以确认。企业收到整改通知后拒不整改或者逾期达不到整改要求的，依法撤销该产品的农业机械推广鉴定证书。

三、新时期矛盾问题与改进措施

（一）问题与挑战

近年来，农机质量调查范围不断扩展，方法逐步完善，但面对农机化“两全两高”发展，落实深化“放管服”改革、加强事中事后监管的新形势新要求，农机质量调查工作还需要解决一些突出的矛盾和问题，主要表现在：

1. 调查覆盖面差距大。受质量调查经费投入、调查机构能力和调查组织方式的影响，调查产品种类的覆盖面与实际需要存在差距，调查区域的覆盖面与产品实际使用范围存在差距，调查样本量不够充分，对同一类产品持续开展调查工作不够。

2. 调查技术先进性不足。农机质量调查的信息化水平较低，调查方法相对单一，相关标准建设滞后，执行程序需进一步统一、规范，调查结果的权威性和社会认可度也有提升空间。

3. 工作协同性不强。农机质量调查尚未形成监管合力，部门之间和系统内部的协同性不高。农业农村部门和市场监管部门之间质量监管工作协调协作机制不完善，部、省两级质量调查独立开展，调查产品类型较为分散，市、县农机部门人员尚未充分调动，在数据信息互联互通、调查结果互认共享方面存在问题，质量调查的整体效果一定程度受到影响。

4.各地工作开展不平衡。各地重视程度、投入水平不一，全国每年开展质量调查工作的省份不足六成，有些省份调查工作已经常态化，有的省份调查工作才刚刚起步，调查工作覆盖面和规范化程度存在差异。

（二）改革创新趋势与举措

当前和今后一个时期，农机质量调查工作将紧紧围绕推进农机化和农机装备产业转型升级的总目标，深入贯彻落实“放管服”改革要求，坚持目标导向、问题导向和需求导向，突出方法创新、机制创新和制度创新，不断提升质量调查工作的科学性、规范性和可靠性，为促进农机化高质量发展提供更有力的技术支撑和服务保障。

1.进一步推动组织机制创新。充分发挥农业农村部门的主体作用，调动基层农机化专业力量，扩展调查能力，增强履职能力。在部省之间、省际之间、系统上下，健全协作机制，促进技术方法、人力资源与数据信息的互联互通，形成协同联动的质量调查工作新格局。推动将农机质量调查常态化纳入省级政府质量工作考核内容，完善考核内容和评价标准，加大投入，全面提升农机质量调查工作水平。建立质量调查人员培训和质量调查工作督导的常态化机制，加强对现行法律法规和标准规范的宣贯培训，指导各级机构统一、规范开展质量调查工作。

2.进一步推动制度改革完善。更有效地贯彻落实《中华人民共和国农业机械化促进法》和有关职责规定，注重调查研究，总结实践经验，深化理论认知，与时俱进修订《农业机械质量调查办法》，增强部门规章的权威性，提高质量调查的监督管理效力。

3.进一步推动技术方法创新。充分发挥农机鉴定系统和各级质量投诉监督机构的专业优势，深入开展在用农业机械的产品质量、作业质量、维修质量、服务质量的评价指标体系研究，创新、完善调查方法，加快制定行业标准，构建农机质量调查标准体系。积极探索科学有效、点面结合、便捷可行的质量调查手段，加快应用现代科技成果，推动质量调查的品牌化建设。

4.进一步推动信息化建设。探索建立"互联网+"质量调查新模式，提高数据信息即时采集、汇总上报和结果分析的智能化水平，按照国家信息平台整合的总体思路和农业农村部的基本要求，逐步实现质量调查与试验鉴定、投诉监督的数据互联、信息共享，为农机化质量监管提供高效的数据与技术支撑。

5.进一步完善结果采信机制。进一步明确质量调查与推广鉴定证书发放、农机购置补贴等扶持政策的挂钩机制，提升质量调查在农机化质量工作中的地位和作用。加强宣传，强化结果应用，为农机试验鉴定的大纲修订、证后监督等工作提供及时有效的信息反馈。要充分发挥质量调查结果对企业的警戒、震慑作用，建立农机生产者的"负面清单"，促进农机产品质量和售后服务水平的稳定提高。

第四章　农机购置补贴政策与实施

农机购置补贴是党中央、国务院重要强农惠农富农政策之一。2004 年出台以来，支持力度持续加大，惠及范围不断拓宽，实施操作逐步规范，政策成效日益显著，农机购置补贴在实践中已成为促进农业机械化发展的政策核心，深受农民群众的欢迎。当前，实施乡村振兴战略对农业机械化提出了新的更高要求，必须全面了解农机购置补贴政策发展演变，准确地把握其目标内涵、现实需求和发展趋势，才能坚持好发挥好这一重大政策在促进新时代农业机械化发展中的重要作用。本章介绍农机购置补贴政策的由来与主要内容、实施管理演进历程、新时期稳定实施政策的主要任务要求。

第一节　政策由来与主要内容

一、政策由来

1998 年，中央财政设立大中型拖拉机及配套农具更新补贴专项资金，主要是鼓励支持农民购置使用先进适用的农业机械；2001 年，更名为“农业机械装备结构调整补助费”，实施范围在黑龙江、吉林、辽宁、山东、河南、内蒙古和新疆 7 省

(自治区)基础上增加陕西省和湖北省;2003 年,结合优势农产品区域布局规划更名为“新型农机具购置补贴项目”,实施范围增加了湖南省和重庆市。期间,中央财政投资总规模保持 2 000 万元/年,为农机购置补贴政策创设奠定了良好的实践基础。

2004 年中央一号文件明确提出,“提高农业机械化水平,对农民个人、农场职工、农机专业户和直接从事农业生产的农机服务组织购置和更新大型农机具给予一定补贴”,并且将农机购置补贴项目上升为中央“两减免、三补贴”的重大支农惠农政策。当年,中央财政安排 7 000 万元,在 16 个省的 66 个粮食大县组织实施。同年 11 月,我国首部关于农业机械化的专门法律——《农业机械化促进法》施行,标志着我国农业机械化进入了一个全新的发展阶段。此后,历年中央一号文件都对农机购置补贴政策实施提出要求。2018 年是新一轮农机购置补贴政策实施的启动年,农业农村部、财政部决定在全国范围内推行“自主购机、定额补贴、先购后补、县级结算、直补到卡(户)”的操作方式,促进农机新产品的运用推广和农业机械化新技术的升级换代。

二、主要内容

经过多年创新完善,农机购置补贴政策框架基本成熟,主要包括以下五个方面。

(一)补贴对象

补贴对象为从事农业生产的个人和农业生产经营组织(以下简称“购机者”),其中农业生产经营组织包括农村集体经济组织、农民专业合作经济组织、农业企业和其他从事农业生产经营的组织。

(二)补贴机具种类范围

2020年,中央财政资金全国农机购置补贴机具种类范围为15大类42个小类153个品目。各省(自治区、直辖市)及计划单列市、新疆生产建设兵团、黑龙江省农垦总局、广东省农垦总局(以下简称"各省"),根据农业生产实际需要和补贴资金规模,按照公开、公平、公正原则,从上述补贴范围中选取确定本省补贴机具品目,优先保证粮食等主要农产品生产所需机具和支持农业绿色发展机具的补贴需要,逐步将区域内保有量明显过多、技术相对落后、需求量小的机具品目剔除出补贴范围。补贴范围的调整按年度进行。

地方特色农业发展所需和小区域适用性强的机具,可列入地方各级财政安排资金的补贴范围,具体补贴机具品目和补贴标准由地方自定。

(三)补贴机具资质

补贴机具必须是补贴范围内的产品,同时还应具备以下资质之一:①获得农业机械试验鉴定证书;②获得农机强制性产品认证证书;③列入农机自愿性认证采信试点范围,获得农机自愿性产品认证证书。

(四)补贴标准

中央财政农机购置补贴实行定额补贴,补贴额由各省农业农村部门负责确定,其中,通用类机具补贴额不超过农业农村部发布的最高补贴额。补贴额依据同档产品上年市场销售均价测算，原则上测算比例不超过30%。上年市场销售均价可通过本省农机购置补贴辅助管理系统补贴数据测算，也可通过市场调查或委托有资质的社会中介机构进行测算。对技术含量不高、区域拥有量相对饱和的机具品目，应降低补贴标准。为提高资金使用效益、减少具体产品补贴标准过高的情形，各省也可采取定额与比例相结合等其他方式确定补贴额，具体由各省结合实际自主确定。

一般补贴机具单机补贴额原则上不超过5万元；挤奶机械、烘干机单机补贴额不超过12万元；100马力(73千瓦)以上拖拉机、高性能青饲料收获机、大型免耕播种机、大型联合收割机、水稻大型浸种催芽程控设备单机补贴额不超过15万元；200马力(147千瓦)以上拖拉机单机补贴额不超过25万元；大型甘蔗收获机单机补贴额不超过40万元；大型棉花采摘机单机补贴额不超过60万元。

(五)补贴资金分配使用

各省农业农村部门会同财政部门科学测算资金需求，综合考虑耕地面积、农作物播种面积、主要农产品产量、购机需求、绩效管理、违规处理、当年资金使用情况等因素和中央财政预算安排情况，测算安排市、县级补贴资金规模，对资金结转量大的地区不安排或少安排资金。财政部门会同农业农村部门加强资金监管，定期调度和发布资金使用进度，强化区域内资金余缺动态调剂，避免出现资金大量结转。上年结转资金可继续在下年使用，连续两年未用完的，按有关规定处理。

农机购置补贴支出主要用于支持购置先进适用农业机

械，以及开展报废更新和相关创新试点等方面。为推进补贴资金使用与管理方式创新，从2019年起，农业农村部、财政部在北京、上海、江西等省（市）开展农机购置综合补贴试点，探索创新补贴资金使用与管理方式，结合实际选择大型拖拉机、青饲料收获机、联合收割机作为试点机具，支出方向可包括购置补贴、贷款贴息、融资租赁承租补助等。在四川开展农机化发展综合奖补试点，支出方向可包括机具的购置补贴、作业补贴、贷款贴息、融资租赁承租补助等。支持试点省份以信息化为支撑，完善工作措施，打通补贴申请、机具识别、作业轨迹监测等方面的数据通道，探索更加安全、高效、便民的补贴机具核验与补贴资金申领模式。

三、操作方式

2018年以来，农机购置补贴操作方式基本定型，可以概括为“自主购机、定额补贴、先购后补、县级结算、直补到卡（户）”，具体包括以下五个步骤。

（一）发布实施规定

省级及以下农业农村部门、财政部门按职责分工和有关规定发布本地区农机购置补贴实施方案、补贴额一览表等信息。

（二）组织机具投档

自愿参与农机购置补贴的农机生产企业按规定提交有关资料。各省农业农村部门组织开展形式审核，集中公布投档产品信息汇总表。各省在本省补贴实施方案中明确投档频次和工作安排，原则上每年投档次数不少于两次。

(三)自主选机购机

购机者自主选机购机,并对购机行为和购买机具的真实性负责,承担相应责任义务。鼓励非现金方式支付购机款,便于购置行为及资金往来全程留痕。购机者对其购置的补贴机具拥有所有权,可自主使用、依法依规处置。

(四)补贴资金申请

购机者自主向当地农业农村部门提出补贴资金申领事项,按规定提交申请资料,其真实性、完整性和有效性由购机者和补贴机具产销企业负责,并承担相关法律责任。实行牌证管理的机具,要先行办理牌证照。各地可结合实际,设置购机者年度内享受补贴资金总额的上限及其申请条件等。

(五)补贴资金兑付

县级农业农村部门、财政部门按职责分工、时限要求对补贴相关申请资料进行形式审核,组织核验重点机具,由财政部门向符合要求的购机者发放补贴资金。对实行牌证管理的补贴机具,可由农机安全监理机构在上牌过程中一并核验;对安装类、设施类或安全风险较高类补贴机具,可在生产应用一段时期后兑付补贴资金。

2004—2019 年,中央财政累计安排补贴资金 2 222.4 亿元,支持 3 500 多万农户购置机具 4 500 多万台(套),大幅度提升了农业物质技术装备水平,推动了我国农业机械化和农机装备产业的快速发展。农机装备总量持续快速增长,2019 年全国农机总动力 10.3 亿千瓦,较 2003 年增长 119%;农业机械化水平持续快速提高,全国农作物耕种收综合机械化率超过70%，较2003年提高了38个百分点，小麦、水稻、玉米、大豆等主要农作物生产已基本实现机械化，农业生产方式从主要依靠人力畜力转向主要依靠机械动力，进入了机械化为主导的新阶段。2019年规模以上农机工业企业数1 731个、主营业务收入2 396亿元，分别较2003年增长18%、218%。我国成为世界农机制造和使用第一大国，适应我国农业生产的农机工业体系逐步完善。2019年，全国农业机械化作业服务收入达到3 535亿元，较2003年增长70%，农机社会化服务成为农业生产性服务业的主力军、排头兵和“引擎”，在推进小农户与现代农业发展有机衔接中发挥了重要桥梁作用。2016年，在财政部组织的第三方绩效考核中，农机购置补贴获“政策实现度高”最高等级评价。

第二节　政策实施管理演进历程

农机购置补贴政策将农业和工业、农民和企业连接起来，涉及多个行业、多个环节、多个主体，实施操作难度较大。一是与市场行为的紧密关联性。农机具的买卖是申请补贴的前提，补贴的实现依赖于市场行为的发生。补贴额与价格密切相关，能否科学掌握市场价格决定了补贴额测算的精准程度。可以说，农机购置补贴与农机市场相互影响、深度融合。二是补贴对象和补贴机具的选择性。在补贴对象方面，随着资金供需矛盾趋缓，地方主管部门的选择权越来越小，但依然可以影响补贴资金兑付的先后顺序。在补贴机具方面，主管部门选择性较大，前期补贴机具实行目录管理，目前补贴机具的选择权集中在鉴定环节，相关鉴定机构可决定具体型号机具是否可享受补贴。三是参与主体的复杂性。农机购置补贴政策执行过程中，涉及生产厂家、经销商、农民、农机部门（鉴定、监理、补贴）和财政部门等多个主体，管理难度较大。

为防范补贴政策实施风险，减少以次充好、以小抵大和未购报补、一机多补、重复报补等骗套补贴行为，农业农村部、财政部持续改革创新，2012 年以后成功开展了差价购机到全价购机、结算级次由省级下放到县级、部分重点品目应补尽补等试点，并在全国复制推广，重构了补贴操作方式和监管机制，有效保障了政策长期稳定实施。

一、关于补给谁

根据农业生产经营主体的发展，补贴对象逐步丰富和完善，先后增加了农场职工、林场职工等，并将农机合作社调整为农机服务组织、农民专业合作组织等，2009 年调整为农业生产经营组织，从而与《农业机械化促进法》相衔接；2015 年以后明确了农民是一种职业而非身份，并将农业生产经营组织的界定与《农业法》衔接，既包括农民合作社、家庭农场，也包括直接从事农业生产的农业企业等；2018 年进一步明确农业生产经营组织包括农村集体经济组织、农民专业合作经济组织、农业企业和其他从事农业生产经营的组织。

二、关于补什么

补什么是政策引导作用得以发挥的指挥棒，主要包括确定补贴范围和规定补贴机具资质。

(一)补贴范围

随着农业机械化向全程全面发展,补贴机具种类范围呈扩大趋势。2004 年,仅对拖拉机、联合收割机及深松机等 6 种农业机械进行补贴;2009 年,补贴机具种类范围已经扩大到了 12 大类 38 个小类 128 个品目,较 2004 年补贴种类得到了大幅度增加;2011—2012 年补贴机具种类范围达到峰值,即 12 大类 180 个品目,2013 年和 2014 年适度缩小,稳定在 12 大类 175 个品目,各省还可以根据本省实际,另外确定不超过 30 个的自选品目。2015—2017 年,补贴机具种类范围被压缩到 11 大类 137 个品目,重点补贴主要农作物生产关键环节所需机具,兼顾畜牧、水产、设施农业、林果业等所需机具,侧重补贴农民购买有难度、价值较高的机具,自选品目因管理和廉政风险较大而被取消,一些小区域适用性强的机具由地方财政负责解决。2018 年,补贴机具种类范围进一步优化,总量仍为 11 大类 137 个品目;2019 年,增加了 4 个畜禽粪污资源化利用机具品目,并对补贴机具种类范围进行调整,实现了与《农业机械分类》(NY/T 1640—2015)农业行业标准的顺利衔接;2020 年,增加了 7 个助力丘陵山区等贫困地区产业发展所需机具品目,补贴机具种类范围达 15 大类 153 个品目。

为科学严谨规范确定补贴机具种类范围,主要采取两方面的措施。一是强化多因素分析。综合考虑各省产业导向、绿色生态发展要求、技术进步程度、机具监管难度等因素以及中央和地方事权划分要求科学研究和确定,并实行年度动态调整，力求科学确定补贴范围。二是强化多方面评估。组织农机购置补贴、农机鉴定、农机推广等方面专家对申请纳入补贴范围的机具品目进行评估，经评估合格、公示无异议后方可纳入。

（二）补贴机具资质

农业农村部、财政部逐步放宽了补贴机具资质要求。2010年以前，主要采取竞争性选型的办法，即对已列入国家或省级支持推广目录的机具，组织专家在性能、质量、服务、价格等方面进行审核，优中选优，制定补贴目录。2010年起，取消竞争性选型，与补贴目录脱钩，明确只要在补贴范围内的、已列入支持推广目录的机具均可参与补贴。从2015年开始，为充分发挥市场决定作用，实行补贴机具资质与支持推广目录脱钩，凡是在我国境内生产、已获得部级或省级有效推广鉴定证书的产品均可参与补贴。

为尊重企业市场主体地位和农民自主选择权，经农业农村部、财政部同意，2016年福建省对12个市场成熟度高、风险可控性强的机具品目开展市场化改革试点，取消推广鉴定证书资质要求，凡取得法律授权的第三方质量认可的农机产品，农民购置后均可申请补贴。

2018年，遵照《国务院关于加强质量认证体系建设促进全面质量管理的意见》（国发〔2018〕3号）要求，将获得农机产品认证证书的产品列入补贴机具资质采信范围。同时，不再将“中国境内生产”作为补贴机具资质前提条件，主要考虑国内企业在中低端产品上竞争能力较强，进口产品多为中高端产品，二者实际为错位竞争。另外，放开限制对农业生产是有利的，有助于缓解国内农机产品缺门断档的问题，一定程度上也能够倒逼我国农机工业加快创新步伐，提高企业核心竞争力。

三、关于补多少

2004—2008年，农机购置补贴实行按比例补贴，以补贴率不超过机具价格的30%进行补贴。为促进同类产品市场竞争，2008年起实行定额补贴，即同一档次农业机械在省域内实行统一的补贴额。具体运行中，农业农村部负责发布通用类机具的最高补贴额，各省在考虑最高补贴额、政策普惠性和资金使用效益等因素基础上，原则上按不超过该档机具近三年或上年市场平均销售价格的30%自主测定本省补贴额（重点血防区和地震重灾区等可按不超过50%测算）。

从实践看，按比例补贴，具有兑付原则一致、操作简单易行等优点，但易导致企业为获取高额补贴而虚高价格或虚开高额发票，产生机具价格"越补越高"等问题；实行定额补贴，基本遏制住了虚高的问题，但对同类机具来讲，价格高的机具实际获得补贴比例低，价格低的机具实际获得补贴比例高，可能会产生不公平的感觉，还出现极个别机具补贴标准基本接近价格、企业为规避补贴比例过高而虚开发票等问题。虽然比例补贴与定额补贴各有利弊，但定额补贴利大于弊，更能体现出市场对资源配置的决定性作用，相关问题可通过优化分档和强化监管等有效解决。

实行比例补贴时，按不超过机具价格的30%进行补贴；实行定额补贴时，补贴额依据同档产品上年市场销售均价测算，原则上测算比例不超过30%。上述两个30%的含义是不一样的，比例补贴中的30%指的是单台机具实际补贴比例，测算公式为：单台机具补贴额/单台机具销售价格；定额补贴中的30%指的是某一档次补贴额的最高测算比例，单台机具实际补贴比例的测算公式为：同一档次补贴额/该档次单台机具销售价格。在定额补贴的前提下，鉴于市场价格具有波动性，具体产品的中央财政资金实际补贴比例在30%上下一定范围内浮动符合政策规定；发现具体产品实际补贴比例明显偏高（原则上高于50%）时，应及时组织调查，对有违规情节的应按相关规定处理，对无违规情节且已购置的产品，可按原规定履行相关手续，并视情况优化调整该产品补贴额。

除了对补贴额实行测算比例限制外，农业农村部、财政部还对单机规定了限额。2006年之前，单机补贴限额原则上不超过3万元，2007年之后单机补贴限额提高到了5万元。从2008年开始，针对一些大型和重点农业机械逐步提高了补贴限额，如100马力（73千瓦）以上的大型拖拉机，2008年的补贴限额是8万元，2009—2012年的补贴限额则为12万元，而到近两年，其补贴限额已提高到15万元，200马力（147千瓦）以上拖拉机的补贴限额提高到25万元，大型甘蔗收获机的补贴限额提高到40万元，大型棉花收获机的补贴限额提高到60万元。

合理确定补贴额是确保补贴资金安全、提高使用效益的关键举措。补贴额过低，不足以调动农民购机的积极性；补贴额过高，可能会引起超量购买，以致农民作业收入降低，同时增加了不法企业骗套补贴资金等风险。现行不超过30%的补贴额测算比例和定额补贴的操作方式，是在综合考虑国家财政能力、政策引导作用和农民购置能力等因素基础上确定的，能够较好保障补贴范围内机具应补尽补，有利于引导农民理性购机、促进农业机械化科学发展，有利于充分发挥市场对资源配置的决定性作用和更好发挥政府作用，应在制度上长期坚持、实践中严格执行。

为提升补贴机具分类分档与补贴额测定的精准性，主要采取四项措施。一是摸清基础情况。提出机具分类分档与最高补贴额调整建议的单位，应提供分类分档调整所涉机具的生产企业、价格、销量等情况，原则上在相应省份应予试行，且总体上相对成熟。二是强化技术支撑。根据工作安排，由农业农村部农机鉴定总站、农机推广总站组织专家进行机具分类分档，按规定测算最高补贴额。可要求相关企业进行产品价格公示和承诺。三是规范测算程序。同档次平均销售价格、测算比例等应符合规定，且通过集体研究的形式对机具分类分档情况和最高补贴额一览表测算结果进行审定。四是进行公示公告。对审定后的机具分类分档情况和最高补贴额一览表进行公示，无异议的予以印发。

四、关于怎么补

2012 年以前，实行差价购机、省级结算。2012 年，农业农村部、财政部批复同意在河北、江苏、浙江、山东、河南、湖南、广西、四川以及甘肃等 17 个省（自治区、直辖市）进行农民“全价购机”、选择部分机具普惠等试点工作。其中，江苏、浙江和湖南在全省范围内开展了“全价购机、县级结算、直补到卡”的试点工作。2014 年，除北京、西藏和黑龙江垦区的部分管局外，其他省份全部实行"全价购机、定额补贴、县级结算、直补到卡"操作方式。为进一步强化政策引导，防范廉政风险，从2015年开始，补贴政策操作方式改为"自主购机、定额补贴、县级结算、直补到卡（户）"，强调了"自主购机"。

（一）结算级次

"差价购机、省级结算"的补贴方式下，购机者携带身份证或户口簿等有效证件至户籍所在地县级农业农村部门或乡镇设立的报名点，填交申请表；县级农业农村部门按照公平、公正、公开的原则和有关规定，初步确定拟补贴对象并进行公示；公示无异议后，购机者与县级农业农村部门签订农机购置补贴协议，并在补贴协议规定的时限内，携带身份证件、补贴协议向供货企业缴纳差价款后即可提机；补贴资金实行集中支付机制，由省级财政部门与农机生产或经销企业结算。2011年补贴操作流程发生变化：公示无异议后，不再签订购机补贴协议，而是由县级农业农村部门办理补贴指标确认通知书，经同级财政部门联合确认后，由农业农村部门发放给申请购机农民，指标确认通知书效用等同于购机补贴协议。"差价购机、省级结算"主要有两个好处：一是减轻农民筹款压力。补贴款部分由企业垫付，农民只需支付差价，经济上压力较小；二是确保专款专用。省级结算可以较好保障补贴资金用于农机购置补贴，被挤占、截留、挪用的风险较小。

"全价购机、县级结算"的补贴方式下，购机者携带身份证或户口簿至所在地县级农业农村部门或乡镇设立的报名点，填写申请表；县级农业农村部门按照公平、公正、公开的原则，初步确定拟补贴对象并进行公示；公示无异议后，县级农业农村部门向购机户发放指标确认书；购机户自主全价购机后，携带身份证、补贴确认书、购机发票及相关材料到当地农机或财政部门申领补贴；农机、财政部门核实并公示购机情况无异议后，由财政部门将补贴资金打卡入户。“全价购机、县级结算、直补到卡”有以下好处：一是让农民直观感受到补贴实惠。通过“直补到卡”的方式，直接将补贴资金发放到补贴对象手中，使农民直观看到了国家发了多少补贴，更真切地感受到了中央对农业机械化发展的支持和对农民的关心。二是有效切断企业与农业农村部门的利益联结。由省级集中向企业结算补贴款变为县级向农户兑付补贴款，不仅极大压缩了主管部门在资金结算环节过于集中的权力，也使其从大量烦琐、具体的结算事务性工作中解放出来，有更多精力谋划发展，加强指导，严格监管，牵头做好政策性和技术性强的宏观业务工作，进一步推进了“放管服”改革，提高了资金兑付效率。三是增强了基层管理部门特别是财政部门监管责任。地方政府看到了国家对该地区真金白银的投入后，更加重视补贴政策实施和监管，促使承担结算任务的财政部门和承担实施任务的农业农村部门工作更积极，主动性更高，责任心更强，有利于发挥基层农机、财政部门就近监管作用。

总体看，差价购机与全价购机各有利弊。差价购机能减轻农民筹款压力，但在补贴资金结算环节易形成利益联结，存在权力寻租风险，也存在购机农民补贴实惠获得感不强、“层层审核层层难负责”等问题；全价购机后，农民筹款压力相对加大，但能够体现市场原则，也有利于切断主管部门与企业的资金直接结算关系，有利于遏制套补骗补行为，有利于明确责任，有利于农民增强补贴实惠获得感。同时，需要指出的是，"全价购机"是相对于差价购机而言的一种说法，本质上是鼓励农民与经销商自主议价，从未要求购机农户必须付全款。

(二)先购后补

为提高补贴指标分配的科学性和精准性，2012 年开始，安徽省在深入调研、反复论证的基础上，启用了"先购机后申请补贴"的操作模式。"先购后补"解决了一些长期存在的问题。一是理顺了购机与补贴的关系。进一步明确购机是前提，补贴是手段，引导农民理性购机，杜绝了为享受补贴而购机的不正常现象。二是解决了"围标"及倒卖指标问题。取消补贴指标，从源头上解决了"围标"及倒卖指标问题，降低了廉政风险。三是切断了补贴与销售挂钩的关系。将补贴行为与销售行为相脱离，维护了补贴机具市场秩序，避免了补贴产品价格虚高现象，保护了农民的切身利益。

在资金紧张地区，农民购机后无法及时享受补贴，"先购后补"操作模式推广受限，但随着补贴资金量的逐步增加和跨年滚动实施的操作创新，上述问题基本解决。

(三)应补尽补

普惠共享是中央公共财政的基本属性之一。从 2011 年开始，农业农村部、财政部就提倡对农业机械化生产关键、薄弱环节机具实行应补尽补，满足所有申购农民需要。2014 年，全国有 21 个省份围绕农业生产急需的农业机械确定补贴范围，实行了部分品目或全部品目敞开补贴。其中江苏省对补贴范围内的50个品目全部敞开补贴，补贴资金由省财政兜底；吉林以省政府名义印发农机购置补贴实施方案，将补贴范围压缩到35个品目，重点补贴粮食生产全程机械化所需机具。

2015年，按照突出重点、分步推进的原则，农业农村部、财政部明确提出新阶段“缩范围、控定额、促敞开”的补贴政策实施新思路，将中央财政资金补贴机具范围由2014年的175个品目压缩至137个品目，同时取消各省自选品目。要求粮食主产省份选择粮食生产关键环节急需的部分或全部机具品目敞开补贴，棉花、油料、糖料作物主产省份要对棉花收获机、甘蔗种植机、甘蔗收获机、油菜籽收获机、花生收获机等机具品目敞开补贴。另外，鼓励有条件的省份，围绕主导产业，按照补贴资金规模与购机需求量匹配较一致的原则，选择机具品目试行全部敞开补贴，力争集中资金、聚焦重点，有计划、分阶段地协调推进机械化加快发展。

随着补贴政策改革完善基本到位，农民政策预期更加稳定、购机行为更加理性，农业农村部、财政部从2018年开始全面推行敞开补贴。实践证明，敞开补贴充分体现了公共财政政策的普惠与产业发展政策的重点导向，特别是农民购机后再向主管部门申领补贴，使购置行为完全发生在补贴申领之前，促进了农民购机行为回归市场，确保了农民选购机具的自主权更大，有效抑制了主管部门指定产品或强迫购买行为发生，减少了农机部门在补贴机具选购环节向企业寻租的可能，大大简化了操作流程，推进了阳光运行，方便了农民企业。

“自主购机、定额补贴、县级结算、直补到卡(户)”与敞开补贴相结合,是基层总结出来的、经受实践检验的操作方式,是降低主管部门政策实施选择性的最有效举措,能够促进政策目标实现,体现便民利民,应当继续坚持并不断丰富完善。

五、关于怎么管

(一)建章立制

逐步形成了以资金管理办法、实施指导意见为核心,分档投档、信息公开、机具核验、资金兑付、绩效考核、违规查处等方面制度规范相配套的制度体系,切实做到用制度管钱、靠制度管事、依制度管权,努力确保政策红利惠及广大农民群众。同时,坚持推行信息化管理服务,在提升监管效率和精准度的同时,让信息多跑路,群众少跑腿,不断提升广大群众的满意度。2020 年 3 月 24 日,财政部、农业农村部联合印发《关于修订印发农业相关转移支付资金管理办法的通知》(财农〔2020〕10 号),明确了农机购置补贴为约束性任务,规定了资金支出方向和测算分配办法。

(二)部门协同

多年来,农业农村部、财政部始终坚持明确划分农业农村部门职责权限,规范权力运行,把基层部门的工作重心转变到加强政策服务和监管上。按照上述原则,根据中央对地方专项转移支付管理办法等规定,明确了各级农业农村、财政部门工作职责。

财政部：负责落实农机购置补贴资金预算，审定农业农村部提出的资金分配方案建议，拨付补贴资金，监督检查补贴资金使用管理情况等。

农业农村部：会同财政部制定年度实施指导意见，组织开展试验鉴定、补贴机具分类分档及最高补贴额测算，指导地方组织实施工作，开展督导检查和省级延伸绩效管理。

省级农业农村部门会同财政部门：按照农业农村部、财政部的实施指导意见，联合制定本省农机购置补贴实施方案并组织实施，主要包括：开展资金需求摸底调查，确定本省补贴机具范围和补贴额，组织实施、监管和违规查处等。

县级农业农村部门：负责制定本县实施方案，具体开展政策咨询、补贴申请受理、核查公示、登记建档、投诉举报受理及调查处理等。

县级财政部门：负责补贴资金兑付和抽查监管。

补贴机具核验是补贴资金兑付的重要关口，是县级农业农村部门在政策实施一线的核心工作。一些地方发生的骗套补贴案背后，无一例外都有机具核验不到位、不严格的问题，与一些地区存在的核验流程不规范、技术手段落后、监督机制缺失等问题也密切相关。对此，农业农村部在总结各地经验和有效做法的基础上，有针对性地制定了《农机购置补贴机具核验工作要点（试行）》，指导各省组织县级农业农村部门结合实际制定完善补贴机具核验制度，进一步强化补贴机具核验和监督要求。

（三）信用监管

对补贴机具经销商的管理从管资质向管行为转变，探索出了信用监管新模式。2008 年以前,经销商由各省农业农村部门按一定资质条件,参照招标采购方式选定。这种方法虽有利于加强前端管理,但管得过多过紧,“设租”“寻租”等现象时有发生,甚至形成市场垄断。2008 年后,农业农村部、财政部要求经销商由农机生产企业根据省级农业农村部门规定的资质条件自行确定,并由省级农业农村部门向社会公布。2014 年,不再规定经销商资质条件,由农机生产企业自主选定经销商,但仍由省级农业农村部门集中公布。

2015 年,对补贴机具产销企业的管理按照“简政放权、放管结合、优化服务”的指导思想,采取了 3 项举措:一是农机生产企业自主公布经销商。二是推进经销商与补贴具体操作脱钩。同时,扩大购机者选择经销商自主权,允许跨县、跨省或通过企业直销购机。三是进一步落实农机产销企业和购机者主体责任和义务。

(四)信息公开

阳光是最好的防腐剂。信息公开始终贯彻政策实施全过程和全领域。2011 年,农业部在全国范围内统一了信息公开的渠道、内容和时限要求等,深入推进信息公开工作。

2016 年,农业部农机购置补贴信息公开专栏已经建成,除公布补贴政策信息外,部级补贴公开专栏与 38 个省级补贴公开专栏进行了链接,集中公布了 10 400 多个基层补贴咨询投诉电话,还建立了农机购置补贴违规查处与黑名单数据库,动态发布违规查处和黑名单信息,为省际联动查处提供基础信息支撑。38 个省级农业农村部门均在官方网站上开通了补贴信息公开专栏,全国县级农机购置补贴信息公开专栏开通率超过90%，通过专栏，各县基本能够及时公开补贴信息，年度补贴工作结束后完整公开享受补贴的农户信息等内容，基本做到了补贴操作方式透明、补贴信息农民知晓。此外，各地县级农业农村部门普遍将农机购置补贴政策实施情况列入政务公开和政务服务目录，采取多种形式，将农机购置补贴信息公开到乡镇村组，部分地区还采用了手机短信和手机报等便捷通信方式宣传政策。从2020年开始，各省通过省级信息公开专栏实时公开补贴受益公示信息，主动接受各方监督。

(五)信息化建设

2009年，在山西、江西两省先行先试基础上，农业部农业机械化管理司组织开发了全国农机购置补贴辅助管理系统，于2010年启动试运行。由于操作程序不断调整完善，辅助管理系统也经历了多次改版和升级，先后开发了“先购买后补贴”“购前公示”“购后公示”等标准版本，2015年基本定型为“先购后补”标准版本。考虑到辅助管理系统功能日趋稳定、运行维护和管理服务模式等基本成熟，各省独立开发升级和管理维护的基础条件基本具备，从2016年起，农业部农业机械化管理司将其技术开发、功能完善、系统升级和运行维护等全部交由省级农业农村部门负责组织。

2017年以来，农业部农业机械化管理司组织农业部农业机械试验鉴定总站开发了全国农业机械试验鉴定管理服务信息化平台，于2019年正式上线运行，主要公开了试验鉴定政策法规及管理文件，试验鉴定大纲，鉴定产品种类指南，鉴定机构信息，试验鉴定证书、产品技术规格和检验结果公示信息，产品认证证书、产品技术规格和认证结果公示信息等。

2018年以来，农业农村部农业机械化管理司在福建省先行先试的基础上，先后组织部分省农业农村部门和技术公司开发了农机购置补贴投档软件、农机购置补贴投档平台，极大地便利了生产企业投送补贴机具信息。一是报送材料减少。使用了投档平台以后，生产企业不再需要提供纸质材料，可直接通过电子材料投档，打印、装订、邮寄工作量大为减少。同时，农机购置补贴投档平台与全国农业机械试验鉴定管理服务信息化平台实现了互联互通，鉴定平台已有的信息均不需要生产企业重复填报。二是同一平台办理。投档平台统一规定了投档要求，并为每个省份开通了投档端口，生产企业登陆投档平台后，可向所有省份推送补贴机具信息，投档操作的标准化和便利化水平大大提升。三是数据集中分析。通过投档平台对各省补贴额一览表和补贴产品信息进行大数据分析，为全国范围内开展分类分档和补贴额、投档结果比对提供了基础支撑。

2018年以来，农业农村部农业机械化管理司在山西、陕西、青岛等省(市)先行先试的基础上，组织部分省农业农村部门和技术公司开发了农机购置补贴申领手机App，配套使用农机购置补贴辅助管理系统常年开放版后，购机农户可随时随地提交补贴申请，查询补贴申请办理进度，了解政策信息，实现了“信息多跑路、农民少跑腿”。新冠肺炎疫情发生以后，各地大力推广手机App等信息化手段申领补贴，降低疫情传播风险，青岛通过手机App办理的补贴申请超过99%。

(六)绩效管理

2012 年,农业部党组决定对省级农业农村部门落实强农惠农富农政策情况开展延伸绩效管理,首批选择农机购置补贴和基层农技推广体系改革与建设两项内容进行试点,并以此为总抓手,推动农、财两部各项举措在基层落地生根。

农机购置补贴政策落实延伸绩效管理的工作流程包括:一是科学设计评价指标。按照“科学、可行、量化、可比”的原则,对农机购置补贴实施流程进行了梳理,有针对性地设立了评价指标,重点关注制度建设、关键环节工作规范化、补贴资金使用管理、试点与工作成效等,并将上年度延伸绩效管理和本年度专项督导发现问题的整改情况纳入考核,形成绩效管理闭环。二是规范考核流程。主要委托第三方组织开展考核,包括制定考核方案、遴选专家队伍、组织各省自评、专家初审、反馈意见、专家复审、开展实地考核、形成综合报告等。三是稳步推进结果运用。坚持精准、公认和正面激励为主、慎用惩罚性措施等原则,推荐不超过实施总数 1/4 的省份为优秀等次,推荐名次提升较大、工作进步明显的 2 个省份与优秀单位一并表扬,以农业农村部文件通报相关省级人民政府,并在下年资金分配过程中适当倾斜。

为提升延伸绩效管理工作的科学性、针对性、规范性和客观性,主要采取四项举措。一是强化引导作用。以农、财两部相关资金管理办法和实施指导意见等为依据,以政策实施思路和重大工作部署为主要内容,提高绩效指标的针对性和导向性。组织开展绩效管理培训,提高各省对绩效指标的理解认知水平和组织实施能力。二是强化“双随机”抽查。

在实施关键阶段，委托第三方按“双随机”原则，开展农机购置补贴重点工作抽查，抽查结果纳入绩效管理。三是引入第三方评估。委托第三方，组织对各省农机购置补贴延伸绩效管理开展情况和成效进行年度评估，提出进一步完善的意见和建议。四是全程全面公开信息。及时将各省自评报告、专家扣分情况和最终考核结果等在系统内全面公开，既便于各省相互学习，更主要的是把考核全过程放在阳光下，进一步突出“成绩是干出来的，不是评出来”的理念，引导政策规范实施。

（七）违规查处

补贴政策实施以来，各级农业农村、财政部门每年都组织开展补贴实施专项督导检查，重拳打击违规行为，及时暂停、取消违规企业涉事机具补贴资格或经销补贴机具的资格，问题严重的列入黑名单。为做好这方面工作，农业农村部、财政部在各年实施指导意见和相关文件中均作明确部署，为各地查处违规工作提供了遵循。

农机购置补贴违规查处对象主要包括两类：一是参与政策实施中发生违规行为的农机产销企业，二是配合企业违规经营以骗取补贴的购机者。需要强调的是，严查严处违规行为主要目的是剔除害群之马，针对的是极少数违规企业，维护广大企业和农民的合法权益。购机者违规多数是受到违规企业的蒙蔽和利诱，且涉及违规资金较少，对其进行查处，应注意把握好尺度，重点查处参与程度较深、起关键组织作用的购机者。

农机购置补贴违规行为查处遵循的原则是实事求是、公开公正、权责一致、地方为主。各级农业农村、财政部门接到群众举报投诉、上级机关转办或其他部门转交的违规行为线索后，按照受理登记、调查核实、约谈告知、处理通报、材料留存等程序启动查处工作，全程留痕。针对不同性质的违规行为，对违规农机产销企业和购机者采取相应的处理措施，不同措施可独立或合并实施。在处理农机购置补贴违规行为过程中如涉及资金退缴、罚款等资金处理问题，由财政部门会同农业农村部门作出决定。

为督促地方属地管理责任、健全廉政风险防控制度和内部控制机制，强化企业承诺践诺的主体责任、严惩违规行为，农业农村部、财政部明确对其中危害较大的违规行为，实行顶格处罚、联查联处，真正让失信违规企业"一处失信、处处受限"。主要是四项具体措施。一是只要查实企业存在提供不实投档信息、产品信息、销售信息，通过虚构报补、重复报补、以小抵大等方式骗套补贴，拒不配合调查、提供虚假调查资料等，一律先行采取暂停违规企业全部产品补贴资格或经销补贴产品资格，再根据违规情节做出后续处理。二是明确如一省查实和做出处理的企业，其他涉及省份要直接采信相关处理决定，做出同等处理。三是建立省际补贴信息联查机制，利用大数据技术进行比对分析，在全国范围内排查可疑线索，支持和指导各地做好违规行为查处工作。四是对拒不履行资金处理决定的违规企业，明确由财政部门申请司法机关强制执行。

针对违规查处中发现的收受企业好处，对反映问题的举报投诉不组织调查，对已查实的违规问题不按规定组织处理，工作程序与规定不符、调查结论与事实不符、处理结果与规定不符等风险点，主要从四方面防范。一是及时准确分办。准确掌握举报投诉的主要内容，区分补贴机具资质、补贴机具牌证、补贴申领办理、补贴资金兑付等不同情况，准确提出承办单位建议。二是拓宽受理渠道。公布补贴咨询投诉热线电话，建立健全网络受理渠道，按规定受理各地投诉举报。三是落实属地管理责任。推动健全“以违规行为发生地处理为主”“政府领导下的部门负责制”的工作机制，对部分重大违规行为进行业务指导。四是强化督导检查。要求各地将违规查处通知全部上传农业农村部农机购置补贴违规查处与黑名单数据库，主动接受监督。推行违规行为全流程梳理，主动查找问题，进一步堵塞漏洞。通过专项督导、绩效考核等方式，加强对违规行为查处规范性监督，持续提升打击实效。

第三节　完善政策实施工作的任务和要求

《国务院关于加快推进农业机械化和农机装备产业转型升级的指导意见》(国发〔2018〕42 号)指出“没有农业机械化，就没有农业农村现代化”，提出要以服务乡村振兴战略、满足亿万农民对机械化生产的需要为目标，推动农业机械化向全程全面高质高效升级，强调要稳定实施农机购置补贴政策，最大限度发挥政策效益。从国际上看，在实现农业机械化之前，农业发达国家和地区普遍采用了直接补贴等措施支持农民购机，目前有的仍在实施，有的逐步转为机具购置贷款贴息、保险补助等措施。2020 年中央一号文件明确指出，调整完善农机购置补贴范围，赋予省级更大自主权。当前，我国农业机械化渗入农业生产的方方面面，融入农业产业链条的广泛领域，机械化程度的高低，直接影响农民的生产意愿和农业生产的稳定发展，农业生产方式加速向机械化生产转变。但我国农业机械化尚处于中级阶段，发展还不平衡、不充分，要实现全程全面农业机械化还有很长的路要走。我们要进一步增强实施好农机购置补贴政策的使命感和紧迫感，坚持农机购置补贴政策核心地位不动摇，更加重视和充分发挥好政策基石和引导作用，加快推进农业机械化由粮食作物向经济作物发展，由种植业向畜牧业、渔业、设施农业、农产品初加工业延伸，由平原地区向丘陵山区扩展，为实施乡村振兴战略、推进农业农村现代化提供坚实支撑。

一、扩大补贴机具种类范围

补贴范围是政策实施的总入口。要充分掌握农业各产业对设施装备不断增长的全方位需求，扩展农机购置补贴机具种类范围，加快由产中向产前产后延伸，由种植业向设施农业、畜牧、水产拓展，由传统机具向绿色、高性能迈进。优先保障粮食、生猪发展和主要农产品生产及助力丘陵山区等贫困地区产业发展的机械化需求，全力保障支持农业绿色发展机具的补贴需要，注重选择短板机具、高端产品、智能装备，将区域内保有量明显过多、技术相对落后、需求量小的机具品目剔除出补贴范围，支持引导农业机械化转型升级。

二、拓展补贴机具资质

通过支持有条件的省开展农机新产品补贴试点、鼓励各省开辟创新产品专项鉴定渠道、采信农机产品认证结果等方式，对生产急需、风险可控但暂不具备试验鉴定条件的农机新产品予以支持。注重打通试点产品转向大范围补贴的渠道，引导相关鉴定认证检测机构和企业，加强试点产品标准、鉴定大纲和认证规则的制定工作，为试点产品尽快通过鉴定、认证纳入全国补贴范围打好基础。同时，积极探索标准化设施大棚（含栽培、养殖）、仓储保鲜库、烘干机组，以及畜牧养殖成套设备、智能复式多功能机具和丘陵贫困山区特色产业专用机具等较难开展试验鉴定的设施装备的补贴方式，创设以建设标准和第三方检测报告为主体的资质条件。

三、加强和改善资金使用管理

进一步清理补贴申请录入的不合理限制，确保购机户随时便捷地录入补贴申请。针对部分地区资金总量偏紧短缺与部分地区资金少量结转并存的现象，加强对各省补贴资金需求测算工作的指导和审核，严格采用因素法分配，力求做到需求与资金下达相匹配，实现对补贴范围内机具敞开补贴。推动各省因时、因地、因需开展市县间资金余缺调剂，努力平衡资金供给，积极消除资金结转现象。配合财政部门细化资金退缴和罚款等方面规定，确保资金安全。

四、提升政策实施满意度

推进补贴受益公示信息和资金使用进度实时公开，便于购机户动态掌握政策实施情况，引导其自主参与政策实施。进一步优化办补流程，大力推广使用手机 App 远程申领补贴，推进农机鉴定、补贴、监理等信息系统互联互通，让信息多跑路，农民和企业少跑腿，实现“最多跑一次”。最大限度地压缩主管部门的办理时限，定期排查和处理补贴申请办理超时问题，加强监督检查和绩效管理，实现“补贴限时办”。

五、防范补贴实施风险

实行农机企业规范参与补贴政策实施承诺制，由生产企业自主选择和公布经销商并加强监管，按政策实施管理有关要求践诺，定期核对经销商出具的发票和合格证等资料，规范参与补贴政策实施。推进在简化审核程序的同时，推行补贴机具加施二维码、加装作业轨迹监测终端，通过大数据分析查找违规线索，组织第三方进行核查，严查严处违规行为，维护政策实施良好秩序。

六、创新补贴资金支持方式

组织开展农机购置综合补贴试点，探索构建以购置补贴为主，贷款贴息、融资租赁承租补助、作业补贴等方式为补充的政策框架。此外，在稳定实施农机购置补贴的基础上，争取新的投入渠道，探索对新型农业经营主体采用重大、绿色农业机械化技术给予适当补助，推动逐步建立与农机购置补贴互补互促的综合政策体系。

第五章 农业机械化技术推广

农业机械化技术推广是农业科技工作和农业机械化工作的重要组成部分，在促进农业科技成果转化应用、引领支撑农业机械化发展、落实强农惠农富农政策、促进农民收入较快增长等方面发挥着重要作用。本章简要介绍农业机械化技术推广的概念、方式和发展历程，分作物、分领域介绍农业机械化技术应用现状、方向和措施，并就今后一段时期的工作进行展望。

第一节 农业机械化技术推广综述

一、基本概念

农业机械化技术推广是指通过试验、示范、培训、指导以及咨询服务、宣传教育等，把农业机械化技术普及应用于农业产前、产中、产后全过程的活动，是推进农业机械化的重要手段，是农业科技成果转化为现实生产力的主要途径。

农业机械化技术涉及种植业、畜牧业、渔业、农产品初加工、设施农业等多个领域，不仅是某一环节的单项技术，还可以是与之相关的生物技术、工程技术、信息技术等组装配套的综合性技术，种类繁多，类型多样。例如，推广玉米籽粒收获机械化技术，首先应考虑适宜当地玉米籽粒直收品种的选用、相应品种的播期播量、田间管理等农艺栽培措施，然后选配不同品牌和性能的籽粒收获机，进行一定规模且多个生产周期的对比试验，探索形成适合当地农艺要求的宜机化品种、栽培措施、收获机以及烘干设备布局等一揽子综合技术模式，确保可学、可用、可复制、可持续。因此，推广一项机械化技术，应集成涉及的所有技术进行田间试验，证明其在推广地区比替代技术具有先进性、适用性、安全性，才可大范围推广。期间，通过咨询指导、培训宣传等措施，做给农民看、带着农民干、帮着农民赚，直到农民自觉采用。农业机械化技术推广通过不断完善机具性能、不断优化技术模式、不断增强农民意识、不断改变农民行为，来实现先进适用机械化技术及配套机具从小面积的试验示范到大范围的普及应用，从而提高农业生产效率和效益。

二、发展历程

中华人民共和国成立 70 多年来，农业机械化技术推广工作的内容、范围、体系等不断扩大与壮大，为推进农业机械化持续健康发展提供了重要科技支撑。随着国家政策的调整完善和改革发展，我国农业机械化技术推广经历了初创起步、快速发展、依法促进、协同推进四个阶段。

（一）初创起步期（1949—1978 年）

中华人民共和国成立初期，为改变农业生产力落后、农具匮乏的局面，农业部门着手在各地组建新式农具推广站，大力增补旧式农具，推广新式农具，并有计划地试办国营拖拉机站，为附近农民开展机耕服务，这对农业机械化的发展起到了很好的启蒙和示范作用。从这一时期起，国家确立了因地制宜、典型示范、由点到面、逐步推广的推广原则，明确新机具都要经过大面积的生产试验和鉴定，证明确实有效并定型后，方可由小批到大批、由小面积到大面积逐步推广。由于地方设置了农业机械化技术推广机构、配备了人员，新式农具推广工作迅速发展，使大部分地区农业生产工具落后的面貌有了初步改观，并出现了尽快实现农业机械化的企盼，从而开创了我国农业机械化技术推广事业。

（二）快速发展期（1979—1992 年）

改革开放以后，农民成为购买使用农业机械的主体，国家更加重视农业机械化技术推广体系建设。原农牧渔业部（现农业农村部）于 1982 年 10 月成立了农业机械化服务站（1990 年 5 月，更名为农业部农业机械化技术开发推广总站），负责全国农业机械化技术推广工作。随着科技体制改革的深入，全国 1 722 个县级农机研究所和一部分地市级农机研究所逐步改为农机推广站，农业机械化技术推广系统初具规模。1992 年，农业部、人事部将原带有推广职能的乡镇农机管理服务站列入乡镇农机技术推广机构。至此，从中央到地方的五级农业机械化技术推广架构全部建立起来，推广工作步入了快速发展时期。

（三）依法促进期（1993—2012 年）

1993 年 7 月，《中华人民共和国农业技术推广法》公布实施，标志着农业机械化技术推广事业进入依法促进阶段。

2004年6月,《中华人民共和国农业机械化促进法》公布,明确了农业机械化技术推广的目标任务和有关配套制度,为农业机械化技术推广提供了良好的法律保障。2006年8月,国务院印发《关于深化改革加强基层农业技术推广体系建设的意见》(国发〔2006〕30号),提出要强化公益性职能,放活经营性服务,推动了农业机械化技术推广体系的改革发展。2012年中央一号文件明确提出要做到“一个衔接,两个覆盖”,确保基层农技推广服务机构办公有场所、工作有经费、下乡有工具、服务有手段,进一步推动了基层农业机械化技术推广体系的改革与建设。

(四)协同推进期(2013年至今)

2013年1月,《中华人民共和国农业技术推广法》重新修订实施,进一步完善了技术推广的法律制度,明确国家农业技术推广机构属于公共服务机构,实行公益性推广与经营性推广分类管理,强调要注重技术推广的安全性。国家连续出台一系列加强推广体系建设的政策措施,先后对创新机制、增强活力,培育主体、协同推进,科学推广、提升效能等方面进行全面部署,各地农业机械化技术推广机构充分发挥主导作用,社会力量广泛参与,新机具新技术加快推广应用,有力地促进了农业机械化发展。2018年12月,国务院印发《关于加快推进农业机械化和农机装备产业转型升级的指导意见》(国发〔2018〕42号),要求以农机农艺融合、机械化信息化融合、农机服务模式与农业适度规模经营相适应、机械化生产与农田建设相适应为路径,推动农业机械化向全程全面高质高效转型升级,强调要强化农业机械化技术推广机构的能力建设,鼓励农机科研推广人员与农机生产企业、新型农业经营主体开展技术合作，运用现代信息技术，创新“田间日”等体验式、参与式推广方式，切实提升农业机械化技术推广效果，为新时期农业机械化技术推广指明了方向。这些部署和要求标志着农业机械化技术推广进入了一个新的时期。

几十年来，各级农业机械化技术推广机构坚定不移地围绕中心、服务大局，主动作为、勇于创新，扎实开展农业机械化技术推广，积极参与农业机械购置补贴政策实施，将一批成熟的单项农业机械化技术集成组合应用于农业生产中，使一大批先进适用的农机具及农业机械化技术得以推广和普及，在推动农业机械化的发展，保障粮食安全，增加农民收入，促进现代农业发展和实施乡村振兴战略中发挥了重要作用。一是推广先进、适用技术，发挥先导引领作用。因地制宜，先行先试，积极引导新型农业经营主体和农民应用先进、适用、安全的农业机械化新技术、新机具，有效地推动了农业机械化快速发展。二是搭建服务交流平台，发挥桥梁纽带作用。积极发挥农业机械化技术推广公益性主导作用，注重搭建技术服务平台，构建了“一主多元”协同推广新机制，全力打通推广“最后一公里”，实现了技术多样化、集成化供给。三是推动政策项目落实，发挥支撑保障作用。始终把服务中心工作，推进强农惠农富农政策落实作为履行好公共服务职能的重点，在政策研究创设、宣传引导、组织实施方面发挥了重要的支撑作用。同时，也积累了许多宝贵经验。一是坚持围绕农业农村工作大局，以稳定和提升粮食生产能力、振兴乡村产业和增加农民收入为己任，加强政策扶持引导，充分发挥政策在调动农民应用农业机械化新技术积极性的作用；二是坚持以农业生产实际需求为导向，以现代农业发展和农民需求为出发点和落脚点,因地制宜确定重点推广技术,注重试验示范先行,确保技术先进、适用、安全并促进农业增产、农民增收;三是坚持国家推广机构的公益性职能和主导地位,注重与经营性推广协同发展,注重良种、良法、良地、良机、良制结合,促进技术集成配套,实现功能互补,提高推广服务效能;四是坚持强化人才队伍建设,建设一支精干高效的农业机械化技术推广队伍和高素质的农村实用人才队伍。这些从实践中获得的宝贵经验,值得我们在今后一个时期继续坚持和丰富发展。

综上所述,我国农业机械化技术推广经过70多年的发展,取得了显著成效,为提升农业综合生产能力、保障主要农产品有效供给夯实了基础,为发展乡村产业、促进农民增收做出了积极贡献,为提高农业机械化水平、推进现代农业发展提供了有力的科技支撑。

第二节 粮食作物生产机械化技术推广现状及趋势

一、水稻

(一)产业发展现状

水稻是我国目前种植面积第二、单产最高、总产第二的粮食作物,常年种植面积45 000万亩左右,在粮食生产中占极其重要的地位。水稻种植可划分为四大区域:分别是长江中下游单季稻区(江苏、上海和浙江、安徽、湖北部分地区),

西南稻区(四川、重庆、贵州、云南大部分地区),南方双季稻区(湖南、江西、福建、广东、广西、海南及浙江南部地区),北方稻区(黑龙江、吉林、辽宁、天津、宁夏、内蒙古、山东、陕西、河南、新疆等)。

(二)农业机械化技术推广应用现状

2019 年水稻耕种收综合机械化率已达到 83.73%,与 2009 年相比提高了 28 个百分点(表 5-1),发展较快,年均增长近 3 个百分点,已基本实现机械化。

表 5-1 水稻生产机械化情况

项目	年份											
	2008	2009	2010	2011	2012	2013	2014	2015	2016	2017	2018	2019
综合机械化率	51.15	55.33	60.51	65.07	68.82	73.14	76.48	78.12	79.20	80.18	81.91	83.73
机耕率	79.19	83.27	87.27	91.00	93.29	95.09	98.05	98.94	99.31	97.75	98.00	98.84
机播率	13.73	16.71	20.86	26.24	31.67	36.10	39.56	42.26	44.45	48.16	50.86	53.89
机收率	51.16	56.69	64.49	69.32	73.35	80.91	84.63	86.21	87.11	88.76	91.52	93.43

1. 耕整地环节。2019 年,水稻机耕率已达到 98.84%,耕整地环节已实现机械化。在水田耕整机、秸秆还田机大面积推广应用基础上,激光平地技术在北方稻区和长江中下游单季稻区推广应用,通过激光精准调平系统控制平地铲实现土地平整,有效提高平地精度,实现高质量耕整地作业,同时可节水、节肥,是高质量机械化种植的基础。履带旋耕机和履带式拖拉机在湖南、江西等省份大面积示范推广,在深泥脚水田,其作业质量和通过性明显好于轮式拖拉机,有利于

缓解大马力拖拉机使用造成水田泥脚深度加深问题。

2.种植环节。2019年，机械种植率仅为53.89%，明显低于机耕、机收水平，机械化种植仍是水稻生产最薄弱、发展潜力最大的环节，其中双季晚稻机械化种植问题较为突出。在机插秧、机直播及机浅栽等机械化种植技术中，机插秧应用最广泛，约占机种面积的88.32%(2019年，机插秧面积为21 196.65万亩、机械种植面积为24 000.675万亩)。水稻机插秧技术采用毯状秧苗、纵横移送、切块取秧的原理，将秧龄20天左右的秧苗定位定量地栽植在大田中，机插秧技术与配套的育苗播种技术、毯状苗培育技术等形成了成熟的技术体系，是各主产区主推技术，推广应用面积大。近年来，水稻机插秧同步侧深施肥技术兴起。该技术是在机械插秧作业时将肥料精确定量地深施在秧苗侧边靠近根部泥浆中的技术。该技术替代了传统人工表层撒肥方式，具有肥料利用率高、人工成本低等优势，已在黑龙江、江苏、湖南多个省份进行了大面积试验示范，应用面积超过2 000万亩，并呈现出加速推广的趋势。插秧机械中，乘坐式高速插秧机代表着当前及未来发展方向，保有量逐年增加，2019年达到27.95万台。

水稻机械精量穴直播技术是使用水稻精量穴直播机按确定的穴行距及播种量，在大田精量成行、成穴的水稻播种技术。水稻直播无育秧、移栽环节，具有环节少、成本低、省工省力等优势，近几年该技术应用面积快速增长，2019年已超过2 367万亩，比2018年增加4.57%。晚稻受生育期的限制，直播技术适用性差，应用面积较少。

水稻机械化有序抛秧技术是使用有序抛秧机把适龄钵体秧苗按农艺要求和规范，有序抛栽到大田的技术，具有返青快、适用秧龄范围大等优势，属较为典型的机浅栽技术。近两年水稻有序抛秧机不断改进熟化，作业质量已达到生产要求，在南方双季稻区和北方稻区开始试验示范。

3.植保环节。水稻机械化植保主要有喷杆喷雾机、背负式喷雾喷粉机、手动喷雾器、遥控飞行喷雾机等。其中，喷杆喷雾机属高效植保机械，具有作业效率高、作业质量好、飘移少等特点，但受水田高低不平、泥脚深浅不一、南方水田面积小、生育中后期行垄不清晰等因素制约，水田喷杆喷雾作业发展较慢，喷杆喷雾机保有量仅占植保机械的1%左右。遥控飞行喷雾机(植保无人机)通过无人飞行器实现植保作业，受地面和作物影响较小，可应对水稻生产后期作业条件复杂等难题，在代替人工植保作业方面成效显著，近年来呈现出快速发展态势，2017年作业面积约为10 050万亩，2018年达到30 000万亩左右，但此类机械对普通药剂的适应性和施药飘移性还需要进一步试验验证。

4.收获及烘干环节。水稻机收率已达到93.43%，属高位运行，未来的增速将会趋缓。水稻机收主要有半喂入和全喂入两种方式，以全喂入式为主，占比超过90%。全喂入式是指割台切割下来的作物全部进入滚筒脱粒的喂入方式，呈现茎秆保持不完整，动力消耗大，机械购置成本低等特点；半喂入式是指割台切割下来的水稻仅穗头部分进入脱粒滚筒脱粒，呈现茎秆保持完整，减少了脱粒清选动力消耗等优势，但结构复杂，购置成本较高，作业效率偏低。

(三)农业机械化技术推广方向和措施

1. 水稻生产全程机械化发展主要制约因素。一是南方稻区户均耕地面积较小,且不集中,机械作业转弯调头多,降低了机械化作业效率和效益,部分丘陵山区机耕道不完备,机具难以进入;二是农机农艺融合不紧密,栽培方式不规范,宽窄行、密植、稀植等形式多样的种植方式,降低了机具适应性和通用性,增加了机械化作业难度;三是长江中下游双季稻区,温光资源不足,季节茬口紧,需要抢种抢收,对于机械化作业提出了更高的要求。

2. 推进水稻生产全程机械化发展的技术方向和推广措施。①履带式拖拉机及配套作业机具将加快推广应用步伐。通过宣传水稻绿色生产理念,在水田机械化作业中减少90马力及以上轮式拖拉机的使用,加快橡胶履带式农业机械推广应用,减少接地比压,解决大马力机型作业对水田犁底层的破坏问题。②水稻秧苗质量和育秧水平将进一步提高。加强水稻生产全程机械化技术集成,强化农机农艺配套技术的标准化、模式化和实用化,着力提高技术到位率和普及率。③适合南方双季稻区生产机械化技术不断完善并加快应用。一是选用生育期较短的早稻或晚稻早熟品种,实现双季稻“早—晚”或“晚—早”机插秧搭配;二是在部分地区实行“早稻—秋旱作”和“夏旱作—晚稻”交叉式双季稻复种方式,优化种植制度;三是筛选和利用一些再生能力强的超高产水稻品种,发展“头季稻—再生稻”种植模式;四是加强钵苗摆栽、大钵体毯状苗插秧等机械化技术推广应用。④国产自走式全喂入轴流稻麦联合收获机可靠性、作业性能将稳定提高,履带式收获机的占比逐步提高，并向纵轴流、大喂入量方向发展。⑤再生稻头季稻机收专用技术加快发展，轮辙压稻茬的难题将妥善解决。在适宜区推广再生能力强、抗碾压的再生稻专用品种；改进种植模式，合理确定水稻种植行距，错开收获机械轮距；加强不伤、少伤稻芽稻桩的新型再生稻收割机研发推广。⑥随着农田宜机化改造工作的推进，丘陵山区地块分散零碎、机耕道路不完整等"地不宜机"问题将得到逐步改善，南方丘陵山区水稻生产机械化将进入快速发展机遇期。借助高标准农田建设、丘陵山区农田宜机化改造等项目，推动农田地块小并大、短并长、陡变平、弯变直和互联互通，切实改善农机通行和作业条件，提高农机适应性。

二、玉米

（一）产业发展现状

玉米是我国目前种植面积最大、总产最多、分布最广泛的农作物，常年种植面积 60 000 万亩以上，总产超过 2.5 亿吨，平均单产超过 400 千克/亩，是重要的粮食作物、经济作物、饲料作物原料和应用广泛的化工原料，在保障国家粮食安全方面占有举足轻重的地位。玉米主要有一年一熟、一年两熟两种种植制度，优势种植区域主要分布在东北经黄淮海向西南延伸的广阔地区，分为北方春播玉米区、黄淮海夏播玉米区、西南丘陵山地玉米区，这一带状区域集中了玉米种植总面积的 85%和总产量的 90%，另外还有西北灌溉玉米区及其他分散种植区。

(二)农业机械化技术推广应用现状

2019 年玉米耕种收综合机械化率已达到 88.95%,已基本实现机械化,2009—2019 年 10 年间提高了 29 个百分点(表 5-2),是三大主要粮食作物中增幅最高的,也是全国农作物耕种收综合机械化率增长的主要拉动因素。

表 5-2　玉米生产机械化情况

项目	年份											
	2008	2009	2010	2011	2012	2013	2014	2015	2016	2017	2018	2019
综合机械化率	51.78	60.24	65.94	71.56	74.95	79.76	77.66	81.21	83.08	85.55	88.31	88.95
机耕率	73.03	83.55	88.11	93.77	93.79	97.67	87.92	89.92	94.81	96.82	97.33	97.77
机播率	64.62	72.48	76.52	79.90	82.30	84.08	83.86	86.62	83.85	85.17	88.73	88.81
机收率	10.61	16.91	25.80	33.59	42.47	51.57	57.78	64.18	66.68	70.89	75.85	77.32

1. 耕整地环节。2019 年,机耕率达到 97.77%,10 年间增长了 14 个百分点,主要原因是西南丘陵山地玉米区微耕机大面积推广提升了机耕作业面积,免耕播种技术广泛应用增加了免耕面积。深松整地技术是通过动力机械牵引深松机作业,在不翻土的情况下,打破犁底层,疏松土壤,改善耕层结构的一项耕整地技术,具有加深耕层、提高土壤通透性、增强蓄水保墒和抗旱排涝能力等优势,在玉米生产中应用效果显著。2014—2016 年国务院《政府工作报告》连续三年对深松整地提出明确要求,并于 2014 年起对农机深松整地作业进行补助,截至 2018 年年底中央和地方财政已累计投入资金近 90 亿元,补助深松面积近 40 000 万亩,该技术已在各

玉米主产区广泛应用，年度作业面积保持稳定。

2.播种环节。2019年，机播率达到88.81%，10年间增长了16个百分点。玉米精少量播种技术以及播种联合作业技术已经得到普及，两行以下的小型机具占多数，玉米铺膜播种技术在旱作区应用广泛。玉米秸秆全量覆盖免耕精量播种技术是指上茬作物收获后不进行耕整地作业，在秸秆全量覆盖地表的前提下，一次性完成开沟、施肥、播种、覆土、镇压等作业环节，实现玉米种子定量定位定深入土的播种技术，具有抗旱保墒、省时省工等优势，长期应用还可有效减少土壤风蚀水蚀，培肥地力，是一项绿色生产技术。该技术在黄淮海夏播玉米区已经较为成熟，广泛应用，解决了“三夏”期间农时短、茬口紧、任务重的问题。近年来，适应东北地区玉米秸秆量大、播期干旱等生产条件的关键机具进一步成熟，技术模式基本完善，已在部分新型农业经营主体中推广应用。

3.植保环节。玉米属高秆作物，部分品种收获时植株高度可达3米以上。因此，在玉米生育中后期机械化植保作业条件较为苛刻，既要高质量地完成喷雾作业，保证中下部叶片施药，又不能碾压或折断玉米植株，高地隙自走式喷杆喷雾机和遥控飞行喷雾机（植保无人机）能够适应这种作业条件，在平原种植区的快速推广应用，提高了植保作业效率和质量，提升了病虫害防治能力。

4.收获环节。玉米机收是全程机械化薄弱环节，2019年，机收率达到77.32%，10年间增长了60个百分点，是三大主粮作物中收获环节机械作业水平增长最快的。玉米收获机械按行走方式主要分为自走式和背负式两种，背负式玉米收获机械是发展初期的过渡产品，已经被淘汰；按滚筒形式主要分为横轴流和纵轴流，横轴流脱粒滚筒与机械的行进方向垂直，受机身宽度限制，脱粒行程有限；纵轴流脱粒滚筒与机械的行进方向相同，脱粒行程一般比横轴流长，是玉米专用收获机的发展方向。玉米籽粒收获机械化技术是用联合收获机械一次完成玉米摘穗、果穗剥皮、脱粒、清选、秸秆粉碎等各环节作业的机械化收获技术，与传统摘穗收获技术相比具有节省工序、提高效率、降低成本等特点，每亩可减少作业成本 100 元以上，配合机械化谷物干燥技术，可有效解决玉米晾晒烘干问题，避免了玉米在运输、晾晒、存储、脱粒过程中的损失和霉变。该技术已在西北、东北和黄淮海地区开展了试验示范。

(三)农业机械化技术推广方向和措施

1. 玉米生产全程机械化发展主要制约因素。一是农田耕层土壤“浅、薄、瘦”的问题仍然十分突出，特别是在东北玉米区，平均耕层深度仅为 15.1 厘米，远低于 22 厘米的基本要求，制约了玉米增产增效和抵御自然灾害的能力；二是由于茬口紧、品种不适宜等问题，玉米收获时籽粒含水率普遍在 30%左右，造成了籽粒破碎率偏高，制约了玉米籽粒收获机械化技术的推广应用；三是玉米生产机械化区域差距明显，南方丘陵山区受地形条件限制，全程机械化发展比较缓慢。

2. 推进玉米生产全程机械化发展的技术方向和推广措施。①秸秆覆盖还田免少耕机械化精量播种技术将在东北地区加快普及应用。一是充分利用深松作业补贴、东北黑土地保护性耕作行动计划等政策和项目，营造良好氛围，加快关键技术试验示范，提高关键技术应用面积；二是加强玉米精量免耕播种机高速单粒精量播种核心技术和关键部件研究，进一步改善机具性能，加强试验验证，重点解决贴茬免耕播种重漏播率偏高、播种深度不一致等问题。②玉米籽粒机械化收获技术将在主产区扩大应用。一是推广后期脱水快、耐破碎、适合籽粒直收的中早熟玉米品种；二是加快高含水率条件下柔性脱粒核心技术研发，进一步降低破碎率，提高作业质量；三是进一步降低机械烘干成本，加快推进产地烘干，解决玉米籽粒收获后烘干问题。③鲜食玉米机械化收获机具需求将进一步增长。加快国外先进鲜食玉米收获机的引进消化吸收，提升国产机具的适应性和可靠性，开展先进适用机具的示范推广。

三、小麦

(一)产业发展现状

小麦是我国第三大粮食作物，常年种植面积约 36 000 万亩，占全国粮食作物播种面积的 22%左右，产量占 21%左右。小麦种植以冬小麦(约占全国小麦总面积的 93%)为主，春小麦比重趋于下降。小麦种植分为黄淮海地区、长江中下游地区、西南地区、西北地区和东北地区五大优势产区，其中河南、山东、河北、安徽、江苏五省小麦产量占全国总量 75%以上。

(二)农业机械化技术推广应用现状

小麦种植区域主要在平原地区，机械化作业条件好，机具相对成熟，2009 年综合机械化率已达到 89.37%，2019 年提高至 96.36%，在主要农作物中机械化水平最高，2009—2019 年 10 年间增长了 7 个百分点（表 5-3），已接近实现机械化。

表 5-3　小麦生产机械化情况

项目	年份											
	2008	2009	2010	2011	2012	2013	2014	2015	2016	2017	2018	2019
综合机械化率	86.54	89.37	91.26	92.62	93.21	93.71	93.52	93.66	94.15	95.10	95.89	96.36
机耕率	92.51	95.58	97.82	98.79	98.90	98.90	97.25	97.06	99,16	98.95	99.67	99.81
机播率	81.28	84.37	85.32	85.95	86.52	86.69	86.98	87.54	87.89	89.98	90.88	91.82
机收率	83.84	86.07	88.46	91.05	92.32	93.82	95.08	95.23	93.74	95.07	95.87	96.29

1. 耕整地环节。2009 年小麦生产机耕率就已达到 95.58%，2019 年机耕率为 99.81%，属高位运行。小麦产区以一年两熟区为主，前茬作物为玉米或水稻，机耕作业以旋耕为主，在政策的支持下深松作业保持较高水平。

2. 播种环节。2019 年小麦机播率为 91.82%，是三个作业环节中水平最低的，其中一个重要原因是长江中下游地区播种期雨水多、机械下地困难。小麦主产区普遍应用旋耕播种机，可一次性完成耕地、播种、施肥、镇压等作业。

3. 收获及秸秆还田环节。2019 年小麦机收率为 96.29%，10 年间增长了 10 个百分点。农机跨区作业始于小麦机收，机具质量的提升、收获时间的差异、政策的支持为该农机服务模式的诞生和发展创造了良好条件，已成为中国特色农业机械化发展道路的重要内容。跨区作业延长了机具的年作业时间,增加了年作业量,降低了单位面积作业成本,减少了作业费用,提高了机手效益,这是我国农民的伟大创举。小麦联合收获技术持续升级,喂入量6千克/秒以上的收获机具成为主流机型。小麦收获作业时间持续缩短,促进了小麦的适时收获和下茬作物播种,提高了生产效率和效益。小麦收获秸秆还田一体化技术广泛应用,联合收割机带秸秆切碎装置成为基本配置,在麦、玉轮作区与玉米免耕机械化播种技术配合应用,极大地促进了小麦秸秆还田技术的普及,形成了以秸秆还田为主、其他方式为补充的机械化处理技术模式。随着小麦种植规模化发展,小麦烘干设备应用逐渐加快。

(三)农业机械化技术推广方向和措施

1.小麦生产全程机械化发展主要制约因素。一是在长江中下游稻、麦两熟区,由于茬口紧、作业时间短,存在晒田不及时、"烂耕烂种"现象;二是在黄淮海麦、玉两熟区,玉米收获后秸秆量大,小麦播种时存在秸秆拥堵、架种晾种等问题,播种作业质量有待提升。

2.推进小麦生产全程机械化发展的技术方向和推广措施。①以保护性耕作技术为代表的绿色生产机械化技术将在小麦生产中扩大应用,机械化免耕播种、机械化少耕种肥一体宽幅播种等技术将加快推广应用,黄淮海麦、玉两熟区玉米秸秆覆盖条件下的小麦少免耕播种质量也将进一步提高。②长江中下游地区稻茬麦机械化播种作业质量将进一步提升。一是加快适宜长江中下游、稻麦轮作区的小麦播种技术与装备的研发与熟化;二是加快稻田开沟排水技术推广应用；三是进一步提升机手操作水平，提升机械化播种作业质量。③小麦生产全程机械化将向高质高效方向发展，大型机具、复式联合作业机具应用将会越来越多，作业的智能化、舒适化水平将会持续提升，远程诊断、空调驾驶室将进一步普及，播种机具向高性能方向发展，收获机械向大喂入量升级。

四、马铃薯

(一)产业发展现状

马铃薯是排在水稻、小麦、玉米之后中国第四大粮食作物，也是集粮食、蔬菜、饲料及工业原料等多功能于一体的重要农作物。近年来，中国马铃薯年种植面积在 8 000 万亩以上，总产量超过 1.2 亿吨，均占全世界总量的 1/4 左右，是全球马铃薯种植面积最大、总产量最高的国家。马铃薯适应范围广，全国从南到北、从高海拔地区到低海拔地区，一年四季都有种植分布，形成了北方一季作区、中原二季作区、南方冬作区和西南一二季混作区等四大类型产区，种植面积分别约占全国马铃薯种植面积的 49%、5%、7%和 39%。

(二)农业机械化技术推广应用现状

马铃薯生产机械化发展起步较晚，机械化总体水平仍然偏低，2019 年全国马铃薯生产综合机械化率 46.55%，2009—2019 年 10 年间提高 23 个百分点(表 5-4)，但区域间、环节间发展不平衡。一季作区马铃薯机械规模化生产在主产区快速发展，由此促进了标准化作业、社会化服务的推广普及，耕、种、收、植保环节机械化技术应用和装备水平及仓储能力显著提高，东北、华北马铃薯种植基本实现了精播与配套耕整地联合作业，西北主产区的播种、施肥、起垄、覆膜联合作业机具成为近年来推广应用的主流产品。

表 5-4　马铃薯生产机械化情况

项目	年份											
	2008	2009	2010	2011	2012	2013	2014	2015	2016	2017	2018	2019
综合机械化率	20.90	23.23	26.59	32.25	34.2	37.34	37.78	39.96	40.69	38.43	42.61	46.55
机耕率	36.74	39.17	44.42	52.64	54.71	58.76	59.54	62.66	63.70	62.50	68.99	74.68
机播率	10.67	12.94	15.25	19.65	21.42	23.97	23.69	25.16	25.98	22.90	25.07	27.80
机收率	10.00	12.27	14.17	17.67	19.64	22.14	22.85	24.50	24.70	21.88	24.99	27.78

1. 耕整地环节。2019 年，全国马铃薯生产机耕率 74.68％，低于全国农作物机耕率 11 个百分点。马铃薯整地机械与小麦、玉米、大豆等使用的农业机械通用，发展相对成熟，通常使用深松机、旋耕机、圆盘耙、大型联合整地机等，品种较多，功能也相对完善，与拖拉机配套性较好，推广应用较为普遍。

2. 播种环节。2019 年，全国马铃薯生产机播率 27.80％，受种植面积波动影响，近几年发展不快。东北一季作区规模化垄作播种机械应用普遍，适合西北、西南主产区的膜上播种、垄侧点播、套种播种等技术已经相对成熟。能够一次性完成播种、施肥、起垄、覆膜等多项作业的播种机具，提高了作业效率，成为近年来应用的主流。

3. 收获环节。2019年,全国马铃薯生产机收率27.78%,近5年有所徘徊,马铃薯收获机保有量8.30万台,比2018年增长4.79%。马铃薯收获方式分为联合收获和分段收获两种,联合收获可一次性完成挖掘、去土、清选、集箱(或装车)等作业,作业效率高,但破损率和破皮率较高,应用较少,一些规模较大(3 000亩以上)的农场、农户、公司,已开始尝试;分段收获一般分为机械挖掘铺放和人工捡拾分级两个步骤,用工多、劳动强度大,但商品薯损伤小,更有利于鲜销和贮藏,应用广泛。马铃薯挖掘收获机按照铺放方式分为侧输出和后输出两种,侧输出机型可一次完成马铃薯挖掘、分离和侧向铺放作业,可以将两垄马铃薯合并成一条进行捡拾,大大提高了人工捡拾效率。

4. 中耕环节。中耕培土是马铃薯增产的重要措施,在北方一季作区普遍应用。中耕作业可以提高地温、除草培土、提墒松土,利于块茎膨大。国内最普遍使用的是四行中耕机具,主要用于马铃薯出苗前和苗期的中耕作业。有些中耕机具同时搭载有施肥装置,在中耕作业的同时对马铃薯进行追肥,拥有量大约8万台套。

5. 植保环节。马铃薯植保机械与其他农作物通用,一般有手动喷雾机械、拖拉机配套施药机械、自走式施药机械、遥控飞行喷雾机等。现阶段西南丘陵山区植保机械仍以背负式手动喷雾器和背负式机动喷雾机为主,而北方一季作区规模化种植普遍应用拖拉机配套施药机械和自走式施药机械,遥控飞行喷雾机主要由社会化服务组织开展病虫害规模化防控。

6.灌溉环节。在内蒙古、河北北部等传统优势产区，大型喷灌应用较为普遍，每个喷灌圈一般500亩左右；近年来保护有效水资源得到重视，滴灌成为主要方式，水肥一体化应用得到普遍认可。其他地方灌溉设施较差区域主要靠自然降雨。在山东等高产区域，除了三膜覆盖的设施配套外，大水漫灌仍作为主要方式，栽培技术和灌溉设施有待进一步优化。

(三)农业机械化技术推广方向和措施

1.马铃薯生产全程机械化发展主要制约因素。一是受地形地貌、产品用途、作物品种等因素制约，马铃薯生产全程机械化区域发展差距较大，北方一季作区规模经营主体全程机械化生产模式已经基本成熟，西南一二季混作区和南方冬作区机种、机收发展刚刚起步；二是马铃薯种薯价格较高，为降低成本，通常采用切芽播种，但机械切芽会形成一定比例不带芽眼的种薯块，同时不能识别带病种薯，加大了种薯机械切芽技术推广难度；三是人工切芽应用广泛，但切块的大小、形状不规则，加大了播种机械取种难度，容易造成重播和漏播，一般播种作业时都进行人工漏种补种、重种剔除；四是马铃薯以季节性收获、鲜食消费为主，收获阶段挖掘损伤、碰撞内伤、摩擦皮伤等一直是决定商品化程度的关键因素，一定程度上制约了马铃薯联合收获机械化技术的发展。

2.马铃薯生产全程机械化发展的技术方向和推广措施。①马铃薯播种、收获等薄弱环节机械化技术将加快推广应用，并呈现出多样化趋势，大、中、小型机具、联合与分段作业技术、高性能智能化与轻简化装备将分别在适宜地区发展应用，机具的系列化、成套化将快速推进。②北方一季作区规模经营主体将加快推广全程机械化技术模式，重点解决原种生产成本高、机械切薯标准化程度低、收获作业破皮伤薯和捡拾作业用工多等问题。③南方冬作区和西南一二季混作区重点推广丘陵山地轻简型播种、中耕培土和收获技术及机具，主要解决丘陵山区作业条件下种、收机械的适应性和可靠性问题。

五、大豆

（一）产业发展现状

大豆富含植物蛋白质和油脂，营养价值高，是当前世界最重要的粮食作物和油料作物之一，主要用于豆制品深加工、提炼食物油和制作动物饲料等。近两年来，大豆种植面积稳定在 10 000 万亩以上，主要产区为北方春大豆区、黄淮海夏大豆区和南方大豆产区，其中北方春大豆区面积占 60% 以上。

（二）农业机械化技术推广应用现状

2019 年大豆生产综合机械化率达到 85.52%，2009—2019 年 10 年间增长了 17 个百分点，已基本实现机械化。但大豆机械化水平发展不平衡，大豆产区之间、环节之间机械化水平存在较大差距，存在一些薄弱环节。

1.耕整地环节。2019 年，全国大豆生产机耕率达到 88.21%，2009—2019 年 10 年增长了 15 个百分点（表 5-5）。大豆生产耕整地机械与小麦、水稻、玉米等使用的农业机械通用，通常包括旋耕机、铧式犁、深松机、联合整地机等，机具种类较多，推广应用较为普遍。

表 5-5　大豆生产机械化情况

项目	年份											
	2008	2009	2010	2011	2012	2013	2014	2015	2016	2017	2018	2019
综合机械化率	60.85	68.68	73.18	69.81	63.20	62.93	65.38	65.85	72.06	84.72	84.10	85.52
机耕率	67.18	72.95	77.96	76.44	68.56	68.21	69.95	72.15	76.27	86.47	86.75	88.21
机播率	64.52	73.99	75.54	71.21	63.96	62.88	64.76	64.56	71.75	85.80	85.12	86.55
机收率	48.73	57.68	64.45	59.58	55.30	55.94	59.89	58.73	66.76	81.31	79.56	80.89

2. 种植环节。2019 年，全国大豆生产机播率达到 86.55%，2009—2019 年 10 年间增长了 13 个百分点。在北方春播区重点推广了大豆精量播种技术、机械化大垄栽培技术、深松整地起垄联合作业技术和机具，在黄淮海地区重点推广了小麦秸秆覆盖还田条件下的免耕播种技术，技术应用面积不断增长，播种质量进一步提升。南方产区播种作业多采用简易条播机，用种量大，播种不均匀，还需完善。

3. 收获环节。2019 年，全国大豆生产机收率达到 80.89%，2009—2019 年 10 年间增长了 23 个百分点，增速较快。北方大豆区尤其是东北春大豆区主要采用进口大型自走式稻麦联合收获机（喂入量大于 8 千克/秒）进行大豆联合收获，机型先进、性能优越，自动化程度较高，作业效率高、质量好。黄淮海地区大豆机收多通过调整中型稻麦收获机脱粒清选部件和作业参数，实现一机多用。部分单纵轴流机型，配置挠性割台收获大豆，降低大豆脱粒破碎率，以减少大豆脱粒损失，应用效果较好。南方产区采用小幅宽的履带式稻麦联合收获机直接收获，作业质量需要提高。

（三）农业机械化技术推广方向和措施

1. 大豆生产全程机械化发展主要制约因素。一是种植效益较低，相对于玉米等同季节可替代作物，产量低、亩均纯利润低，农民购置大豆生产专用机型意愿较低；二是北方春大豆产区机具以进口为主，购置费用较高，大豆的生产成本、机械化水平一定程度上受到国外影响和牵制；三是黄淮海夏大豆产区前茬作物秸秆量大，处理困难，增加了夏大豆机械化播种难度，收获一般采用稻麦联合收获机，破碎率偏高、损失率较大。四是南方大豆产区地形地貌气候条件复杂、种植模式多样，增加了机械化作业难度。

2. 推进大豆生产全程机械化发展的技术方向和推广措施。①北方大豆产区将向大型化、复式联合作业和智能化、舒适化方向发展。②黄淮海大豆产区播种质量将进一步提升。一方面探索和完善适合当地的全程机械化技术模式，统筹前茬收获、秸秆还田、打捆离田、大豆播种等各个环节；另一方面加快防缠绕机械化免耕播种等关键技术推广应用，解决播种时秸秆壅塞问题。③黄淮海大豆产区收获破碎率高、损失率大的问题将逐步解决。研发黄淮海地区专用大豆收获割台和适合于大豆机收作业的脱离清选部件，推广大豆高质低损机械化收获技术，在一机多用前提下解决大豆收获作业损失大、破碎严重问题。

六、杂粮

(一)产业发展现状

我国是世界上杂粮主产国之一,也是世界上最大的杂粮生产和出口国。杂粮多数生长在高原、干旱、高寒地区,主要分布在中西部和东北部的老少边穷地区。杂粮生长期短、种植面积少、地域性强、种植方法特殊,品种包括荞麦、燕麦、糜子、大麦、薏苡、青稞、高粱、谷子、绿豆、小豆、豌豆、蚕豆、芸豆、豇豆、小扁豆、黑豆等。杂粮种植面积约 14 000 万亩,产量约 1 970 万吨,其中谷物类杂粮 8 862 万亩、1 486 万吨,豆类杂粮 4 800 万亩、486 万吨。杂粮面积在 500 万亩以上的有 11 个省区,1 000 万亩以上有内蒙古、山西和云南,其中山西有"杂粮小王国"之称。由于杂粮生产条件普遍较差,加之多数杂粮育种栽培技术研究工作开展少,生产水平落后,单产普遍较低,许多地方产量只有 20～40 千克/亩,在栽培管理水平较好的地区,产量可达 100～200 千克/亩。近年来,随着人们健康理念的变化,杂粮消费不断增加,农民种植杂粮积极性不断高涨,杂粮产业逐渐受到重视。

(二)农业机械化技术推广应用现状

东北杂粮区有谷子、高粱、大麦、糜子、芸豆、绿豆等作物,机械化生产程度较高。华北杂粮区有谷子、糜子、高粱、荞麦、燕麦、绿豆、芸豆、小豆作物,机械化精量播种技术、覆膜穴播技术和膜下滴灌技术推广,中小型机械化作业稳步推进。西北杂粮区有糜子、荞麦、谷子、高粱、燕麦、豌豆、蚕豆、绿豆、小扁豆、草豌豆、鹰嘴豆等作物，少数地区适宜小型机械化作业。青藏杂粮区有青稞、蚕豆和豌豆等作物，适宜中小型机械化作业。西南杂粮区有蚕豆、豌豆、芸豆、苦荞、高粱、大麦、薏苡等作物，农业规模化和机械化生产程度较低，中小型机具应用较为普遍。据 2019 年调查，全国现有杂粮种植施肥机械 16.4 万台，机械化率 49.9%，收获机械 1.1 万台，机械化率 16.6%。杂粮机械化生产的种植、收获环节机具缺口较大，需要播种机械 1.4 万台套，收获机械 1.4 万台套。

（三）农业机械化技术推广方向和措施

杂粮种植分散，生产规模小，影响杂粮产业发展和机械化水平提升。推进杂粮生产机械化发展的技术方向和推广措施如下。

1. 改变杂粮种植传统观念。采用先进的种植方式，积极发展集约旱作农业技术，推广耐旱良种，发展节水灌溉、地膜覆盖，因地制宜开展农田宜机化改造，建设永久性梯田。

2. 根据不同地区适宜条件。重点推进特色杂粮收获技术与装备研发和示范推广。研究谷子、荞麦、燕麦、青稞等特色杂粮作物籽粒与茎穗机械力学特性，研究切割、脱粒、清选工艺机理，开发脱粒、清选技术及新机构、新部件；集成研制谷子、荞麦、燕麦、青稞等作物收获装备。

3. 分区域开展重点机械化技术推广。在东北杂粮区推进轮作倒茬，发展全程机械化生产，示范推广种子包衣、配方施肥、糜子(谷子)精量沟播、芸豆高台大垄密植、绿豆(小豆)垄作双行精量播种、荞麦大垄双行沟播、高粱垄作密植机械化栽培和垄作轻简高效栽培等技术;形成谷类(谷子/糜子/大麦/荞麦/高粱)—豆类(芸豆/绿豆/小豆)—马铃薯轮作,谷类—油料轮作以及深松垄作、沟垄和免耕栽培等模式。在华北杂粮区促进结构调整,提高抗灾减灾能力,示范推广种子包衣、化肥减量增效、病虫害绿色防控以及谷子轻简高效、高粱宽行高密轻简栽培、燕麦"一早三改"高产栽培等技术;形成谷类(糜子/谷子/燕麦/荞麦)—豆类(芸豆/绿豆/小豆/豌豆)进行轮作,绿豆、小豆与玉米间作,免耕栽培、覆盖节水栽培等模式。在西北杂粮区促进用地养地相结合,提高种植效益,示范推广种子包衣、化肥减量增效、病虫害绿色防控、旱地深松耕蓄水保墒技术,以及糜子精量穴播、荞麦抗旱沟播栽培、有机蚕豆标准化生产、豌豆抗旱节水栽培、绿豆双垄沟播覆膜栽培等技术;形成薯类(马铃薯)—谷类(糜子/荞麦/燕麦)—豆类(豌豆/蚕豆/小扁豆/草豌豆/鹰嘴豆)轮作,谷类(糜子/荞麦/燕麦)—油料(胡麻/黄芥)—豆类(豌豆/小扁豆/草豌豆/鹰嘴豆)轮作,绿豆与棉花、玉米、谷子、枣树等进行间作,覆盖、免耕栽培等模式。在青藏杂粮区推进轮作倒茬,防控病虫草害,提高种植效益,示范推广种子包衣、化学除草、配方施肥、青稞全程机械化、偏温湿区青稞"春改冬"等技术;形成豆(豌豆/蚕豆)—麦(青稞)—油菜轮作等模式。在西南杂粮区适当增加山区和旱地的杂粮种植面积,提高杂粮的种植效益,示范推广化肥减量增效、病虫害绿色防控、旱秋蚕豆高效栽培、反季小粒蚕豆栽培、蚕豆稻后留茬免耕直播、豌豆早秋烟后套作、鲜食蚕豆(豌豆)高产栽培、苦荞小穴点播、苦荞精量条播高产等技术；形成蚕豆—水稻轮作，烟草—豌豆轮作，马铃薯—荞麦轮作，豆类—荞麦轮作，蚕豆与马铃薯、小麦、大蒜、玉米等进行间作，蚕豆与烟草、玉米进行套种，硬茬直播、留茬免耕、设施栽培等模式。

第三节　经济作物生产机械化技术推广现状及趋势

一、棉花

(一)产业发展现状

棉花是重要的纺织工业原材料。我国棉花生产主要分布在西北内陆(主要是新疆)、黄河流域和长江流域。由于受国际市场棉花价格下降的影响，近 5 年，全国棉花种植面积逐年减少，2018 年为 5 031 万亩，其中新疆棉花种植面积为 3 737 万亩，占到全国的 74.3%。

(二)农业机械化技术推广应用现状

从全国来看，棉花生产综合机械化水平无论是从地域上还是从生产环节上看，发展都很不平衡。2019 年，全国棉花生产综合机械化率为 81.18%，2009—2019 年 10 年间增长了 33 个百分点(表 5-6)。

表 5-6 棉花生产机械化情况

项目	年份											
	2008	2009	2010	2011	2012	2013	2014	2015	2016	2017	2018	2019
综合机械化率	43.12	47.83	51.03	53.88	59.59	61.06	66.71	66.81	69.77	70.74	76.88	81.18
机耕率	69.06	76.84	83.11	87.39	95.72	94.88	89.91	91.90	93.84	95.73	97.42	99.34
机播率	49.88	54.18	55.31	57.39	62.75	65.57	86.54	81.35	84.61	77.23	85.25	88.04
机收率	1.78	2.81	3.97	5.68	8.26	11.46	15.96	18.81	22.83	30.91	41.12	50.13

1.耕整地环节。2019 年,全国棉花生产机耕率达到 99.34%,接近 100%。棉花生产整地机械与小麦、玉米、大豆等使用的农业机械通用,通常包括旋耕机、圆盘耙、大型联合整地机等,品种较多,技术相对成熟,功能也相对完善,与拖拉机配套性较好,推广应用较为普遍。

2.播种环节。棉花种植多数采用机械铺膜穴播或精量播种,2019 年机播率达到 88.04%,机械化水平较高。新疆兵团广泛应用一次性完成铺管、铺膜、精量播种等工序的卫星导航膜上打孔精量播种技术,搭配水肥调节、化控技术,可有效提高出苗率和棉花产量,还可实现节水节肥。该项技术正在向南疆地区和以河北、山东为代表的黄河流域棉区示范推广,取得了初步成效。

3.采收环节。2019 年机收率仅为 50.13%,10 年增长了 47 个百分点,特别是 2018 年增长达到 10 个百分点以上,标志着棉花机收进入快速发展期。在机采棉环节上,新疆地区发展较快,其中新疆生产建设兵团机收率已超过 80%,对于机收率贡献最大,黄河流域刚刚起步,长江流域几乎是空白。

2019年全国采棉机保有量5 500台左右，其中新增600台左右。目前，全国已有9家企业在研发采棉机，其中7家企业产品推向市场，主要为3行和6行水平摘锭式采棉机，个别机型可一次性实现棉花采收、压实、包膜等工序，与传统采棉机相比，减少了生产工序，避免了压实、堆垛和运输过程的二次污染问题，受到市场欢迎。近两年来，国内品牌采棉机销售数量与国外品牌接近，过去以进口采棉机为主的情况正在逐步改变，但国产采棉机销售额、单机生产率、可靠性等方面与进口机相比还存在一定差距。

4. 秸秆处理、残膜回收环节。残膜回收和秸秆处理方面的机具和技术不断成熟，新型的残膜回收机可一次性完成秸秆还田、起膜、上膜、清杂、脱膜、残膜打卷或装箱等全套作业程序，当年铺放地膜回收率90%以上，耕层残膜回收率约为65%，秸秆粉碎长度合格率达到85%以上，2019年已在新疆试验示范推广1.5万亩，为解决残膜污染提供了可行方案。

(三)农业机械化技术推广方向和措施

1. 棉花生产全程机械化发展主要制约因素。一是区域发展不平衡，黄河与长江流域机采棉仍处于起步阶段，新疆棉区机械化水平较高，其中北疆棉区已基本实现机采，南疆棉花种植面积占新疆棉区总面积的40%左右，但机采水平不足10%；二是棉花生产标准化程度低，种植模式多样，特别是黄河与长江流域，农户种植规模小，行距不一致，播种、灌溉、植保、化控等作业时间不统一，田间宜机化管理措施不到位，影响了机采棉技术的推广应用；三是机采棉含杂率高，不适宜使用传统棉花加工设备加工，在黄河和长江流域，由于机采棉数量少，棉花加工企业不愿承担加工生产线升级改造费用，以致机采棉轧花加工能力配套不足，影响机采棉技术推广；四是新疆棉区大量使用农膜，但未建立长期有效的残膜回收模式，部分残膜深埋入田，不利于可持续发展。

2. 推进棉花生产全程机械化发展的技术方向和推广措施。①黄河与长江流域棉区将借鉴新疆棉区机械化技术，探索形成棉花生产全程机械化技术模式。一是筛选推广适合机采棉品种；二是推广矮化密植技术；三是提升化控等田间管理水平；四是推进轧花加工装备的配套完善。②具有压缩包膜功能的采棉机将在新疆棉区加快推广应用。③棉花生产全程机械化技术精准化将进一步提升，卫星定位导航辅助驾驶、水肥一体化、精量播种、精准化控等技术与机具将加快普及应用。④棉花残膜回收装备将进一步改进和熟化，残膜收净率将持续提升，棉田残膜污染治理问题将逐步改善。

二、油菜

(一)产业发展现状

我国是油菜生产大国，常年种植面积 10 000 万亩左右，总产量 1 400 万吨左右，种植面积和总产占全世界的 30%左右。油菜产区可以划分为冬油菜产区和春油菜产区，春油菜种植区域主要包括青海、内蒙古、甘肃、新疆等区域，一般 4 月播种，9 月收获；冬油菜种植区域主要分布在长江流域各省以及河南与陕西南部，一般 9 月中下旬至 11 月上旬播种，次年 5 月收获。冬油菜种植面积和产量均占全国 90%左右。

(二)农业机械化技术推广应用现状

2019年油菜生产综合机械化率达到56.88%,2009—2019年10年间增长了33个百分点(表5-7)。内蒙古东北部、西北春油菜产区已经基本实现机械化,长江流域冬油菜产区机械化水平还不高。

表5-7 油菜生产机械化情况

项目	年份											
	2008	2009	2010	2011	2012	2013	2014	2015	2016	2017	2018	2019
综合机械化率	23.00	23.83	26.08	29.05	35.44	39.18	43.11	46.85	49.55	51.55	53.94	56.88
机耕率	44.97	45.16	48.63	53.44	65.05	70.58	74.19	78.56	78.93	80.77	82.30	84.80
机播率	9.74	10.39	11.39	12.28	14.51	16.20	19.47	22.01	25.20	27.22	29.82	32.54
机收率	6.97	8.84	10.69	13.32	16.88	20.29	25.32	29.39	34.74	36.92	40.25	44.00

1. 耕整地环节。2019年,全国油菜生产机耕率达到84.80%。油菜生产整地机械与小麦、水稻、大豆等使用的农业机械通用,通常包括旋耕机、联合整地机等,品种较多,发展技术相对成熟,功能也相对完善,与拖拉机配套性较好,推广应用较为普遍。

2. 栽植环节。油菜栽植是全程机械化薄弱环节。2019年,全国油菜生产机播率达到32.54%,10年间增长了22个百分点。机械化栽植方式有三种:机械直播、机械移栽和人工撒播+机械开沟覆土,各有利弊。长江流域冬油菜主产区“直播为主、移栽为辅”的机械化生产技术路线加快应用,成效明显。高密度浅耕精量直播技术(每亩约30 000穴)较好地克服了传统低密度种植(人工移栽每亩约 5 000 穴)成熟度不一致、联合收获损失率高等问题,推广应用较快。油菜毯状苗机械化高效移栽技术借鉴水稻毯状苗机械化插秧技术发展思路,改变了传统的育苗和移栽方式,将油菜苗培育成盘根成毯苗盘,采用移栽机切块对缝插栽,可一次完成开窄沟、取苗、栽插、覆土、镇压和浇水等作业,具有作业效率高、土壤适应性强、节本增效显著、技术通用性好等突出优势,可弥补多熟制区茬口矛盾导致的油菜生育期不足问题,并能有效预防根肿病发生,已在浙江、江苏、安徽等长江流域冬油菜产区试验示范成功,具备了在适宜地区大面积推广应用的基础。人工撒播+机械开沟覆土轻简化栽培技术因具有省工、省时、高效的特点,在丘陵山区有一定面积的推广应用。

3. 收获环节。2019 年,全国油菜生产机收率达到 44.00%,10 年间提高了 35 个百分点,是增长最快的环节。春油菜区已经实现收获机械化,冬油菜区收获机械化水平还不高,主要原因是大面积种植油菜品种的"宜机化"特性较差,油菜机收损失率、清洁度等性能不高。油菜机械化收获有联合收获和分段收获两种方式,目前以联合为主、分段为辅。油菜机械化联合收获技术可一次性完成收割、脱粒、分离、清选和集箱等作业并最终获得清洁油菜籽,具有收获时间短、下地次数少、省工省时等特点,有利于抢收,但对收获时机选择要求较高,过早收获容易脱不净,夹带损失大,且有少量青籽影响菜籽油品质;过晚收获,容易裂荚落粒,割台损失率增加;此外,市场上现有的油菜联合收获机既有油菜专用机具,也有谷物联合收获机改装机具。油菜机械化分段收获技术一般使用油菜割晒机将油菜割倒，并有序铺放在田里，经过一段时间晾晒后，由油菜捡拾收获机一次性完成捡拾、脱粒、清选和集箱等作业。该方式充分利用作物后熟作用，可提前割晒，延长了收获期，降低了损失率，籽粒更加饱满，成熟度、产量和出油率有所提高，但需两次进地作业，增加了机具购置成本和作业成本。目前，有相当大比例的人—机结合的分段收获作业方式，即人工割晒，联合收割机捡拾脱粒或人工喂入联合收割机定点脱粒，这是油菜机械化分段收获的潜在发展市场。

（三）农业机械化技术推广方向和措施

1. 油菜生产全程机械化发展主要制约因素。一是缺乏适宜机械化作业的品种，常见品种植株易倒伏，角果易开裂，造成机械收获适收期短、损失率高、作业效率低；二是种植效益较低，亩均毛收入 700 元左右，除去种子、化肥等农资投入，纯利润很少，影响了农民购机、用机的积极性；三是长江中下游地区大力推广稻虾、稻鱼、稻蟹、稻蛙共生模式，需要对稻田进行开沟改造，不再种植油菜。

2. 推进油菜生产全程机械化发展的技术方向和推广措施。①油菜毯状苗机械化移栽技术将在长江中下游地区扩大应用面积，有利于解决茬口紧问题；油菜机械化精量直播技术仍是油菜种植机械化的发展重点，将在适宜地区加快推广。②油菜机收率将进入快速提升阶段，主要得益于抗倒伏、抗裂角、株型紧凑的宜机化油菜品种加快选育推广；联合收获机及专用割台性能和可靠性进一步完善和提升。③油菜机械化收获技术将呈现出联合收获、分段收获长期并存、共同发展的局面。长江中下游多熟制地区受茬口紧和田块小的制约,将重点发展“联合为主、分段为辅”的技术路线,随着分段收获装备逐步完善和油菜经营规模逐步提高,分段收获将得到更大的发展。

三、花生

(一)产业发展现状

花生是我国最具国际竞争力的优势油料作物,常年种植面积 7 000 万亩(黄淮海产区种植面积和总产约占全国的 60%),面积和产量分别位居世界第二和第一,近几年播种面积仍呈上升趋势。花生生产主要分为四大产区:黄淮海产区(山东、河北、河南中北部、江苏北部、安徽北部),东北、新疆产区(辽宁、吉林、黑龙江南部、新疆、甘肃西北部),长江流域产区(湖北、四川、湖南、江西、安徽、江苏南部、河南南部、福建西北、陕西西部以及甘肃东南部),东南沿海产区(广东、海南、台湾、广西、福建的大部和江西南部)。受气候条件、资源禀赋、种植习惯等因素影响,花生种植模式多样,包括平作、垄作、畦作和间套作,以及春播、夏播、秋播和冬播等。

(二)农业机械化技术推广应用现状

2019 年花生生产综合机械化率达到 60.63%,10 年间增长了 24 个百分点(表 5-8)。

表 5-8　花生生产机械化情况

项目	年份											
	2008	2009	2010	2011	2012	2013	2014	2015	2016	2017	2018	2019
综合机械化率	35.80	36.34	38.45	42.96	46.06	50.49	49.97	51.22	52.14	58.28	59.38	60.63
机耕率	53.96	53.90	56.56	63.96	66.74	73.39	71.90	74.02	72.61	78.43	76.65	77.36
机播率	29.34	31.25	32.86	34.57	38.5	40.06	40.73	41.87	43.10	49.67	50.98	52.91
机收率	18.05	18.02	19.89	23.35	26.04	30.37	29.97	30.16	33.91	40.04	44.76	46.05

1.耕整地环节。2019 年，全国花生生产机耕率达到 77.36%。花生生产耕整地机械与小麦、水稻、玉米、大豆等作物使用的农业机械通用，通常包括旋耕机、微耕机等作业，品种较多，推广应用较为普遍。

2.种植环节。2019 年，全国花生生产机播率达到 52.91%，10 年增长了 22 个百分点。为方便后期收获，花生一般采用起垄种植，常用的模式有：等行双粒穴播、宽窄行单（双）粒直播和单粒条播三种，多数春播花生是铺膜播种。花生机械化免放苗播种技术包括膜上打孔免放苗播种技术和膜上苗带压沟覆土免放苗播种技术，可省去人工破膜放苗工序，在主产区已有一定规模应用，大幅度减少了人工作业成本。全量麦秸地花生洁区机械化播种技术是将田间的秸秆粉碎并拾起、向上向后输送、均匀抛撒，通过秸秆空间位置变化形成无秸秆的“洁净区域”，在洁区内完成苗床整理、播种施肥和播后覆土，再将碎秸均匀覆盖于播后地表，具有作业时间短、抢农时、节约成本等特点，同时也促进了秸秆禁烧，有利于生态保护和培肥地力。

3.收获环节。2019年,全国花生生产机收率达到46.05%,10年增长了28个百分点。花生机械化收获有联合收获、分段收获两种模式。联合收获主要使用自走式半喂入花生联合收获机一次性完成挖掘、去土、摘果、清选、集果、秧蔓铺放等作业,但收获后花生鲜果水分大,不利于保存,一般用于鲜食或与烘干设备配套使用;分段收获一般使用花生挖掘机将花生果实挖出,并有序摆放在田地里,经过一段时间晾晒后,由自走式或牵引式全喂入花生捡拾摘果机一次性完成捡拾、摘果、清选、集果、集秧等作业,具有作业效率高、晾晒成本低等特点,更适合大规模种植。近两年,自走式全喂入花生捡拾摘果机日益成熟,损失率、含杂率等作业质量指标逐步改善,适应性和可靠性进一步提高,得到了农民的广泛认可。2019年花生收获机保有量为18.51万台,总功率57.89万千瓦,较2018年分别提升3.85%和64.99%,总功率的增长速度远高于台数,说明以自走式全喂入花生捡拾摘果机为代表的中大型花生收获机数量出现较快增长。

4.烘干环节。花生荚果表面坑洼,流动性差,花生收获裂荚率很高,种子破损率高,一旦受潮,容易造成黄曲霉毒素超标。长期以来,花生主要依靠人工翻晒进行干燥,尚无成熟、经济适用的专用烘干机,只能利用兼用型设备进行烘干作业。

5.秸秆处理。花生秧蛋白质含量高,是优质的动物饲料,一般在收获作业后人工收集。近两年来,能够实现果秧兼收的花生捡拾摘果机快速推广,实现了花生秧快速高效收集。采用农膜种植的花生,收获后秸秆中残膜较多,影响了花生秧饲料化应用质量，膜秧分离机械化技术需求不断提升。花生秸秆饲料化加工设备主要有揉丝机和粉碎机两类。

(三)农业机械化技术推广方向和措施

1.花生生产全程机械化发展主要制约因素。一是花生自留种较为普遍，种子纯度净度不高、发芽率低、含杂率较高，不利于花生机械化精量播种技术推广应用；二是花生品种繁杂多样，“宜机化”品种少，植株形状、结果范围、果柄强度、适收期长短等品种特性与机械化收获目标不一致；三是花生适宜种植在质地较为松散的沙壤土，部分种植在壤土或黏土中的花生收获时，果土分离难度大，落埋果损失多，作业效率也有一定程度降低；四是部分地区花生收获时雨水过多，机具无法作业，甚至会造成果柄腐烂，增加了损失率，同时部分地区收获时过于干旱，增加挖掘难度，降低作业质量。

2.推进花生生产全程机械化发展的技术方向和推广措施。①随着适宜机械化收获的花生品种选育推广，花生机械化收获技术将迎来快速发展机遇期。对于半喂入联合收获方式宜选育推广株型直立型、适收期长、结果范围集中、结果深度浅、抗倒伏能力强、果柄强度大的花生品种；对于分段收获方式宜选育推广株型匍匐型、生育期短、适收期长、结果深度浅、果柄强度小的花生品种。②花生分段式机械化收获技术将进入快速推广期，全喂入花生捡拾摘果机保有量将进一步增长。③花生生产残膜污染问题将逐步改善。一方面在适宜地区加快推广夏花生免膜播种机械化生产模式，减少农膜使用；另一方面加快研发和推广适宜花生生产的残膜回收机械，逐步解决深膜碎膜回收、脱膜卸膜、膜土分离、膜杂分离、收集处理等技术难题。

四、甘蔗

(一)产业发展现状

甘蔗是世界上最主要的糖料作物,在我国食糖供给安全上的地位更是举足轻重。据中国糖业协会统计,2019—2020 年榨季甘蔗产糖 902.1 万吨,占全国食糖总产(1 050 万吨)的 85.91%。长期以来,我国位居巴西、印度之后,位列世界第三大产糖国,自 2014—2015 年榨季以来与泰国在第三、第四位间互有上下。2019—2020 年榨季全国甘蔗种植面积约 1 800 万亩,其中广西约 1 170 万亩、云南 450 万亩、广东 150 万亩、海南 30 万亩。

(二)农业机械化技术推广应用现状

甘蔗生产全程机械化整体水平长期偏低,特别是收获机械化增长缓慢,有关机械化数据还未列入全国统计范围。近两年,甘蔗机械化收获取得了较大进展,机械化率平稳增长,机种率、机收率增幅逐步加快。

1.耕整地环节。甘蔗是宿根植物,种植一次一般可以收获三年,因此除了宿根蔗土壤整理外,耕整深翻等作业一般三年一次。甘蔗耕整地机械与其他旱地作物通用,包括旋耕机、铧式犁、圆盘耙、深松机等。据专家测算,全国甘蔗耕整地机械化率已达 90%以上,机具能够满足使用要求。

2.种植环节。受南方地形和地块大小影响,甘蔗种植机械化水平较低,据专家测算,机种率为 30%左右。国内研制和使用的种植机以实时切种式整秆联合种植机为主,可以一次性完成开沟、施肥、切段、播种、覆土、喷药、覆膜、镇压等多道工序，耗用人力较多，劳动强度大，容易出现漏植。

3. 收获环节。甘蔗机械化收获是全程机械化最薄弱的环节，一般分切段联合收获和整秆收获两种形式。传统上都是人工整秆收获，收获后可较长时间储存。但机械整秆收获难度较大，目前国内尚无成熟机型。美国、巴西、澳大利亚等国家均采用机械切段联合收获方式，收获后的甘蔗段需在 24 小时内压榨。在甘蔗主产区，重点推广切段式联合收获机械和技术，初期以进口机械或国外品牌为主，近两年，国产中型甘蔗切段式联合收获机研发取得了重大突破，骨干企业产品技术不断熟化，适用性、可靠性、作业效率各方面正在提高，实现了国产收获机“无机可用”到“有机可用”的跨越，保有量和作业量都在快速增长。据调查，2019—2020 年榨季新增联合收获机约 500 台，总数超过 1 200 台，甘蔗机收率达到 4%。近几年来，国家高度重视甘蔗生产，在广西建立“双高”基地，同时也支持甘蔗收获机研发，并提出了 2025 年机收率达到 30%的目标。应用切段联合收获方式，需要糖厂改造喂入和除杂系统，升级榨糖工艺，并需要及时收购，容忍高于传统人工收获的含杂率。目前，许多地区糖厂、蔗农等主体间还未就这些问题达成共识，推广甘蔗机收存在较多困难。各主产区正积极通过政府补贴、企业让利、推广机构指导、合作社经营、糖厂及时收购等经营模式解决上述问题，探索形成全程机械化生产模式。

(三)农业机械化技术推广方向和措施

1. 甘蔗生产全程机械化发展的主要制约因素。一是甘蔗属于高秆旱地作物，生产机具一般为大中型装备，价值较高，规模化作业才会有较好的经济效益，这对规模经营提出了要求；二是大部分甘蔗产区位于丘陵山区，地块较小、土地不平整，石块较多，水利、机耕道建设不到位等情况较为普遍，影响了甘蔗生产全程机械化发展；三是甘蔗机械化收获与糖料的生产及经营企业的经营密切相关，蔗农、合作社、糖厂等生产主体利益联结机制尚未形成，制约了甘蔗机械化收获技术的推广应用。

2. 推进甘蔗生产全程机械化发展的技术方向和推广措施。①随着广西“双高”基地建设等项目实施，适宜高效机收的蔗地将进一步改进提升，甘蔗机械化收获水平将进一步提升。需要继续推进各主产区甘蔗“双高”基地建设。②甘蔗机械化收获将呈现出切段式为主，整秆式和分段式收获方式持续改进、共同发展的局面。需要加快提升切段式机具整体水平，并加快研发整秆式收割机。③探索蔗农、合作社和糖厂协同生产经营体制，建立全程托管、机收集运等长期稳定产销协作关系，解决机收原料蔗集运问题，共同提升甘蔗机械化收获水平。

五、蔬菜

(一)产业发展现状

蔬菜是我国除粮食作物外栽培面积最大的作物，经济地位极为重要。2019 年，全国蔬菜种植面积 34 000 万亩，总产量 8.0 亿吨，是世界蔬菜第一生产和消费大国，其中设施蔬菜面积 6 300 万亩，产量 2.4 亿吨，面积占比 19%，产量占比

30%。经过近10年的发展,蔬菜生产基地逐步向优势区域集中,形成了华南与西南热区冬春蔬菜、长江流域冬春蔬菜、黄土高原夏秋蔬菜、云贵高原夏秋蔬菜、北部高纬度夏秋蔬菜、黄淮海与环渤海设施蔬菜6大优势区域,出现了福建、广东、广西、海南、四川、贵州、云南7个"南菜北运"大省及河北、辽宁、山东3个设施蔬菜重点省份。此外,北京、上海、天津、重庆、武汉等大型城市大力发展都市农业蔬菜生产,黑龙江、内蒙古、宁夏和甘肃等地积极发展"北菜南销"蔬菜生产基地。蔬菜产业呈现品种多元化、布局区域化、技术标准化、深加工化等发展趋势。

(二)农业机械化技术推广应用现状

蔬菜是劳动密集型产业,用工贵、用工难问题尤为突出。目前,蔬菜生产中人工成本占比已超过60%,亟须大力发展机械化生产以节本增效。但是,蔬菜生产机械化还处于起步阶段,据2019年调查,全国蔬菜生产各环节机械化水平为:耕整地34.1%、设施环控6.5%、育苗5.9%、播种3.9%、栽植2.7%、施肥2.1%、排灌2.1%、田间管理10.1%、收获6.3%、田间转运7.8%、尾菜处理0.5%、产后初处理0.5%。2019年,蔬菜移栽机械保有量1.16万台、蔬菜收获机械保有量1.71万台。蔬菜生产综合机械化水平不足20%,其中设施蔬菜生产机械化水平为36.3%。

近年来,随着各地狠抓"菜篮子"工程和推进农业机械化转型升级力度的加大,引进国外先进蔬菜机械进行本土化改造渐成气候,适宜蔬菜生产的气吸式精量播种、钵体或毯状育苗等技术不断成熟;链夹式、吊杯式、导苗管式、盘夹式等秧苗移栽机在规模化种植中扩大应用；适用于茎叶类蔬菜的割刀式收获机、适用于果菜类蔬菜的联合收获机和收获作业平台得到试验示范；设施蔬菜生产在低碳环控型温室和高光效轻简温室结构及配套设施、精细耕种、集约化育苗、水肥一体化等高效生产配套装备技术上取得突破，大棚用微耕机、田园管理机得到广泛应用，推动了适合机械化作业的蔬菜品种和农艺技术改进。蔬菜生产机械化技术推广在全国迅速兴起，正处于加速阶段。北京建立了国内先进的甘蓝生产全程机械化技术体系，节省劳动用工成本70%以上；天津大力推广物理农业等机械化技术，设施蔬菜面积占全市蔬菜面积的70%；山西积极推广电动设施蔬菜生产机械化技术；上海、江苏总结形成了成熟的绿叶蔬菜产业技术体系，研发了国内首台电动叶菜收割机；福建积极开展食用菌设施化、工厂化、机械化栽培；武汉积极推进蔬菜机械化生产标准制定，全市蔬菜生产机械化水平达到26%。

（三）农业机械化技术推广方向和措施

1. *蔬菜生产机械化主要制约因素。*一是蔬菜种类多、差异大，种植不规范。蔬菜常年生产的有14大类150多种；茬口多，北方地区年生产蔬菜2～3茬，南方地区年生产蔬菜3～4茬；地区间种植习惯差异大，缺少统一生产模式和规范，栽培技术与机械生产脱节，机具研发推广难度大。二是田块散、空间小，园区建设不标准。75%的菜农生产规模小于0.5亩，少数规模经营园区未进行适宜机械化作业的标准设计，机械化作业难以开展。三是蔬菜生产的装备技术储备少。由于蔬菜机械化生产要求的专用机具多、通用机具少，使用时间短，造成蔬菜机械化生产成本较高，制造和使用两方面积极性都不高。我国适合蔬菜生产的专用动力平台、高速移栽、机械收获等关键技术还未取得突破，在育苗、整地、田间管理等环节机械不配套、效率低、作业质量差。无机可用、有机难用的现象比较明显。据 2019 年调查，蔬菜生产在种植施肥、收获及农产品加工环节机具缺口较大，需要种植施肥机械 20.6 万台套(其中育苗机械 1.5 万台套、播种机械 5.8 万台套、栽植机械 11 万台套、施肥机械 2.3 万台套)，收获机械 6 万台套(其中叶菜类收获机械 0.7 万台套、茄果类收获机械 3.2 万台套、根茎类收获机械 2.1 万台套)，农产品加工机械 2.5 万台套。

2. 推进蔬菜生产机械化发展的技术方向和推广措施。①在露地蔬菜规模化种植方面，进一步研究叶菜类、茄果类蔬菜标准化育苗、苗床精整、精量播种、高速定植等关键技术；开发智能化蔬菜育苗成套系统、气吸式精量播种机、小苗高速定植移栽机、水肥一体化精量施用机具；研制叶菜类、根茎类蔬菜收获装备；集成研制自走式甜菜联合收获机、甜菜挖掘铺放收获机和捡拾收获机。推进耕、种、收系列成套专用装备国产化。通过试验示范推广，提高露地蔬菜生产全程机械化水平。②在设施蔬菜生产方面，以反季节蔬菜、食用菌培植为主要对象，进一步研究高效节能设施、环境精细调控、作业对象目标特性识别、营养耦合供给等关键技术，优化基于蔬菜、食用菌生长特性的光伏温室与智能调控系统，开发路径规划电动作业平台及配套机具、立体栽培系统、自动接菌以及采摘设备。通过试验示范推广，提高设施内蔬菜精细生产管控水平,实现高效作业。③进一步推动蔬菜品种改进和耕作制度变革,改善菜地基础设施条件,提高机具可靠性和区域适应性,加大蔬菜生产机械化技术试验示范工作力度,通过对比试验和效果评价,总结形成先进适用的蔬菜生产机械化技术模式和机械化生产解决方案,加大蔬菜生产轻简化机械化栽培技术集成推广应用。

六、水果

(一)产业发展现状

水果是我国继粮食、蔬菜之后的第三大农作物,也是推动农业结构调整、区域经济发展和农民脱贫增收的重要产业。2019 年,全国水果面积约为 16 800 万亩(其中果园面积 12 300 万亩、瓜类面积约 4 500 万亩),总产量约 2.61 亿吨(其中果园 1.91 亿吨、瓜类 0.7 亿吨),我国水果面积、产量、消费量常年稳居全球首位。经过多年的产业结构调整,苹果、柑橘、梨和葡萄在果业中占据优势地位,已初步形成优势产区和丰产高效基地。苹果生产主要集中在渤海湾和西北黄土高原两个优势产区;柑橘生产主要集中在长江上中游柑橘带、赣南湘南桂北柑橘带和浙南闽西粤东柑橘带以及一批特色柑橘生产基地(简称“三带一基地”);梨的生产已形成环渤海湾、长江中下游、黄河故道和西北黄土高原四大优势产区;葡萄生产发展迅速,产业布局逐步趋于集中,目前已基本形成西北干旱区(新疆、甘肃、宁夏)、黄土高原及冀北干旱半干旱地区、环渤海湾地区、黄河中下游地区、南方葡萄栽培区和吉林长白山周围山葡萄栽培区 6 个相对集中的栽培区域。

水果产业呈现出区域布局优化、优势产业突出、产业效益明显的发展趋势。

(二)农业机械化技术推广应用现状

果园生产是劳动密集型产业,挖坑栽种、开沟施肥、修剪整形、疏花疏果、除草套袋、采摘运输等环节劳动投入多、强度大,传统人工作业效率低。目前,果园生产人工成本占比达到60%。研发和推广果园机械,提高果业生产机械化率,非常必要和迫切。但是,果园生产机械化水平还很低,许多环节几乎为空白。2019年,田园管理机60.97万台,果树修剪机28.70万台,包括瓜类在内的水果生产各环节机械化水平为:中耕38%、施肥23.9%、植保56.1%、修剪11.1%、采收1.5%、田间转运33.5%。据2019年调查,果园生产各环节机械化水平为:耕整地23.2%、种植0.4%、施肥18.18%、中耕2.2%、修剪14.86%、植保35.7%、设施环控0.1%、排灌3.0%、收获2.76%、果园作业平台0.8%、田间转运12.0%、产后处理1.6%。水果生产综合机械化水平为24.85%,但果园生产综合机械化水平不足15%。

近年来,各地因地制宜,改造老果园,建设宜机化新果园,积极推广宽行密植的新型种植模式,建设了一批现代化、规模化的标准化果园,满足大中型农业机械进出地块需要,延长机械作业线路,提高作业效率。国内专家团队也攻克了不少关键技术难题,研发了大量适用于果园生产的育苗、起苗、植保、挖坑、除草、施肥、修剪、收获、运输等环节的专用农机装备。其中,果园越冬防寒管理机械和果园基肥施用机械填补了空白。研制推广了多功能水肥渣药集成施肥机,取得了化肥减施、品质提升的成效。果园轨道运输机已被纳入农机购置补贴范围,大大减轻果农的劳动强度,节省劳动成本,深受农民欢迎。有一定实力的新型经营主体引进水果加工生产线,延伸了产业链,增加了收益。浙江水果产业种植以规模化、标准化、设施化为主,喷滴灌、温室大棚、智能化控温控光控肥等高新技术已广泛应用,发展势头迅猛。湖北一些地方在柑橘生产的中耕、施肥、打药、修剪等作业环节基本实现机械化。广东重点发展岭南特色水果产业,大力推广和引进山地丘陵机械,在果园的中耕、植保、修剪环节基本实现机械化。甘肃围绕苹果、蜜桃、葡萄等地理标志产品,在耕整地、开沟施肥、植保环节机械化水平较高。宁夏在酿酒葡萄产业上实现施肥、除草、剪枝、碎枝环节的机械化作业。新疆林果机械化水平达到47%,中耕、种植、施肥、植保、修剪、采收等环节初步实现机械化。

(三)农业机械化技术推广方向和措施

1.果园生产机械化主要制约因素。一是老果园机械通过性差。果园有新老果园之分,按地形又分为平原地区果园、丘陵山区果园。目前,大部分果园以老果园为主,占比达到75%,多种植于丘陵山区,地块小而分散,坡度较大;道路狭窄,崎岖不平,机具通过性差。二是传统种植模式难以开展机械化作业。传统种植结构复杂,品种多,种植模式和修剪方式使得果树多为乔砧大冠,树型高大,果林郁闭,株间枝组交叉,树体结果部位外移,立体结果能力差,成龄果树冠间基本没有作业空间,不利于进行机械化作业,现有的普通农机难以适用。三是果园宜机化比较效益不高。一方面老果园还在发挥经济效益，传统种植模式更新需要很长时间，另一方面果园机械专用机具多、通用机具少、价格昂贵、使用时间短，造成果园机械化生产成本较高，制造和使用两方面积极性都不高。可以说，无论是老果园宜机化生产还是现代果园生产所需要机械，从数量、品种、质量、选型配套上都难以满足水果产业发展需要。据 2019 年调查，果园生产在种植施肥、田间管理、收获、农产品初加工等环节机具缺口较大，还需要种植施肥机械 12.6 万台套（其中种植机械 0.7 万台套、施肥机械 11.9 万台套），田间管理机械 41.4 万台套（其中中耕机械 10.4 万台套、修剪机械 13.8 万台套、植保机械 15.9 万台套、果园管理平台 1.3 万台套），收获机械 3.3 万台套，农产品初加工机械 6.9 万台套。

2.推进果园生产机械化发展的技术方向和推广措施。①对于传统型果园进行机械选型和技术提升。一是选型推广或研发树下作业的小型机具，主要推广开沟施肥机、中耕除草机、土壤改良和施基肥机械等，通过疏松土壤、铲除杂草、蓄水保墒，防止土壤板结碱化，增加土壤有机质含量。二是改进原来的农药喷施机具，推广使用烟雾机、弥雾机等穿透性好的施药机械。②在新果园建设中充分考虑机械与设施的应用。行间距要宽，配套耕作道、电力设施等。平原地区果园地形条件好，通过规范化、标准化种植和树冠形状控制，结果后树冠形状基本统一，高度 3 米左右，结果层 6～7 层，易于开展开沟、挖穴、中耕、除草、花果管理等机械化作业，也易于铺设微滴灌等水肥一体化设施，采取移动式风送打药，实现部分机械化采收。③推广新品种和适宜机具。推广与省力化、机械化相适应的矮化、少修剪、抗病虫害、耐寒耐旱的水果品种。根据现代标准果园生产条件，加大专用拖拉机研发力度，重点突破轻便高效动力技术、山地节力物运技术、小型履带多功能底盘的爬坡与稳定性技术，研发丘陵山区果园作业动力机械，优化轨道、索道、索轨结合等输运系统与远程遥控系统，形成系列化产品。开发集根系管理、冠层管理、花果管理及品质监测、病虫害监控与防治于一体的智能管控系统，开展对靶变量植保、贴根与深位施肥、水肥一体化灌溉、林果收获新原理新结构等技术与装备开发，推进远程遥控、剪枝嫁接、开沟施肥、避障除草、施药、套袋与采收等装备的不断改进完善和推广应用。④集成优化技术模式。在现代化果园开展先进适用机械化技术集成示范，提出果园机械化标准种植模式，推动农机与园艺的融合。选择柑橘园、热带特果园、苹果园等丘陵山区集中种植区，加大关键环节机械化技术试验示范工作力度，通过对比试验和效果评价，建立丘陵山区果园经济型机械化生产模式及轻简化成套装备设施配套规范。

七、茶叶

（一）产业发展现状

我国茶叶种植面积和产量连续多年居世界第一，是全球最大的茶叶生产国、消费国。全国茶园面积 4 400 多万亩，干毛茶产量 280 万吨。茶叶按照加工方法的不同可以分为绿茶、红茶、黄茶、黑茶、乌龙茶和白茶六大茶类。茶区分布辽阔，可以分为江北茶区、江南茶区、西南茶区、华南茶区。近几年来,茶叶生产快速发展,茶叶种植面积和产量增加,但以名优茶为重点,原料侧重细嫩茶青,造成生产资源部分浪费,茶叶单产偏低而茶价偏高,国际市场竞争力不足。

(二)农业机械化技术推广应用现状

茶园管理与茶叶采摘劳动力成本超过 60%,生产效益低。因为缺乏适用机械,茶园土壤板结、肥力流失、农残超标等问题严重,大量夏秋季茶叶滞留树上,茶园资源利用率不高,茶产业综合竞争力和可持续发展受到严重制约,实现茶园生产全程机械化迫在眉睫。但是,茶园生产机械化水平较低,2019 年,茶树修剪机 56.13 万台、采茶机 18.90 万台、茶叶加工机械 154.27 万台套。茶园生产各环节机械化水平:中耕 21.2%、施肥 9.1%、植保 34.9%、修剪 39.5%、采收 36.8%、田间转运 39.5%。茶园生产综合机械化水平为 28.10%。

农机科研单位在茶园机械化作业技术与装备研发方面取得了积极进展,攻关突破了一些制约茶园机械化生产的关键技术。一是创制了跨行变地隙变幅宽动力平台、窄幅低地隙动力平台、小型化轻简型动力平台三类通用动力平台,形成了平地跨行乘用式高效机械作业技术模式、缓坡行间行走超低地隙作业技术模式、陡坡轻简机械化作业技术模式三类典型茶园全程机械化生产技术模式与装备体系。二是创建了“针式”仿生耕作理论,创新耕作机构,研制了仿生耕作机具,填补了我国茶园板结土壤深耕施肥技术装备的空白。三是创新了仿生采茶技术,研制了跨行自走式采茶机和智能化采茶部件，采茶完整率由60.4%增加到77%，芽头识别率达到90%，采摘速度超过每小时2 400个，为高效智能化采茶提供了关键技术支撑。四是开发了虫害负压绿色防治技术，研制了负压捕虫装备，首次捕虫率达到70%，为发展绿色茶产业提供了新型技术装备支撑。通过专家团队的努力，茶园生产涉及的深耕、施肥、吸虫、修剪、采摘等全程机械化技术与装备已研发成功，进入了规模推广应用阶段。湖北部分茶产区机械化修剪率达到了90%。浙江大宗茶类修剪、采摘机械化水平达到93%。

(三)农业机械化技术推广方向和措施

1.茶园生产机械化主要制约因素。一是茶园种植地多为丘陵地区，地形复杂，且种植多为散户，实现茶叶生产机械化、标准化有一定难度。二是茶园机械生产企业规模小、研发能力不足、扶持投入少，茶园栽植、管理、采摘等机械种类不全，大多是一些通用类的小型挖坑机、微耕机、园林修剪机等，专用茶园耕作机性能不足，量产少，采茶机和专用茶树修剪机还依赖进口。三是受茶叶本身的文化特色和地域属性影响，市场需求的多样性导致了茶叶加工机械的多样性，茶机难以形成规模效益。据2019年调查，茶园机械化生产的种植施肥、田间管理、采收环节机具缺口较大，需要种植施肥机械2.6万台套，田间管理机械17.7万台套(其中中耕机械5.6万台套、修剪机械6.8万台套、植保机械5.3万台套)，采收机械8.7万台套。

2.茶园生产机械化发展的技术方向和推广措施。①加快标准茶园建设。通过土地宜机化整治及茶园标准化建设、规模经营化,逐步改善茶园的基础设施现状,为茶园的机械化作业创造有利条件。选择优良茶树品种,采用规范化种植,通过定型修剪形成统一的树高和蓬面以适应机械化作业。建设茶园生产全程机械化示范基地,开展技术集成配套,增强示范效果。②根据不同茶园类型,示范推广适宜机械装备。大力推广适应丘陵山区的轻简型茶园通用可拆装动力平台,实现上下山携带轻松,田间地头快速装卸。缓坡茶园发展行间低重心、小型乘驾式的机械化作业技术模式,重点推广低地隙多功能茶园管理机以及深耕、中耕除草、开沟施肥、植保和吸虫等配套机具,复式作业,一机多用。平地茶园发展大型自动化、智能化高地隙跨行乘驾式高效机械作业技术模式,重点推广全液压高地隙履带自走式多功能茶园管理机和立式旋耕除草、深松施肥、植保和吸虫等配套机具以及乘坐式采茶机、智能采茶机器人等大中型作业机械。③加强茶园绿色高效生产机械化技术研发与应用。加强茶园渗灌技术与机具配套模式、茶园冻害防控技术与装备、名优茶选择性采摘技术与装备、绿色无污染新能源茶园机械、茶园可变量与可变位施肥技术与机具的研制;熟化肥料农药施用设备和航空施肥施药技术,开展精少量低残留植保机具选配,构建区域性茶园化肥、农药减施增效机械化技术模式,形成相应的技术规程,并进行区域示范和推广应用。

八、中药材

(一)产业发展现状

我国中药材种植品种达200多种,其中70多种已具备较大规模生产能力,三七、人参、地黄、白术、川芎、红花等大宗品种已不再使用野生药材。中药材药性受种植地域的气候、土壤、生物、地形等多种因素的影响,同一药材在不同地域种植,质量及药效差异较大,因此中药材种植地分布呈现不均衡性,各地都拥有各自的道地药材,主要集中在吉林、辽宁、云南、河北、宁夏、甘肃、湖北、安徽、湖南、广西、江西等地。其中,云南是我国中药材最大生产地,在国内总产量中的占比达到30%。2019年全国中药材种植面积6 600万亩(含林地种植面积),产量约为370万吨。我国自1999年提出中药材GAP概念、2003年开始实施认证以来,大大推进了中药材种植业向规范化、规模化、产业化方向发展,中药材产业正在向着产地道地化、种源良种化、种植生态化、生产机械化、生产信息化、产品品牌化、发展集约化、管理法制化的方向发展。

(二)农业机械化技术推广应用现状

目前,中药材种植业从播种到采收仍以传统人工作业方式为主,人工成本高企、雇工困难,迫切需要机械换人、降低成本、提升效率与质量。据2019年调查,中药材生产耕整地机械0.8万台、种植机械0.2万台、中耕机械0.3万台、收获机械0.6万台、初加工机械0.7万台。各环节机械化水平为:耕整地7.8%、种植6.1%、收获5.4%、初加工5.2%,综合机械化水平不到7%。

近年来,国家中药材产业技术体系在机械研制和推广方面取得了一定成绩。一是针对杭白菊、特殊药材(百合)、麦冬等开展了药材采收机械化技术研究,研发的链式采收机采收损失率仅为1.14%,蒴果破损率为1.02%,留茎长度合格率高达82.45%。二是对枸杞产后烘干技术与装备进行研究,开发的枸杞系列真空脉动干燥技术和装备融合了多元传感器技术(温度、真空度、相对湿度)和智能算法,实现了枸杞干燥过程中参数的自适应调节和精准干燥,成品率达85%及以上,促进了枸杞加工技术的升级换代。

(三)农业机械化技术推广方向和措施

1.中药材生产机械化主要受几个制约因素。一是现有中药材种植基地多为贫瘠山坡、退耕还林地和荒漠沙地,以小农户种植为主,地块分散、位置偏远、规模较小,生产组织形式粗放,合作组织模式尚处于起步阶段,精深加工能力弱,产业链条短,产业化水平低,比较效益不高,对机械化生产投入意愿不强,机械化技术与装备推广应用难度大。二是中药材的药性、药效主要依赖次生代谢产物,靠逆境条件积累,大多数药材适宜种植在具有小气候特征和生物多样性的浅山区、丘陵、林下等区域,而丘陵山区机械恰恰是我国农业机械化发展的瓶颈。三是从产后初加工环节来看,中药材属于小众产业,品种多、总体规模偏小、品种间差异大、用药部位各不相同,每种中药材的加工方式与加工工艺、所用的原料、敷料和设备也不相同,且加工设备通用性差。据2019年调查,中药材机械化生产的耕整地、种植、田间管理、收获、农产品加工环节机具缺口较大，需要耕整地机械1万台套、种植机械1.2万台套、中耕机械1.1万台套、收获机械1.8万台套、农产品加工机械1万台套。

2.中药材生产机械化发展的技术方向和推广措施。①规模经营推进生产机械化。大力发展林下经济，建设大宗优质中药材生产基地，通过规范化、规模化、产业化种植，提高生产组织化程度，推进机械化技术与装备的推广应用。②提高效益促进生产机械化。提高中药材产区经济水平，通过中药材产地初加工标准化、规模化、集约化，推进中药材产地延伸产业链，突出区域特色，打造品牌中药材，提高效益，促进机械化技术与装备的推广应用。③农机艺融合研发适用机具。中药材生产机械开发应密切关注药材品质的形成机理，正确理解与解决机与药的关系，通过协同品种繁育、种植制度、农业机械、药性药理等专业技术力量，加强农机农艺融合，与种植企业（大户）、制造企业合作开发相关技术与装备。④多元化投入提升机具制造积极性。中药材属于小众产业，品种多、规模小、品种间差异大，中药材机械无法实现大批量生产，以一品一机及小批量为主要特征，宜走定制化发展道路，需动员各方力量，探索建立多元化的投入机制。

九、热带作物

（一）产业发展现状

我国热带作物适宜种植区域面积约7 800万亩，包括海南、广东、广西、云南以及福建、贵州、四川、湖南等省区的267个县，覆盖人口1.6亿人、耕地10 000万亩、丘陵地35 000万亩。商业化种植热带亚热带作物200多种，包括天然橡胶、木薯、香蕉、荔枝、龙眼、杧果、菠萝、油棕、胡椒、椰子、槟榔、咖啡、可可、剑麻、腰果等，总面积12 000万亩，年产值近3 000亿元，在我国经济社会发展中占重要地位。2010年国务院出台《关于促进我国热带作物产业发展的意见》(国办发〔2010〕45号)，将天然橡胶、木薯、油棕等工业原料，香蕉、荔枝、杧果等热带水果以及咖啡、桂皮、八角等香(饮)料，列为重要的国家战略资源和日常消费品，予以重点扶持发展。

随着经济全球化发展，世界热带农产品及其加工品不断进入我国消费市场、进口规模不断扩大，目前天然橡胶、木薯、剑麻等主要热带农产品的进口依存度已超过70%，而且有逐年上升的趋势，我国多个热作产业受到国外低价产品的冲击而迅速萎缩，上千万农民的生计开始受到严重影响。

(二)农业机械化技术推广应用现状

热带作物机械是农业机械的重要分支，包括田间作业机械及农产品初加工机械。热带作物受单一作物种植面积小、作物特殊、多种植于丘陵山区、管理环节多、作业工艺复杂等因素限制，综合机械化水平仅20%～30%。由于热带农产品加工机械起步早、总体发展比较好，如天然橡胶初加工装备、剑麻初加工装备、木薯初加工装备、咖啡加工装备、胡椒加工装备、腰果及坚果加工装备等已形成体系在国内得到普遍应用，部分装备产品出口东盟、非洲、拉美等国际市场。根据生产调查，田间作业机械即使在耕作条件较好的产区，也仅在耕整地环节有实际应用，在种植、管理、收获和秸秆处理等主要环节，仍然普遍存在“无机可用”的问题；而在耕作条件较恶劣的丘陵山区，基本上仍停留在全面依赖人畜作业的原始生产阶段。

近年来，国家通过重点研发计划、产业技术体系等在热带作物机械的研制和推广方面取得了一些成绩。在天然橡胶机械化方面，研制了便携式电动割胶刀、大型胶园开沟施肥机、小型山地胶园施肥机、大型胶园除草机、小型山地胶园除草机、背负式电动胶园除草机等成套设备，为天然橡胶生产提供全程机械技术装备，可提高生产效率3～5倍，节约人工成本60%以上。其中，便携式电动割胶刀在海南、云南、广东三大植胶区推广1 000余台。在木薯机械化方面，研发了宽窄双行起垄种植技术，解决了农机农艺融合的问题，研制了专用的旋耕起垄机、垄作式木薯联合种植机、仿垄形木薯秸秆粉碎还田机、振动式木薯挖掘收获机等成套设备，总体实现了木薯生产全程机械化，可节约人工成本60%以上。该项技术已开始在广西、广东、海南主产区进行推广应用。在菠萝机械化方面，研发了高地隙履带自走式菠萝收获机、链夹式菠萝种植机、直落式菠萝种植机、双辊式菠萝茎秆粉碎还田机、菠萝叶刮麻机等设备，初步构建菠萝生产全程机械化基础。在香蕉、荔枝、龙眼等热带水果的果树管理机械化方面，相继研发了果实采收平台、松土除草设备、施肥喷药设备、枝条修剪设备等产品，在耕作条件较好的产区也开始推广应用。

（三）农业机械化技术推广方向和措施

1.热带作物生产机械化主要受几个制约因素。一是土地过于碎片化，单块耕地面积偏小，往往是一块地就几分导致作业机组无法掉头，而且普遍没有机耕通道、机组无法到达作业地点。另外，部分热带作物种植在高坡上或山上，不具备机械作业的基本条件；二是热带作物为追求产量而采用高密度、小行距或多作物间作、套作的传统种植模式，普遍造成机组无法下地；三是热带作物种类繁多、生物差异性大，很多作业环节国内外均没有适用机械，即使采用现代农业经营模式的企业也无法从市场上购置到急需的农机装备。

2.热带作物生产机械化发展的技术方向和推广措施。①加快耕地整理工作。按照热带作物优势产区的布局，产区地方政府政策引导，建立耕地整理政策机制，通过市场化手段，将零碎耕地适当集中、平整，规划机耕通道，为实施机械化创造基本条件。②加强热带作物农机农艺融合研究。针对作业机组无法下地的问题，根据不同产区、不同耕地条件、不同气候类型，根据机械化的技术方案，研究适宜机械化的热带作物种植和管理模式，切实推进农机农艺融合。③针对"无机可用"的问题，国家加大关键装备技术研发力度。研发适应热作区多丘陵山地的复杂地形，适应天然橡胶、木薯、香蕉等高秆、高密度种植模式的农机作业动力平台；加强对无性系作物种茎如甘蔗、香蕉、象草等机械种植技术，组培苗、砧木苗、吸芽苗或托芽苗机械种植技术的研究，开发适宜种植机械；在超高作物如椰子、槟榔、油棕等果实采收机械化技术方面进行大胆探索。④加强推进机械化基础较好的热带作物全程机械化技术集成与示范，以加快先进热带作物农机械化新技术应用。在海南、广西、广东典型产区建立橡胶、木薯、菠萝全程机械化装备系列试验示范基地，贯通农艺、栽培、施肥、病虫害防治、秸秆处理、收获等技术，开展体系化技术融合试验验证，不断提升和优化技术与装备水平，形成应用模式，并加大技术培训力度，以点带面，稳步扩大技术推广面积。

十、设施种植

（一）产业发展现状

我国设施种植产业规模日益壮大，2019 年，温室面积达 189.73 万公顷，占世界比重超过 80%，其中连栋温室 5.97 万公顷、日光温室 57 万公顷、塑料大棚 122.5 万公顷。设施种植业年产值 9 800 亿元，提供了 4 000 万个就业岗位。设施种植业的持续发展，优化了农业产业结构，保障了蔬菜等园艺产品的有效供给，带动了农民就业增收，繁荣了农村经济。

（二）农业机械化技术推广应用现状

设施种植业面临成本上升、竞争加剧的双重压力，劳动力成本已成为当前设施种植业进一步提质增效的重要瓶颈，装备更广泛地替代劳动力势在必行。但设施种植业机械化水平仍偏低。2019 年，设施耕整地机械化面积为 152.8 万公顷、种植机械化面积为 40.4 万公顷、机采运面积为 18.5 万公顷、灌溉施肥机械化面积为 114.8 万公顷、环控面积为 57.2 万公顷。全国设施种植业机械化水平为 38.31%，其中耕整地 80.7%、灌溉施肥 60.6%、环境调控 30.2%、种植 21.3%、采运 9.8%。除耕整地和灌溉外，种植、收获、运输、环控等生产环节仍然以手工作业为主，无机可用，无机好用问题突出。

近年来，我国加大设施种植业技术创新力度，在栽培技术、装备技术、温室工程技术等方面取得了大量成果，一批绿色植保技术、智能物流装备、新型温室结构、精准水肥技术等一批自主创新成果得到快速应用。低碳环控型温室结构设计软件、能源智能化管理平台研究、温室屋面墙体和地面相变储热装置、分体式温室太阳能储放热利用装置、光伏一体化优化设计及关键设备、毛细管网生物质能利用技术、温室热泵高效节能技术与装备、智能化植保机械、智能化自走式园艺基质土壤消毒机、设施园艺秸秆基质肥料化处理技术及成套高效加工装备、采摘机器人等重大科技成果相继问世。植物工厂、装配式温室、滑盖式温室、双拱双膜大棚、主动蓄放热系统等科技成果产业化不断取得突破。随着连栋温室面积连年扩大，日光温室和塑料大棚结构不断优化，单体面积趋于大型化，设施种植业生产更加适合机械化作业，适用于温室大棚的专用小型农机具、智能化生产管理控制设备、新型水肥一体化设备等关键装备取得突破并且迅速投入应用，初步形成以设施品种繁育、栽培管理、营养和植保、温室设施设备机具为主的设施种植业生产装备体系，设施种植业集约化、高效化生产经营水平大幅度提高，产量和效益都获得巨大提升。

（三）农业机械化技术推广方向和措施

1. 设施种植机械化发展主要受几个制约因素。一是自主创新能力不强。温室环境精准环控系统、基于品类的全过程成套机械化生产装备等长期依赖进口，规模以上大型连栋温室设备 90％采用进口。二是机械化配套农艺参数缺乏。

缺少长期的“生物-环境”大数据支撑，农机农艺耦合度差，制约了机械化技术在促进生物潜能最大限度发挥方面的作用。三是产业结构单一，机械化发展内生动力不足。设施种植业生产方式仍比较粗放，优质农产品的比例偏低，蔬菜占比超过90%，花卉、果树、食用菌、中药材等农产品的比重相对较低，设施种植业的比较效益连年下降，制约了产业转型升级和机械化发展。四是用地政策不完善，产业发展持续性有待提高。用地难、用地贵，许多现有生产设施室内空间不足，不便于机械化作业。

2.设施种植业机械化发展的技术方向和推广措施。①大力发展节能型现代化日光温室和大型塑料大棚，适度发展连栋温室，因地制宜发展特色温室。节能型现代化日光温室主要包括东北节能日光温室（包括全落地式、半落地式）和西北特色温室大棚。塑料大棚应符合农机农艺融合的发展要求，重点推动大型化塑料大棚及室内的环境调控装备，实现塑料大棚环境温度可调节。②推进温室大棚结构优化，研发推广新型大跨度、机械化温室结构，开展新型保温蓄热材料设备的开发，推动农机农艺融合，实现设施结构的宜机化。③推广能源高效利用技术，研发推广基于太阳能、风能、生物质能等清洁能源的温控技术装备，推广节能温控技术装备，提高温室环境调控机械化水平。④推广精准水肥一体化技术，在精准调控和节水灌溉上加大研发推广力度，提高水源控制、过滤系统、施肥系统、灌溉管道、末端控制等环节的精准性。研发痕量灌溉技术装备，解决微灌易堵塞报废的难题。⑤推广温室智能化管理系统，采用现代农业信息化和智能装备的最新科技手段，实现自动喷水、升降温、增减湿、补光补肥等远程管理操作。⑥推广设施生产配套装备，在播种、移栽、田间管理、收获、运输等环节开发小型灵活的机械装备。研发土壤深松机、发磁循迹自动导航货运小车、快速喷药机、土壤热水消毒机等系列生产配套机械体系，满足农艺需求，实现农机与农艺的结合。

第四节　养殖加工机械化技术推广现状及趋势

一、饲草料

（一）产业发展现状

饲草作物是指用于放牧或生产干草和青贮饲料的多年生牧草、一年生饲草及不以收籽实为目的的粮食作物等。根据生长期可分为一年生和多年生，一年生如青贮玉米、饲用燕麦、饲用油菜、草木樨等；多年生如苜蓿、无芒雀麦、鸭茅、三叶草等。我国天然草地面积 59.1 亿亩，人工草地面积 2.4 亿亩，经过多年的发展，现在已基本形成东北、华北、西北一条苜蓿草产品加工优势产业带和青藏高原、南方禾草两大生产加工优势区的“一带两区”的饲草生产格局。近年来，我国大力发展草食畜牧业，推进粮改饲，重点发展青贮玉米和苜蓿。在“镰刀弯”地区调减籽粒玉米种植，重点发展青贮玉米和优质牧草；在黄淮海玉米主产区结合玉米去库存和草食畜牧业生产基地建设，大力发展全株青贮玉米和优质牧草。2019 年，青贮玉米种植面积 2 900 万亩，产量 1.2 亿吨；商品草种植面积 5 500 万亩，产量 2 亿吨。随着国家持续推进养殖畜牧业发展和奶业振兴行动，以青贮玉米和苜蓿为主的饲草料产业将不断得到快速发展，向区域化、规模化推进。

(二)农业机械化技术推广应用现状

牧草干草的生产流程为割草—散搂草—打捆—装垛—加压运输，青饲料的生产流程是收获—打捆裹包—装垛青贮，机械是保证饲草料产品品质的关键，想得到优质的饲草产品，需要配套的机械设备。但当前饲草料生产机械化技术水平不高，还不能完全做到在适宜期内完成收割和打捆贮藏，田间损失高达 20%以上，贮藏损失高达 10%～15%，迫切需要推进饲草料生产机械化的提档升级。2019 年农业机械化统计年报显示，青饲料收获机 5.14 万台，牧草收获机 21.35 万台，打(压)捆机 10.8 万台，机械播种牧草面积 1 805.9 万亩，机械化收获饲草 2.7 亿吨(其中青贮玉米机收 1.2 亿吨、牧草机收 0.7 亿吨)，机械化青贮秸秆 0.9 亿吨。青贮玉米收获基本实现机械化，牧草机播水平 32.6%，牧草机收水平 35%，饲草打(压)捆水平为 10%。

我国牧机科研和制造企业通过引进消化吸收国外先进技术，相继推出了往复式割草压扁机、圆盘式割草压扁机、指盘式搂草机、栅栏式搂草机、搂草摊晒机、方捆打捆机、圆捆打捆机、自走式或牵引式方捆捡拾车、多功能搬运机、联合裹包机械等全系列牧草生产机械，许多玉米收获机企业转型投产青饲料收获机，经过不断改制、更新和升级，基本满足牧草和青贮玉米种植户生产需要。随着机械化水平的提高，粮改饲的技术不断完善，种养结合的草牧业体系正在形成，饲草料生产机械化技术推广稳步推进。宁夏积极推进草畜产业粮改饲试点县加工调制优质饲草工作，牧草收割、摊晒、搂草、打捆等关键环节机械化率达到 90%。青海突出耐寒、耐旱的青稞、燕麦饲草种植，基本实现全程机械化。新疆牧草生产全程机械化水平达到 73.67%。

(三)农业机械化技术推广方向和措施

1.饲草料生产机械化主要制约因素。一是关键零部件受制于人。目前，国产机型的青贮玉米籽粒破碎装置、牧草茎叶压扁装置、草捆打结器以及液压和传感器等基本上都是国外进口配件，价格昂贵，国产件在使用的可靠性和作业效果上与进口配件差距明显。二是农机与农艺结合不紧密。在适宜机械作业品种、经营规模、收获期、贮藏营养保持上研究不够，缺乏全程机械化高产高效解决方案。三是饲草种植未形成规模化、专业化格局，加工转化率和商品率较低，饲草深加工机械，如叶蛋白加工设备、茎叶分离设备、颗粒饲料加工设备等研制还在起步阶段，产业链短，效益未得到充分发挥。据 2019 年调查，随着青贮玉米和牧草种植面积的不断扩大，青贮玉米收获环节机具缺口较大，需要收获机械 1.1 万台套(其中，青饲料收获机械 0.6 万台套)，牧草种植施肥、收获环节机具缺口较大，需要播种机械 0.6 万台套，收获机械 1.4 万台套(其中牧草收获机械 0.9 万台套、捡拾压捆机械 0.5 万台套)。

2.推进饲草料生产机械化发展的技术方向和推广措施。①在关键环节机械化技术推广方面，重点推广玉米籽粒破碎、苜蓿茎秆压扁的收获、青贮、干燥、防腐、茎叶分离以及高密度打压捆等设备、技术和工艺，有效减少苜蓿田间收获和加工过程中干物质等营养成分的损失，提高青贮玉米饲喂利用率。②提升天然草场生产机械化水平。大力推广天然草原改良复壮机械化、人工草场生态种植及精密播种机械化等技术与装备。③加大对大型饲草生产机具的研发推广力度。主要包括大型自走式饲料收获机、高效牧草精密免耕补播机、智能高效宽幅牧草搂集翻晒一体机、智能化饲草料圆捆卷捆缠膜一体机、高效智能化中大型方（圆）草捆捡拾打捆机、智能自动化草捆集运装备等。在高性能打结器研究与制造技术和基于湿法收获的高蛋白饲草干燥深加工成套技术装备等方面形成突破。

二、畜禽养殖

（一）产业发展现状

近年来，畜禽养殖得到了迅速的发展，为人们提供奶制品、肉制品等必需品，成为农业经济增长的重要支柱性产业，成为农村、农户重要的经济来源。2019 年，全国生猪存栏 3.1 亿头、出栏 5.4 亿头，牛存栏 9 138 万头、肉牛出栏 4 534 万头，羊存栏 3 亿只、出栏 3.2 万只，禽存栏 65.22 亿只、出栏 146.41 亿只。全国肉类、禽蛋和奶类产量分别为 7 649 万吨、3 309 万吨和 3 201 万吨，肉类和禽蛋产量连续多年稳居世界第 1 位，奶类产量居世界第 3 位。2018 年全国畜禽养殖规模化率达到 60%，畜禽粪污综合利用率达到 70%，产业集中度不断提升，市场竞争力和抗风险能力持续增强。2019 年受非洲猪瘟影响，生猪生产受损严重，目前正在逐步恢复。

总的来说,畜禽养殖生产结构逐步优化,家禽和牛羊等草食畜牧业加快发展,畜产品供给结构更趋合理,奶业生产快速发展。

(二)农业机械化技术推广应用现状

我国畜禽养殖机械化装备从无到有、由粗到精,成绩斐然。2019 年,畜禽养殖机械保有量达到 789.4 万台,六大主要畜种规模养殖装备保有量原值超过 2 600 亿元,约占农业机械原值的 28%。2019 年,奶牛养殖机械化水平总体超过 60%,规模牧场 100%实现了机械化挤奶、90%配备全混合日粮制备机,奶牛养殖主要环节基本实现机械化;规模养猪的机械化水平总体达到 45%以上,其中饲料投喂、环境控制等环节机械化率达到 60%;规模养鸡场总体机械化水平超过 40%,其中饲料加工、饲料投喂、粪污清理和环境控制等关键环节的机械化率接近 70%,在产品收集环节,大型蛋鸡企业自动集蛋装备应用比例达 70%;在粪污收集环节,规模奶牛养殖机械化率超过 90%,规模养鸡机械化率超过 70%,规模养猪中漏粪板已得到广泛应用,粪污收集机械化率超过 40%。2019 年农业机械化统计年报显示,饲料(草)加工机械设备 667.40 万台(套)、机械化饲草加工 3.0 亿吨、饲喂机械 57.27 万台(套)、畜禽粪污处理机械 7.79 万台(套)、挤奶机 9.79 万台、剪羊毛机 7.08 万台、捡蛋机 0.7 万台(套)、贮奶设备 3.1 万台(套)。全国畜牧养殖综合机械化水平达到 34.21%。

我国在饲料饲草加工、牧草种植及收获、畜禽标准化饲养、生产检测等方面形成了门类齐全装备制造体系，畜牧机械设备的制造质量基本符合标准，设备性能基本稳定，通过引进先进技术装备，进一步提高现有产品的性能，与国际先进畜牧机械的差距逐步缩小。计算机信息技术结合现代化电子、液压、气动及自动控制技术及声控技术和新材料、新工艺等技术在畜牧业及其畜牧机械上崭露头角。畜牧机械与动物生产过程中的防疫、施药、微量元素添加、品种改良适应性等方面逐步在结合。奶牛养殖机械化向自动化、信息化、智能化升级发展。生猪自动饲喂、环境控制、疫病防控、废弃物处理等技术装备加快应用。猪、鸡规模养殖机械化装备标准化、成套化特点显著，智能化环控设备、高效消洗设备行业需求量迅速提升，高效低耗型产品逐步替代传统产品。先进适用畜禽废弃物资源化利用机具已成为规模化养殖主体的基本配置。

(三)农业机械化技术推广方向和措施

1. 畜禽养殖生产机械化主要制约因素。一是畜牧业是在一家一户分散养殖基础上发展起来的，中小养殖场(户)仍是生产的重要组成部分。适合中小养殖户的价格低廉、操作简便、易于维护的机械装备与技术还比较缺乏。二是总体上种养循环通道没有打通，畜禽粪污资源化利用的激励措施落地仍需时日，绿色环保、节能降耗、安全可靠的机械化养殖技术与装备应用环境仍需营造。据 2019 年调查，畜禽养殖机械化生产的饲养、畜禽产品采集加工、饲料加工环节机具缺口较大，需要饲养机械 38.4 万台(其中饲喂饮水机械 17.9 万台套、粪污处理机械15.3万台套），畜禽产品采集加工机械14.2万台套（其中挤奶机械5.5万台套、剪毛机械5.6万台套、捡蛋机械3万台套），饲料加工机械9.6万台套。

2.推进畜禽养殖生产机械化发展的技术方向和推广措施。要认真贯彻落实《农业农村部关于加快畜牧业机械化发展的意见》（农机发〔2019〕6号），在技术推广方面做好以下工作。①注重畜牧业机械化技术与装备需求调查导向。发布市场需求目录，引导科研单位和生产企业研发适合养殖场（户）需要、先进适用的畜牧机械装备。重点研发推广高效饲草料收获加工、精准饲喂、智能环控、养殖信息监测、疫病防控、畜产品智能化采集加工、高效粪污资源化利用、病死畜禽无害化处理和种畜禽生产性能测定等先进机械装备。②推进主要畜种规模化养殖全程机械化。以生猪、蛋鸡、肉鸡、奶牛、肉牛、肉羊等养殖为重点，制定发布规模化养殖设施装备配套技术规范，推进畜种、养殖工艺、设施装备集成配套，加强养殖全过程机械化技术指导，大力推进主要畜种养殖全程机械化。组织遴选推介一批率先基本实现养殖全程机械化的规模化养殖场和示范基地，加强典型示范引导。③加强绿色高效新装备新技术示范推广。大力支持工程防疫、智能饲喂、精准环控、畜产品自动化采集加工、废弃物资源化利用等健康养殖和绿色高效机械装备技术试验示范。加大对饲草料加工、畜牧饲养、废弃物处理、畜产品采集初加工等草畜产业农机具的补贴力度。

三、水产养殖

(一)产业发展现状

2019 年,我国水产养殖总产量超过 5 000 万吨,占水产品总产量的比重达 78%以上,是世界上唯一养殖水产品总量超过捕捞总量的主要渔业国家。全国水产养殖面积 11 000 万亩,其中海水养殖面积 3 000 万亩(鱼类养殖面积为 134.9 万亩、甲壳类养殖面积 448.6 万亩、贝类养殖面积 1 930.1 万亩、藻类养殖面积 217.9 万亩);淡水养殖面积 8 000 万亩(池塘养殖面积 3 791.7 万亩、水库养殖面积 2 423.1 万亩、湖泊养殖面积 1 329.7 万亩、河沟养殖面积 320.6 万亩、其他养殖面积 182.3 万亩、稻田养成鱼面积 2524.0 万亩)。海水养殖产量 2 000 万吨、淡水养殖产量 3 000 万吨。其中鱼类 2 700 万吨、甲壳类 460 万吨、贝类 1 500 万吨、藻类 230 万吨、其他 90 万吨。水产养殖方式已逐步形成池塘、大水面、滩涂、浅海筏式、工厂化、深水网箱等多种养殖模式,其中主要的生产方式为池塘、工厂化、网箱、浅海筏式等。当前正以减量增收、提质增效为着力点,在内陆推广池塘和工厂化循环水、池塘底排污、鱼菜共生、大水面生态养殖、稻鱼综合种养,在近海推广工厂化循环水养殖、贝藻间养、立体生态养殖,在深远海推广深水网箱、大型智能化养殖渔场,近海和内陆大水面养殖强度逐步降低,结构性过剩品种有效调减,名、特、优品种适度发展,养殖结构更加优化,大力发展优质、特色、绿色、生态的水产品,加快构建水产养殖业绿色发展格局。

（二）农业机械化技术推广应用现状

水产养殖属于劳动密集型产业，许多生产环节仍需要人力完成，存在劳动强度大、生产效率低、抵御自然灾害能力弱等问题，迫切需要实现机械化和自动化生产。但水产养殖机械装备技术水平总体偏低，根据2019年农业机械化统计年报显示，水产机械保有量468.97万台，其中水产养殖机械443.23万台（套）（其中增氧机326.12万台、投饲机105.75万台），水产捕捞机械7.86万台（套），工厂化养殖机械化水平为56%，池塘养殖机械化水平为31.24%，筏式吊笼与底播养殖模式机械化水平为24.2%，网箱养殖的机械化水平为14%，全国水产养殖综合机械化水平为29.87%。

渔业机械化的突破性科研成就主要体现在水产养殖方面，包括工厂化水产养殖系统技术、池塘生态工程化控制技术和深水网箱设施技术三项技术，涌现出了一批新型高效机械设备，如：耕水机、射流式深水增氧机、匀水增氧机、微孔曝气增氧机、射流式臭氧消毒增氧机、制氧机、喷淋机、微滤机、风送式投饵机，以及基于物联网应用的工厂化养殖保温模块、集中式自动投饲增氧一元化系统、高位节能循环养殖系统、游弋式水下视频监控系统、集装箱生态一体化系统、增殖放流系统等，在北京、天津、江苏、山东、广西等地试验示范推广，效果显著，增产可以达到10%及以上，节省电费可达到70%及以上，整体效益每亩增产可达到15%及以上。

（三）农业机械化技术推广方向和措施

水产养殖生产机械化主要制约因素。一是传统的池塘养殖和网箱养殖基础工程设施薄弱，养殖设施落后，对机械化需求不强，现有机械设备单一，以增氧机和投饲机为主。二是逐步发展起来的工厂化养殖受水处理成本的压力，仍主要以流水养殖、半封闭循环水养殖为主，全封闭工厂化循环水养殖工厂技术应用不够。三是在海水循环水养殖设施技术应用领域的研究严重滞后于生产，主要反映在生物净化系统、净化效率和稳定性等方面，无法提供成熟的养殖工艺，先进的设施设备和管理技术未得到有效发挥。

下一步要认真贯彻落实国家十部委《关于加快推进水产养殖业绿色发展的若干意见》（农渔发〔2019〕1 号）和《农业农村部关于加快水产养殖机械化发展的意见》（农机发〔2020〕4 号）精神，加大生态健康养殖机械化技术推广力度。一是深入开展健康养殖示范场、示范县创建活动。积极发展工厂化循环水养殖、池塘工程化循环水养殖、种养结合稻田养殖、海洋牧场立体养殖和外海深水抗风浪网箱养殖等生态健康养殖模式。大力推广工厂化循环水养殖设施设备，加强深远海大型养殖平台、养殖废水净化设备、浅海滩涂养殖采收机械等研发和推广应用，提升水产养殖精准化、机械化生产水平。二是大力实施池塘标准化改造，完善循环水和进排水处理设施，支持生态沟渠、生态塘、潜流湿地等尾水处理设施升级改造，探索建立养殖池塘维护和改造长效机制。三是在工厂化循环水养殖方面。鼓励水处理装备、深远海大型养殖装备、集装箱养殖装备、养殖产品收获装备等关键装备研发和推广应用。推进智慧水产养殖，引导物联网、大数据、人工智能等现代信息技术与水产养殖生产深度融合，开展数字渔业示范。重点研究循环水养殖系统物质与能量流动模型，高密度循环水条件下养殖对象的反应机制、养殖生境构建边界条件、饲喂策略，工厂化养殖专家系统，养殖设施工程经济性，养殖设施建造与运行规范等，不断提升工厂化水产养殖科技水平。四是在网箱养殖方面。加快推进网箱粪污残饵收集等环保设施设备升级改造。改进、提高现有的各类网箱制作技术和工艺，重点开展强流下网衣的漂移和有效容积保持、网衣水下清洗技术及设备、夜间警示装置、鱼类起捕设备、网箱养殖监测系统等配套设施的研发等。

四、农产品初加工

（一）产业发展现状

农产品初加工是指在农产品产后进行的首次加工，不涉及农产品内在成分改变，使农产品性状适于进入流通和精深加工的过程，主要包括产后净化、分类分级、干燥、预冷、储藏、保鲜、包装等环节，其作用是减损、增供、保质、增效。大力发展农产品初加工是保障农产品品质安全的必要手段，是农业增效、农民增收的重要途径，全国农产品初加工产值达15万亿元。产地农户初加工能力不足，每年由于未及时干燥、储藏、保鲜等而导致的损耗，粮食为5%～8%，120～190亿千克，马铃薯为15%～20%，蔬菜损耗为20%～25%，水果损耗为15%～20%。我国80%的果蔬制干由农户加工制得，多靠传统的露天晾晒和土法烘干。据统计，合理的初加工可使玉米损耗降到4%、马铃薯损耗降到6%、水果、蔬菜损耗降到4%。当前，我国大力推进农村一二三产业融合发展和乡村产业振兴，农产品初加工越来越受到重视。

(二)农业机械化技术推广应用现状

我国经济类作物的初加工已经具备一定的机械化程度，如棉麻行业等，但产业高端技术与装备仍依赖进口，关键零部件国产化程度低。规模巨大的食用类农产品的初加工还处于粗放的手工制作阶段，多以农户、专业合作组织或农村小企业加工为主，设施简陋、工艺落后、产后损失大、质量安全隐患突出，普遍存在物耗、能耗和水耗较高，资源利用率低，节能减排压力大的问题，亟须提高机械化水平。国家从2011年开始实施农产品产地初加工补助项目，用于支持农民和专业合作组织建设产地储藏、保鲜、烘干、分级等初加工设施，推广先进适用技术，2012—2013年投入10亿元建设5万多座初加工设施，涉及农户3万个，合作社2 000多个，新增马铃薯贮藏能力100万吨、果蔬贮藏能力60万吨、果蔬烘干能力60万吨。“十三五”期间，国家进一步扩大农产品产地初加工补助资金规模和实施区域，新增果蔬贮藏能力800万吨、果蔬烘干能力260万吨，极大地改善了区域性农产品加工贮藏行业现状。2019年农业机械化统计年报显示，农产品初加工动力机械1 633.52万台、农产品初加工作业机械1 539.46万台(套)，其中：粮食初加工机械1 222.67万台(套)、油料初加工机械79.90万台(套)、棉花初加工机械21.65万台(套)、果蔬初加工机械23.81万台(套)、茶叶加工机械154.27万台(套)、种子加工机械4.36万台、保鲜储藏设备14.53万台(套)、谷物烘干机12.8万台、果蔬烘干机12.77万台。粮食机械脱出率80.6%、粮食机械保质率24.7%，油料机械脱出率72.7%、油料机械保质率27.8%，蔬菜机械清选率10.8%、蔬菜机械保质率5%,水果机械清选率17%、水果机械保质率12%,棉花机械清选率72.7%、棉花机械保质率60.8%,茶叶机械保质率44.1%。我国农产品初加工机械化水平为37.58%,其中粮、油、棉初加工机械化水平较高,果、菜、茶初加工机械化水平较低。

(三)农业机械化技术推广方向和措施

国家加大农产品产地加工贮藏装备与设施工程集成技术与研究力度,构建了农户玉米储粮仓集群、中小型农民合作社玉米籽粒烘储、农户马铃薯混合储藏、合作社商品薯产地贮藏、农户花生新型热风烘房、合作社大型花生烘干机、香蕉商品化处理等集成技术模式和解决方案。研发推广了中型农户保温自动装卸钢板仓、低温气化自然通风干燥仓、大农户组挂式粮食干燥仓、通风保温稻谷安全贮存仓等粮食存储设施。

农产品初加工机械化发展的技术方向和推广措施。一是重点突破大宗及优势农产品高品质节能干燥、高通量清选、检测分级及包装、追溯等关键技术,开发粮食、果蔬、茶叶等清选、分级、干燥、包装等智能成套装备,禽类自动分割、水产品自动剥制成套装备及自动化生产线,以及物理保鲜与转运仓储、配送系统等,进行示范推广。二是逐步实现农产品初加工质量标准化、原料规格化、品种专业化、生产规模化、运营一体化,推进农产品初加工业的适度规模化和组织化程度。三是加大粮、棉、油、糖等重要农产品初加工机械农机购置补贴力度。

第五节　农业机械化技术推广展望

新时期，农业机械化技术推广要深入贯彻《国务院关于加快推进农业机械化和农机装备产业转型升级的指导意见》（国发〔2018〕42 号）精神要求，解决好当前工作中存在的问题，在推动农业机械化全程全面高质高效转型升级的新征程中，有更大作为。

一、主要问题

（一）推广工作不平衡，区域发展差异大

推广工作不平衡主要体现在平原地区与丘陵山区发展的不平衡；粮食作物生产机械化与经济作物、养殖加工机械化发展的不平衡；农业生产全程机械化与薄弱环节机械化滞后的不平衡；耕、种、收机械化技术发展和灌溉、植保、烘干发展的不平衡；农村社会事业发展与机械化技术供给的不平衡。这些都是今后推广工作的重点和努力方向。

（二）创新动力不够足，推广方式方法老化

一是互联网等现代信息技术与农业机械化技术融合度不高，推广方式方法与社会发展和进步脱节。二是缺乏充分的调研沟通，与农机院校、农机科研机构、农机生产企业等多元推广主体的长期、固定、有效的沟通和联系较少，不能够第一时间及时准确地了解掌握农机科技发展的前沿信息，还没有把农业机械化技术推广社会力量发挥出来，存在多元推广融合不足的问题。三是农机推广服务对象有待拓展，没有系

统的梳理出当地农业机械化先进技术的引领者、推动者和使用者，以至于有些技术推广活动无的放矢，推广的有效性、高效性打了折扣。

（三）推广体系不健全，开展工作困难多

人员年龄结构失衡、专技人员比例不高、人才匮乏、后继乏力、知识老化更新不足、技术提升不能够跟上农业机械化发展变化的需要等老问题依然存在。更严重的是体系不健全，部分基层农机站并入农业综合站，配备人员不足，遗留问题难处理。此外，部、省、市、县、乡五级农机推广网络没有形成，农机推广工作出现真空和断层。再加上农机推广经费不足，投入不够导致农机推广工作的开展受到很大制约，农业机械化新技术新机具推广示范试验困难，对农机专业合作社扶持力度有待加强。

（四）技术集成不够，试验验证有待加强

近年来，主要农作物的全程机械化和经济作物的全面机械化发展较快，但不论是单个环节还是全生产过程的技术模式都是不足的。对于已经形成的主要农作物生产机械化模式随着装备和技术的更新，需要进一步优化；对于蔬菜等经济作物，还没有科学适宜的技术路线和成熟配套的技术装备方案，需要进一步完善；对于植保、烘干、秸秆还田等薄弱环节机械化技术还处在不断探索过程，需要进一步补齐。此外各地在关键技术的试验验证还比较欠缺，任务工作较多，自选动作较少，积极性有待提高，而且验证技术工作方式方法单一，“拿来主义”盛行，一定程度上阻碍了农业机械化技术推广的步伐，亟待提高和改善。

二、目标任务

展望“十四五”乃至更长一段时期，做好农业机械化技术推广工作，要以习近平新时代中国特色社会主义思想为指导，紧紧围绕农业产业结构调整方向，紧盯农业各产业、各环节机械化发展目标，以补短板、强弱项、促协调为出发点，集聚科技、人才、管理、政策等各类资源要素，大力推动科技创新导向和技术推广工作的调整完善，争取利用5年左右的时间，显著提升对农业机械化转型升级的支撑水平，有力推动农业机械化发展的质量变革、效率变革、动力变革，为农业机械化支撑乡村振兴战略实施做出更大的贡献。

（一）服务农业机械化转型升级，加快一批重大引领性农业机械化技术转化应用

坚持面向世界农业机械化发展前沿、我国农业机械化转型升级重大需求和未来机械化技术发展趋势，针对事关国计民生的粮棉油糖及生猪等重要产业竞争力提升战略任务，紧盯农业机械化科技原始创新、集成创新、引进开发再创新最新进展，推动农作物育种机械、大中型高效绿色复式机具、精致型特色专用机具、智能无人装备、农业机器人、关键部件创制等方面“卡脖子”技术突破和应用，强化农业机械化技术和机具装备集成创新和有效供给，打造发展新优势，擘画发展新蓝图。要强化产业发展需求引导，强化系统部署推动，引领农机企业、科研机构、服务组织等各类主体沿着同一方向，协同开展基础前沿、关键共性技术的研究、验证和推广，加快

促进种养加、粮经饲全程全面机械化创新发展。

（二）紧盯42号文确立的目标任务，形成一批成体系成规模的全程机械化技术模式

坚持目标引领，强化系统思维，分产业分区域推进机具装备与种养品种、制度、习惯以及信息化技术深度融合，研究形成系列化、规模化、标准化的机械化技术模式、机具配置方案和操作规程，供基层一线选用。要立足粮棉油糖等主要农作物生产机械化实践基础，聚焦双季稻区水稻机械化种植、长江中下游地区油菜机械化种植收获，以及马铃薯、花生、棉花、甘蔗、苜蓿、天然橡胶机械采（割）收等短板突破，聚焦高效植保、产地烘干、秸秆处理等环节与耕种收环节机械化集成配套，加快推广运用革命性、引领性装备和技术。紧盯东北黑土地保护性耕作行动计划，创新发展中国特色保护性耕作技术模式，引领提升机械化支撑农业绿色发展的能力效果。广揽畜牧水产养殖业、设施农业、农产品初加工等其他农业产业机械化前沿装备和技术，因地制宜地研究制定一批全程机械化技术模式和机具配套方案，发挥后发优势，加快提高农业各产业机械化协同发展水平。密切关注农村人居环境、能源环保等领域机械化需求，加大相关机械设备的发现、鉴定和推广应用，丰富拓展农业机械化技术推广内涵与空间。在丘陵山区农田宜机化改造技术运用上下更大功夫，同步推进先进适用机具和技术的配套组装，确保丘陵山区农作物耕种收综合机械化率在2025年达到50%的目标如期实现，并继续提升。加快物联网、大数据、移动互联网、智能控制、卫星定位等信息化技术在各产业机械化作业机具装备上的全流程、全方位加载运用，推动智慧农业示范应用，抢占机械化信息化融合发展制高点。

(三)立足不同区域资源禀赋和发展基础，布局一批农业机械化技术推广引领示范区

坚持生产、生活、生态“三生共赢”基本导向和良种、良法、良地、良机、良制“五良融合”，综合考虑不同区域机械化资源禀赋和基础，创建各产业各主要种、养品种全程机械化示范区(基地)，引领先进农业机械化技术和机具的熟化组装、推广应用。继续在粮食生产功能区、重要农产品保护区、特色农产品优势区、国家现代农业示范区等创建主要农作物生产全程机械化示范县，引导有条件的省份、市(县)和垦区整建制率先基本实现主要农作物生产全程机械化。以生猪、蛋鸡、肉鸡、奶牛、肉牛、肉羊等养殖为主，遴选推介一批率先基本实现养殖全程机械化的规模化养殖场和示范基地。以推动改善丘陵山区农机作业条件、扩展农业机械化新技术新装备运用空间为出发点，遴选和推介一批丘陵山区农田宜机化改造成功案例。以增强农业机械化技术推广动力为目的，支持和引导建设大田作物精准耕作、智慧养殖、园艺作物智能化生产等数字农业示范基地。

(四)围绕管理服务机制创新完善，打造一支产学研推用紧密衔接的农业机械化技术推广队伍

坚持多措并举创新管理服务机制，充分释放农业机械化技术推广各类型各方面主体的活力。大力发展公益性技术推广机构与农机企业、科研院校、社团组织、农民合作社等多元推广主体联合协作，加快将工作重心转到为农业机械化全程全面高质高效服务上来，形成共同发力、协调推进农业机械化技术推广的崭新局面。支持国家农业产业技术体系农机岗位科学家、主要农作物生产全程机械化专家指导组、丘陵山区农田宜机化改造工作专家组、保护性耕作专家组等各类农业机械化科技创新专业团队充分发挥引领性作用。支持各级农业机械化技术推广机构以农民为中心，以需求为出发点创新推广服务方式，大范围组织开展“田间日”“田间学校”等体验式、参与式推广活动。支持农机鉴定、认证等机构扩大新型农机产品的鉴定认证，充分发挥其独有的评价推广作用。大力培育农机大户、农机专业户以及农机合作社、农机作业公司等新型农机服务组织，鼓励农机服务组织通过跨区作业、订单农业、农业生产托管等机械化生产服务模式促进小农户与现代农业发展有机衔接。大力推动农机社会化服务业态创新，积极推进“全程机械化＋综合农事”服务中心建设，探索建立“龙头企业＋养殖合作社＋养殖场(户)”的畜牧机械装备租赁体系，加快运用农业机械化生产大数据、云平台技术，引领提高农业机械化技术集成推广运用效能。积极组织和实施高素质农民培育工程，加大对各类农机社会化服务组织带头人及农机大户的扶持力度，提高科技文化水平和农业机械化技术实践技能及推广工作能力，培育和打造“一懂两爱”基层农业机械化技术推广应用队伍。

三、推进举措

(一)强化推广能力建设

各级国家农业机械化技术推广机构是各级人民政府按照《农业技术推广法》《农业机械化促进法》等法律法规设立的专门开展农业机械化技术推广公共服务的事业单位。强化农业机械化技术推广机构的能力建设,提升公共服务能力,履行公益性职责是落实好法律法规、贯彻好42号文的重要保障。各级国家农业机械化技术推广机构应依照法定的"公共服务机构、履行公益性职责"定位,主动作为,推动落实法律法规对技术推广投入保障和机构、队伍、条件、制度建设的规定,进一步加强机构队伍建设,优化服务条件,为履行好公益性职责打下坚实的基础;应积极配合行政主管部门做好各项工作,科学谋划重点技术和推广任务,优化管理方式,细化实施方案,抓好时间进度,做到保基本、不缺位,有重点、可持续,确保各项任务按时保质落实到位,实现政府的主要技术推广目标和满足农民对技术服务的基本需求;应积极向有关部门汇报,争取资金支持,推进设立专项,做到工作项目化、项目目标化、目标节点化、节点责任化,让推广有项目、有试验、有集成、有示范,充分发挥好项目示范带动作用;应加强宣传,及时总结推广工作中的好做法、好经验、好典型,开展主题突出、形式多样的宣传报道,扩大工作影响,提升工作成效,营造良好工作氛围。农业机械化技术推广人员应坚决贯彻落实党中央国务院关于"三农"工作的决策部署,增强工作的积极性和主动性,提高服务意识和责任意识,转变工作作风，深入生产一线和乡村基层，满足生产实际和农民需求；应加强学习，深入研究，准确把握本辖区农业机械化技术应用现状和发展特点，及时了解农业机械化新技术、新机具发展动态，因地制宜地解决生产实际问题。

（二）完善“一主多元”体系

农机生产企业、科研院校、社团组织、专业合作社等多元推广主体是农业机械化技术推广体系的重要组成部分。加强和引导多元推广主体，联合推进新技术、新装备推广应用，加快构建协同推广机制，实现公益性推广服务和多元推广服务有机结合，对于农业机械化技术推广服务能力提升有重要意义。各级国家农业机械化技术推广机构应积极鼓励多元推广主体发展，利用相关扶持政策，创造发展条件，支持鼓励多元推广组织以技术转让、服务、承包、咨询和入股等形式提供技术与服务，推进多元推广主体有人干、有事做、有钱赚；应加强技术推广工作引导，做好需求分析，及时制定各地技术推广规划、计划，明确主攻方向、主要任务和主推技术，强化规划引领，做好统筹、调控，带动多元社会力量参与，形成推广合力；坚持把各种多元推广主体作为技术推广工作的重要力量，充分尊重其法律地位，依法保护其合法收益和知识产权，积极探索通过购买服务、定向委托、财政补助等方式推进多元社会力量参与公益性推广，实现合同管理、有偿服务、等价交换，提升公益性服务的积极性，逐步构建产学研推用相互联合联动的协同推广长效机制，实现国家推广机构与多元组织功能互补，公益性推广和经营性推广有机结合。

(三)运用现代信息手段

随着信息高速公路在农村的快速推进和互联网终端在农民中普及应用,手机已逐步成为农业生产的“新农具”和知识传播的“新媒介”,农业生产经营主体对“互联网+”手段的需求日益增长,对技术供给的及时性、针对性、有效性提出了更高的要求,需要紧跟时代发展步伐,运用智能装备和现代通信技术创新服务手段,发挥“互联网+推广”优势,利用信息化手段,提升技术服务效率。利用“互联网+”渠道优势,打破时间、空间、场地等限制,将新技术、新机具实时推送出去,使机手365天、24小时全天候实时学习了解新技术成为可能,多措并举,形成线上线下相结合的传播通道,方便农民及时学习了解技术要点,扩展和补充传统推广手段;利用“互联网+”大数据优势建立完善新技术、新机具数据库,以机手为中心,以问题为导向,以网络为工具,让农民根据自身需求“自选式”主动查找新技术、新机具、新模式,满足多样化、个性化技术需求;利用“互联网+”互动优势,建立顺畅的咨询、反馈通道,及时让专家、学者、推广人员与农民时时对接,详细解答技术难题,形成互通互联的解决机制,让推广工作更及时、更精准,不断提升服务效率和质量。

(四)促进技术集成配套

农业机械化技术既要与气候、地形、土壤等自然条件相适应,又要与作物品种、栽培制度、种养方式等生产习惯相匹配,还要与机械化生产各环节相协调,因此,应改变过去以推广应用单项农业机械化技术的方式，加强技术集成创新，形成全程机械化技术整体解决方案，解决生产中的实际问题，逐步构建现代农业生产体系。以适应全程机械化作业为目标，协调多方力量，加强农机农艺融合，选择适宜的作物品种、农业投入品和管理措施，构建协调的机械化生产体系，形成良种、良法、良地、良机、良制相互配套的统一体，合力化解制约因素，确保产量不减、效益提高；跳出薄弱环节技术本身，运用系统思维，着眼于全局，注重整体效益，将各环节、各要素统一起来，多途径解决问题，因地制宜，找出最优方法，提出不同区域生产模式、技术路线清单，让农民选用；推进农业机械化新技术与作物品种、种植制度和生产习惯进一步融合，形成标准、规范的工艺路线、技术模式、机具配置方案和操作规程，推广应用一系列接地气、可复制的全程机械化整体解决方案。

(五)创新方式方法

新型经营主体的不断发展对农业机械化技术推广服务供给多样化、个性化、精准化提出了更高的要求，传统系统讲授的推广方式已经不能满足农民的需求，而体验式、参与式推广方式从倾听、观看、实践、思考、交流等多方位传播新技术，增强感性认识，能够提高推广受众的主动性和感受度，加深对新技术印象，激发接受新事物热情，并在实践中学习技术、积累经验，达到更好的推广目的。因此，应结合地域特点举办“田间日”“田间学校”等品牌活动，以农民为中心，以需求为出发点，通过引导组织，最大限度地发挥农民在技术推广过程中的知情权、发言权、分析权和决策权，发掘和培养其能力素质，用农民通俗易懂、喜闻乐见的语言和方式开展技术服务，推进新技术、新机具现场体验互动，提升推广过程的生动性和趣味性，增强农民的认知度和接受度。

第六章　农机社会化服务

农机社会化服务是农机专业户、农机合作社等服务主体为其他农业生产者提供有偿农机服务的总称，包括机耕、机播、机收、植保、产地烘干、农产品初加工等各类农机作业服务，以及农机维修、信息、租赁、中介等配套服务。农机社会化服务与农业机械化公共服务相互结合、相互补充，为农业生产提供了经营性、公益性服务，共同构成了推进农业机械化发展的根本力量。当前，农机社会化服务组织已经成为我国农业生产的主力军、推广应用现代农业技术装备的先锋队，在推进农业农村现代化和乡村振兴中发挥着不可替代的引擎和载体作用。农机服务主体是农业机械化管理服务的重点工作对象，发展农机社会化服务是推动农业机械化转型升级的重要工作抓手，与时俱进做好相关工作意义重大、作用突出。本章介绍农机社会化服务的发展历程、近年发展成效、当前面临的形势和今后一个时期推进农机社会化服务提档升级的目标任务。

第一节　农机社会化服务发展历程与态势

一、发展历程

改革开放以来，我国农机社会化服务在政府与市场两方面的推动下，与时俱进适应农业经营体制和农业劳动力结构变化，在探索中前进，在调整中发展。大体上可分为 3 个发展阶段。

(一)市场化探索起步阶段(1995 年以前)

农村实行家庭联产承包责任制后，集体农机站逐步解散，曾经出现“包产到户，农机无路”的尴尬。1983 年国家开始允许农民自主购买和经营农机，农民逐步成为投资和经营农业机械的主体，部分农民购买了适合当时农村小规模经营的手扶拖拉机、小型农机具、农用运输车等，主要从事农田耕整作业、农资农副产品运输等单一的社会化服务。20 世纪 80 年代中期，山西太谷县等地农民购置联合收割机，率先利用麦熟时间差尝试开展跨县作业并取得明显经济效益，成为农机跨区作业的先行者。从 90 年代初开始，山西省农机部门在省内开始推广这种服务模式。到 1995 年，山西、陕西、河北、河南等省共有 8 000 台左右联合收割机从事跨区域机收服务。这个时期，农机社会化服务完全是农民的自发行为，开展作业服务的机具少、规模小，跨区作业刚刚起步，一般在县域内、省域内短距离流动，全国农田作业机械化水平提高缓慢。

(二)规模化产业化发展阶段(1996—2005年)

20世纪90年代中期后,随着市场经济发展和工业化步伐加快,我国农业劳动力季节性短缺趋势加剧,尤其是“三夏”期间对机收服务需求迫切。1996年,农业部首次在河南省郑州市组织召开“三夏”跨区机收小麦现场会,揭开了大规模组织联合收割机跨区收获的序幕。1997年,农业部与公安部、交通部等六部委共同成立了全国跨区机收小麦工作领导小组,将联合收割机跨区作业纳入统一管理服务,组织发放《联合收割机跨区作业证》,对持证的联合收割机,采取了免收过路过桥费、维护作业通行秩序、提供信息服务、优先优惠供应用油等政策措施。一些地方县、乡农机部门直接组织供需双方对接,组队外出作业,促进联合收割机的有序流动,参加跨区作业的联合收割机和作业队迅速增加,跨区作业规模和服务半径显著扩大。2000年,农业部颁布实施《联合收割机跨区作业管理暂行办法》,对跨区作业的组织管理、信息服务、作业质量等方面做出了规定。跨区作业的组织者由单一的农机管理部门发展为社会中介组织、经纪人共同参与,农机管理部门逐步淡出跨区作业的具体组织工作,转而对跨区作业市场进行引导和管理。南方的水稻产区和北方的玉米产区也开始尝试组织跨区机收水稻、玉米。这个时期,就近就地的机耕、小麦及玉米机播服务开始普及,机收作业服务市场呈现供不应求的态势,机车的效益普遍较高,农机专业户、中介组织、协会组织不断涌现,相关的信息对接、技术培训、维修配件、油料供应、机车运输等配套服务快速发展,开始形成以跨区作业为核心的农机服务产业链条,一大批农机专业户走上了致富道路。从1996年到2005年，参加跨区作业的联合收割机从2.3万台发展到35万台，全国小麦机收比例从48%增长到76%。在跨区作业的带动下，联合收割机年作业时间由10～15天增加到1～2个月，县域内的小麦收割时间由半个月缩短为1周左右。跨区作业在稳定我国农村基本经营制度的基础上，解决了“有机户有机没活干、无机户有活没机干”的矛盾，实现了农机作业的规模化经营，开辟了我国小规模农业使用大型农业机械进行规模化、集约化、现代化生产的现实途径。

（三）规范化综合化发展阶段（2006年至今）

随着波澜壮阔的农村改革发展大潮以及农业适度规模经营不断发展，农机合作组织应运而生，蓬勃兴起。2007年《农民专业合作社法》的实施，通过法律赋予了农民专业合作社独立的法人资格和市场主体地位，规范了农民专业合作社的组织行为、产权关系、盈余分配等基本制度。农机合作社是在分散的农机专业户不断联合壮大基础上发展起来的，成为农民专业合作社的重要组成部分。农业机械化主管部门认真落实法律规定，加大扶持力度，强化指导服务，积极引导和鼓励机具入社、土地入股、资金设备设施入股等多种方式创建农机合作社，涌现了农机大户联合型、农村能人带动型、种粮大户发起型、农村集体创办型、基层农机服务机构领办型等多种创办类型。一些地区还积极推动农机合作社开展横向联合与纵向协作，成立合作社联社，或转型为农机作业公司，形成了以农业生产为纽带、以合作共赢为核心的多元投入机制和更加紧密的市场化合作机制。农业部先后印发了《农机专业合作社示范章程》《农机社会化服务示范合同》等文件，各省也纷纷出台有关政策，推进管理规范化、运行高效化、服务综合化，推广普及菜单式、托管式、承包式、“4S店”和跨区作业等多种服务形式，增强合作社发展活力。这个时期，在政府作用与市场作用的良性互动下，以农机合作社为代表的新型农机服务主体由数量扩张向效益提升方向转变，由劳动联合为主向劳动联合带动土地联合、资本联合及其他要素联合的方向转变，由耕种收单环节向全过程机械化服务，由纯田间作业向农资供应、农产品初加工等综合化、一体化经营方向转变，满足了广大农户不同层次、不同类型的生产服务需要，呈现出旺盛的生命力和光明的发展前景。

二、发展态势

当前，我国农机社会化服务整体呈现快速健康发展的良好态势，主要表现在以下四个方面。

(一)数量与质量并重发展

2019 年我国农机专业户 424 万个，农机作业服务组织 19.2 万个，拥有农机原值 50 万元以上的服务组织数量达到 5.7 万个，分别比 2012 年减少 95 万个、增加 2.5 万个、增加 3.3 万个，呈现出组织化程度提高、实力增强的态势。其中农机合作社数量达到 7.4 万家，入社成员数达到 151 万人(户)，拥有农机原值 100 万元以上的服务组织数量达到 2.8 万个。在全国初步形成了以农机作业服务为主，以技术推广、技能培训、机具维修、配件供应、信息服务等为支撑、功能较为完善的农机社会化服务体系。农机作业服务组织装备精良化、全程化趋势明显，大马力拖拉机、大型联合收割机等先进高端的农业机械大都集中在农机合作社，部分合作社配备了高性能粮食烘干设备、农用植保无人机、粮食初加工设备等，拥有标准化的机库、维修间等基础设施，综合服务保障能力不断提高。

(二)服务领域与服务能力拓展提升

2019 年全国农机跨区机收小麦、水稻、玉米面积分别达到 9 052.5 万亩、6 708 万亩、3 853.5 万亩，农机合作社作业服务面积 79 372.5 万亩。在主要粮食产区，农机合作社以不到 1/3 的农机拥有量，承担和完成了 60%以上的农机作业量，农机合作社已成为农业生产的主力军。农机服务组织不断延长产业链，拓展经营领域，服务环节已经从耕种收为主向专业化植保、秸秆处理、产地烘干等农业生产全过程延伸。一批有较强实力的农机合作社拓展转型为农机作业公司、综合农事服务中心。各地农机服务组织通过积极承担政府农业机械化示范推广项目、保护性耕作、农机深松整地等作业项目，在保障项目实施、促进产业发展和农民增收的同时，实现了自身的发展壮大。

(三)经营规模与经营效益显著增加

一方面，农机社会化服务组织满足了农村劳动力大量转移、农业劳动力兼业化、老龄化情况下的农业生产需要，也使农民能够放心离乡就业，增加收入。另一方面，通过开展农机社会化服务，规模化作业使物质成本下降，作业质量提高使产量增加、损失减少，大幅度降低农业用工成本支出。实践表明，农机合作社通过土地入股、土地托管、承包经营、代耕代种、联耕联种等方式，在不改变土地承包权的前提下，促进土地统一经营，实现规模效益。2019 年全国农机作业服务总收入达到 3 535 亿元，农机服务组织开展生产托管面积达到 10 250 万亩。山东省共有 3 000 多家农机合作社开展了土地托管，总面积达到 1 100 万亩，全省合作社田间作业收入 56 亿元。

（四）作业服务与公益性服务相得益彰

农机服务组织在农业技术集成化、生产手段机械化、生产过程标准化，打通农业技术推广“最后一公里”方面逐渐成为主要载体，成为基层农业技术推广的重要平台。据初步统计，新增的高性能机具 80％以上都由农机合作社率先购置并投入使用，农机农艺新技术多数是通过农机合作社先行示范和传播推广。农机服务组织除开展经营性服务以外，还积极承接农村扶贫等公益性服务。山西省在贫困县创建农机合作社资产收益扶贫试点，探索出可复制推广的扶贫工作模式，取得了合作社、贫困户和村集体“多赢”的阶段性成果。

总的看，我国农机社会化服务发展呈现服务主体多元化、服务模式多样化、服务手段专业化、服务内容综合化、服务机制市场化、服务对象稳固化、农资农机服务一体化、社社联合、社企联合、村社联合等新特征新趋势。各类农机社会化服务主体成为农业生产主力军，在推动农业机械化全程全面高质高效发展、推进生产要素集聚及先进装备技术普及、推动多种形式适度规模经营、示范带动小农户应用现代生产方式、承接农业机械化(农业)公益性服务等方面发挥了非常重要的作用,为保障国家粮食安全和推进农业现代化做出了重要贡献。

三、推进农机社会化服务主要做法

近十年来,特别是党的十八大以来,各级农业机械化主管部门在推动农机社会化服务发展过程中,积极主动作为,采取了许多行之有效的做法,起到了良好的引领推动作用。

(一)典型引领,提升农机服务组织发展质量

农业部(现农业农村部)及各省深入开展了农机合作社示范创建活动,明确运营管理规范化建设要求,营造比学赶超氛围,引导农机合作社向"五有"型(有完善的装备设施、有良好的运行机制、有健全的管理制度、有较大的服务规模、有显著的综合效益)方向发展,着力培育了一批设施完善、机制良好、制度健全、规模较大、效益显著的示范合作社。农业部分四批公布了 1 692 家全国农机合作社示范社,其中 220 家被评为国家农民专业合作社示范社。黑龙江省 2018 年组织对已建成的现代农机合作社,从受益主体、装备管理、制度落实等方面进行全面规范。江苏省通过制定标准、召开现场会、举办培训班等措施,大力推进规范常用农机机务管理。

(二)培训先行,强化农机社会化服务人才建设

农业部 2017 年印发《农机合作社带头人培训大纲》,推进培训组织管理规范化、方案设计系统化、培训内容实用化,

增强培训效果，新型农业经营主体带头人轮训计划每年支持培训农机合作社理事长超过1万名。农业农村部、有关行业协会及各地举办了形式多样的合作社示范社创新发展培训研讨活动，着力提升合作社带头人能力水平。推动组建了中国农业机械化协会大学生从业合作社工作指导机构，搭建交流平台，吸引社会力量关注支持，号召大学毕业生以新理念新模式创业兴社，打造一支引领合作社转型升级的“精锐”队伍。

（三）政策扶持，培育壮大新型农机服务主体

加强农业机械化技术推广、质量监督、教育培训、安全监理、信息宣传等农业机械化公共服务体系建设，为农机服务组织的发展营造了良好的外部环境，为推进农机社会化服务创造了必要条件。在农机购置补贴政策上向合作社等农机服务组织予以倾斜，并鼓励通过购买服务的方式，支持农机合作社、作业公司优先承担深松、秸秆还田等作业项目，为当地农民提供高质量的公益化、社会化服务。各地在解决合作社融资难、用地难、农机维修难等问题上采取很多有效措施。江西、福建、江苏等省财政连续安排专项资金支持合作社机库及维修中心建设。湖南省从2014年起实施千社工程，财政扶持建设2 903家现代农机合作社。吉林省2016年以来投入8.8亿元，支持建设全程机械化新型经营主体，“县县都有主力军，乡乡都有领头羊”的新格局初步形成。安徽省从2017年起连续安排资金扶持建设省级综合性全程农事服务中心。新型服务主体的培育壮大，为农机社会化服务提档升级树立了标杆，注入了新的动能。

第二节　农机社会化服务发展面临的机遇与挑战

党的十九大作出了实施乡村振兴战略的重大部署，农业农村现代化是乡村振兴战略的主要目标和重要基础。当前，我国进入了加快发展现代农业的关键时期，生产方式进入了机械化主导的新阶段。我国特殊的国情、农情，以及农业发展的新方位，为农机社会化服务提供了广阔的发展空间。在新的起点推进农机社会化服务高质量发展，也面临不少现实的挑战。

一、发展机遇

从各国发展农业现代化的经验来看，规模化和机械化都是必经之路，社会化服务分业分工是必然选择。我国农业具有典型的大国小农特点，目前2.3亿农户中经营耕地10亩以下的农户2.1亿户，即使2030年城镇化率达到75％，预计仍将有3.6亿人口生活在农村，农民人均也只有5亩地，小农生产方式将长期存在。在这样“超小规模”农业经营形态上实现乡村振兴战略的产业兴旺目标，必然要在发展土地集中型规模经营的同时，大力发展服务带动型规模经营，以服务规模化弥补经营细碎化的不足、避免经营风险集中，以生产机械化应对有效劳动力的日益短缺、用工成本的日益走高，进而实现基于社会化服务的节本增效、提质增效，促进小农户和现代农业发展有机衔接。

近年来，中央文件多次对发展农业（农机）社会化服务提出了明确要求和支持措施。2017年中央一号文件提出，大力培育新型农业经营主体和服务主体，通过经营权流转、股份合作、代耕代种、土地托管等多种方式，加快发展土地流转型、服务带动型等多种形式规模经营；扶持培育农机作业、农田灌排、统防统治、烘干仓储等经营性服务组织；支持供销、农机等系统发挥为农服务综合平台作用。2018年中央一号文件《中共中央国务院关于实施乡村振兴战略的意见》再次强调，促进小农户和现代农业发展有机衔接，培育各类专业化市场化服务组织，推进农业生产全程社会化服务，帮助小农户节本增效。党中央、国务院发布实施的《乡村振兴战略规划》要求，健全农业社会化服务体系，大力培育新型服务主体，加快发展"一站式"农业生产性服务业。《国务院关于加快推进农业机械化和农机装备产业转型升级的指导意见》（国发〔2018〕42号）明确要求，推动农机服务业态创新，建设一批"全程机械化＋综合农事"服务中心，为周边农户提供全程机械作业、农资统购、技术培训、信息咨询、农产品销售对接等"一站式"综合服务。农业部、国家发改委、财政部联合印发的《关于加快发展农业生产性服务业的指导意见》等文件也明确了对发展农机服务的要求和系列政策举措。这些决策部署，为农机社会化服务提档升级指明了方向、提出了要求，也为推进农业机械化供给侧结构性改革提供了新理念、新动能。

随着工业化、城镇化进程加快，我国农业劳动力老龄化、兼业化，农业生产请工难、用工贵问题加剧，农民对农机作业服务产生了全面而旺盛的需求。以跨区作业为代表的农机社会化服务蓬勃发展，把农民从传统的人力、畜力生产方式中解放出来，既让传统农户享受到了机械化的便利、拓展了非农产业就业增收空间，也有效提高了规模经营主体的劳动生产率和土地产出率。实践证明，农机合作社等农机服务组织能够有效整合劳动力、装备、技术、人才等生产要素，不断创新服务模式，以农机为载体加快先进生产方式普及应用，推动解决“谁来种地”“怎么种地”问题，成为了发展农业社会化服务的中坚力量、推进农业现代化进程的重要引擎。农机社会化服务作为农业生产性、农村生活性服务的重要内容，是支撑乡村产业振兴、生态振兴、人才振兴的重要支柱。

总的来看，随着乡村振兴战略的深入实施，农业生产、农村生活对“机器换人”、机械化服务的需求越来越迫切。加快发展农机社会化服务，中央有明确要求，农民有旺盛需求，装备能力有扎实基础，服务模式有成功探索，政策支持有新加强，今后一个时期将是黄金发展的机遇期。

二、面临挑战

机遇与挑战并存。在看到农机社会化服务取得的成绩、面临的机遇的同时，也要清醒地认识到当前存在的突出问题。主要表现在：一是服务组织化程度不高。农机合作社凝聚力、服务能力和规范程度、带动性有待进一步提升。多数农机户还习惯于散兵作战，各服务主体之间缺乏有效的协调，丘陵山区和贫困地区还有不少乡镇没有农机合作社。二是服务领域不宽，配套性不够。当前我国平原地区粮食生产环节农机作业服务领域相对发达，丘陵山区、其他特色作物及养殖业方面的农机服务相对薄弱。单项环节服务多，全程服务较少。农机租赁、金融、信息等服务刚刚起步，还不能充分满足广大农民的需求。三是服务市场规范化不够。相关服务标准、服务规范建设滞后，“约定有合同、内容有标准、过程有监管、质量有保证”的服务模式还不普及，无法有效保障农户利益。四是实用人才缺乏。服务组织普遍缺少吸引人才、留住人才的有效机制，合作社熟练机手青黄不接、管理人才缺乏现象普遍，与农机企业、科研院所、公益性推广机构的深度合作有待加强。五是扶持政策还不够丰富。目前，对农机服务组织的直接支持政策不多，融资难、用地难、维修难等问题还比较突出，现有政策体系还需要进一步创新、完善，政策的精准性、配套性还有待加强。要站在乡村振兴战略和农业现代化发展全局的高度，充分认识农机社会化服务提档升级发展的重要性、紧迫性，主动适应新形势新任务新要求，坚持问题导向，创新思路，主动作为，奋力提高我国农机社会化服务整体水平。

第三节　推进农机社会化服务提档升级的目标任务

当前和今后一个时期，推进农机社会化服务提档升级的总体思路目标是：以更好地满足广大农民日益增长的多样化高质量农机服务需求为目标，以提高农机利用效率和经营效益为核心，以组织创新、机制创新为动力，以推进农机农艺融合、机械化信息化融合、农机服务模式与农业规模经营融合为重点，培育发展各类农机服务新主体、新模式、新业态，推进农机服务向农业生产全过程、全产业和农村生态、农民生活服务领域延伸，优化创新链、扩大服务链、拓展产业链、提升价值链。力争到2025年，基本形成总量适宜、布局合理、经济便捷、专业高效的农机社会化服务体系，为发展农业农村现代化、实施乡村振兴战略提供坚强支撑。

一、围绕优化农机装备资源配置，积极促进多元农机服务主体融合发展

当前，一些地区农机服务主体散小弱、传统机具重复配置、作业服务无序竞争现象比较突出。要着眼于机具利用共享、作业对象稳固、服务综合配套，引导农机服务资源多层级多形式整合。既要引导农机专业户、农机合作社之间的合作，形成服务联盟、联合社、作业公司，又要引导农机服务主体与家庭农场、种养大户、龙头企业、村集体经济组织通过“机农联姻”、订单作业、生产托管等形式稳定合作关系。同时，要鼓励农机或农资产销企业及其他社会资本与农机服务主体合作，共同开展农机作业、专业维修、农机租赁服务，共享机具资源和市场资源，促进各类主体扬长补短、各类要素资源聚集整合，实现融合发展、协同发展、良性发展。引导农机服务组织利用自身装备优势，围绕市场需求拓展思路，把服务领域向当地特色优势产业、农业废弃物资源化利用、农村环境整治等农业生产、农村生态全过程延伸。

二、围绕助推多种形式的适度规模经营，探索发展“全程机械化＋综合农事”等“一站式”配套服务模式

当前，随着高标准农田建设、农户耕地互换并块、丘陵山地宜机化改造工作的开展，机械规模化作业条件正在加快改善。单打独斗的农机户，缺门少类的机械装备，耕种收单环节的服务供给，越来越难以满足广大农民及多种形式规模经营对全程机械化服务的现实需求。由不同主体提供的农机作业、农资供应等服务，既给生产环节集成配套、农机农艺融合带来难度，又增加了服务层级和生产成本，应积极探索在粮棉油糖作物主产区，特别是村集体组织动员能力较强、社会化服务需求较集中的区域，依托有实力的农机作业服务主体升级建设“全程机械化＋综合农事”服务中心，为农户提供全程机械作业、农资统购、培训咨询及储藏加工、产销对接、金融对接等产前产中产后“一站式”服务。这种模式的核心是通过提供经济便捷的耕种收管等全程机械化作业托管服务，与一定区域农户建立信任关系，形成服务“黏性”，以集中连片的服务规模和标准化生产方式，大幅度降低作业成本，提高与有关企业进行农资采购、产品销售的议价空间，服务组织在帮助农民省心省钱增收的基础上，在不增加经营风险的前提下，获得综合效益。推进“一站式”服务中心建设，就是要把区域内的现有农机资源整合进来统一开展服务、互补短板、互利共赢，防止对农机大户等从业群体形成挤出效应。2019年农业农村部组织开展了“全程机械化＋综合农事”服务中心典型案例征集活动，在各地推荐的基础上，按照服务基础好、全程农机作业服务能力强和综合农事服务成效显著

的标准，首批遴选推介了70个典型案例。这些典型案例所涉及的服务组织，都能瞄准市场需求，充分发挥农机装备优势，围绕做强农机服务主业、做实农事服务、做好科学管理，加快补齐服务短板、增强服务能力，善于创新服务模式、优化服务机制、增强服务效果和收益，注重满足多样化服务需求、主动延伸拓展服务链条、支撑粮食及特色产业发展，有效地促进了农业节本增效和科技应用水平提升，为推动解决一家一户种地难题、发展多种形式适度规模经营提供了有力支撑。

三、围绕持续增强发展后劲，大力加强农机社会化服务制度规范建设和高素质人才队伍建设

经过二十多年的发展，我国农机服务主体及从业人员总体数量不少，当前已经进入规范发展、素质提升的关键阶段。各级农机部门要培养建立专门的辅导员队伍，长期跟踪指导农机合作社、作业公司等新型服务主体，从组织架构、管理方式、规章制度、利益分配机制等入手，提升规范化运营水平。发挥行业协会自律功能，建立健全农机服务标准体系，针对不同地区、不同环节制定服务标准和操作规范，引导服务主体严格遵守服务承诺、履行服务合同。加强农机实用人才队伍建设，培养造就一支既精通农机驾驶、维修技术，又懂农业、农艺栽培技术的新型农机能手。依托新型农业经营主体带头人轮训计划，执行《农机合作社带头人培训大纲》，充分利用高等院校、农机企业等各类培训资源，重点加强农机合作社理事长培训，让他们成为既懂生产又善管理的新型农机

职业经理人。搭建平台、创造条件，支持农业院校师生到农机合作社示范社开展社会实践。引导合作社采取技术入股、赠予股份等形式，吸引和留住人才。鼓励大中专毕业生、农机推广科技人员等返乡下乡创办领办新型农机服务组织，打造一支引领农机社会化服务提档升级发展的生力军。

四、围绕提升管理服务效率，加快互联网、物联网、大数据等信息化技术在农机社会化服务中的有效应用

要加强农业机械化与信息化融合的顶层设计，研究制定农机装备制造、流通、监督管理、作业服务等信息化融合框架，从而推动农机信息数据格式标准及数据传输接口规范一致性，促进信息互联共享，为农业机械化大数据形成创造条件。大力推行“互联网＋”农机服务方式，完善“农机直通车”等农机服务、调度管理信息平台，鼓励开发“滴滴”农机类App，为“有机户”和“需机户”牵线搭桥，促进作业农机的有序流动和提供快捷便利服务。要加快发展农机作业过程信息化，引导大中型农业机械配备导航定位、作业监测、维修诊断、自动驾驶等装备，配套完善信息采集分析系统，既可帮助机手实现作业精准化、轻便化，同时可为相关政策实施提供远程监管手段，还将有助于解决农机租赁、农机信贷、二手机交易业务中信息不对称问题，促进相关服务发展。要用信息化手段助推管理精细化，组织社会力量开发应用“农机合作社(服务组织)管理”App，帮助服务组织更好提高管理能力和农机利用效率。

五、围绕解决制约新型主体发展壮大的瓶颈问题，进一步完善农机社会化服务支持保障措施

要认真落实《国务院关于加快推进农业机械化和农机装备产业转型升级的指导意见》(国发〔2018〕42 号)和中国共产党中央委员会办公厅、国务院办公厅《关于加快构建政策体系培育新型农业经营主体的意见》确定的财政税收、基础设施建设、金融信贷等各方面的相关政策措施。加大农机购置补贴政策支持力度，对包括农机作业服务组织的各种新型农业经营主体购机应补尽补。针对融资难问题，积极推动大型农机具产权抵押贷款和生产服务订单融资；鼓励农机产销企业、金融企业单独或合作开展农机金融(融资)租赁业务，解决新型主体生产急用的大型机械购置更新不足问题，通过融资租赁方式获得农机的实际使用者按规定享受农机购置补贴。针对用地难问题，推动制定出台补充规定，落实国家关于农机场库棚建设用地政策；在适宜地区支持农机服务主体以及农村集体经济组织等建设集中育秧、集中烘干、农机具存放等设施；创新基础设施建设机制，积极推广江苏泰州、上海松江等地经验，协调地方统一规划布局、出资支持建设集中烘干、维修等公共性农机设施，实行用地及设施所有权与实际使用权分离。将合作社示范社纳入新型农业经营主体生产经营直报系统，推行点对点对接信贷、保险和补贴等服务。通过政府购买服务等方式，支持符合一定资质条件的农机服务组织从事可量化、易监管、受益广的农业(农业机械化)公益性服务，当前要引导农机合作社等服务主体积极申请承担深松整地等作业补助项目、全程机械化试验示范项

目、以生产托管为主的农业生产社会化服务补助项目。注重典型示范引领，及时总结宣传新主体新模式新业态。积极协调争取对开展全程机械化服务达到一定规模的“五有”型农机服务组织、综合农事服务中心，采取先建后补、以奖代补等形式，鼓励其加大配套机具和设施投入，提高服务能力，打造服务品牌，从而推动农机服务组织整体建设和社会化服务跃上新台阶。

第七章　农机安全监督管理

农机安全生产是国家安全生产的重要组成部分。农机安全监督管理是农业农村部门的法定职责。做好农机安全监督管理，预防和减少农机事故，对保护农民生命财产安全、促进现代农业建设、保障农村社会稳定具有重要意义。本章主要介绍农机安全监督管理的工作内容、发展历程、管理体制、重点任务和改革发展等内容。

第一节　农机安全监督管理概述

一、基本概念

农机安全监督管理，是指县级以上人民政府农业农村、工业、市场监督管理等有关部门，依据法律和法规规定，对农业机械生产制造、销售流通、使用操作、维护修理、报废淘汰等全生命周期涉及的安全问题，开展的有关规划、组织、协调、控制、监督、检查以及处罚等管理活动。农机安全监督管理是一个多部门共同开展的综合管理行为。本章所称农机安全监督管理，是指农业农村部门及其农机安全监理机构和农业综合执法机构，对农业机械使用操作过程中的安全监督管理工作。主要涉及以下概念：

(一)安全生产

安全生产，是指在社会生产活动中，通过采取一系列措施，有效消除或控制危险因素，防止和减少人身伤亡和财产损失等事故发生，使生产过程在符合安全规定的条件下有效进行的一种状态。安全生产工作应当坚持以人为本，坚持安全发展，坚持安全第一、预防为主、综合治理的方针，防止和减少生产安全事故，保障人民群众生命和财产安全，促进经济社会持续健康发展。安全生产是安全与生产的统一。

(二)农机安全生产

农机安全生产，是指在农机作业服务等生产活动中，通过采取一系列措施，有效防止人身伤亡和财产损失等事故发生，使农机作业服务在符合安全规定的条件下有效进行的一种状态。农机安全生产活动是由人、机、环境、管理等要素构成的生产和管理系统。农机安全生产是农业安全生产的重要组成部分，是国家安全生产的重点领域。

(三)农机安全生产管理

农机安全生产管理，是指农业农村部门和农机作业服务组织运用行政、法律、经济、教育和科学技术等手段，协调生产与安全的关系，使农业机械满足社会和个人安全方面的要求，保证农业生产和农机作业有效进行的一系列管理活动。农机安全生产管理有广义和狭义之分。广义上讲，是指为了实现农机安全生产目标，农业农村部门及其农机安全监理机构、农业综合执法机构等主管部门，对农机安全生产进行的行政许可、监督检查、违法治理、事故处理等一系列管理活动。狭义上讲是指农机作业服务组织进行的安全管理活动。

(四)农机安全监理

农机安全监理,是指农机安全监理机构和农业综合执法机构,依照国家法律、法规和部门规章的规定,对拖拉机、联合收割机等危及人身财产安全的农业机械及其驾驶操作人员进行的安全监督管理活动。其目的是通过保障农机的安全技术状态,提高驾驶操作人员的安全意识和技能,预防和减少农机事故发生,保护生命财产安全。农机安全监理,是农业机械化行政管理工作的重要组成部分。

二、发展历程

中华人民共和国成立以来,伴随着我国农业生产方式的变化,农业机械在农业生产中从无到有、从少到多、从小到大、从集中到分散再到集中,农机安全监督管理大致可归纳为 5 个阶段。

(一)机务管理时期(1949—1980 年)

这一时期,农业机械化发展主要以国家投入为主,国有农场、人民公社和农村集体组织拥有并使用农业机械,农机安全监督管理工作主要是面向国有农场、国营拖拉机站和社队农机站(队),重点是机务安全管理。为加强农机安全使用,农业部分别于 1952 年和 1955 年发布《国营机械农场机务工作规章》《农业机器拖拉机站暂行机务规程》。1978 年,农林部印发《农村人民公社农业机械机务管理规章》,明确了拖拉机田间作业安全操作规程、机耕作业通则、机具使用、保养工作等要求，规定拖拉机驾驶员必须经县农机管理部门考核合格并发给田间驾驶证，机组要设安全员。公社农机站、大队农机队要建立群众性的安全生产组织，公社农机管理站要有兼职安全检查员和监理员，县以上农机管理部门要有专职安全监理员。监理人员有权进行安全检查，制止违章操作。

（二）社会化管理时期（1981—1985年）

这一时期，国家逐步允许农民购置和使用农业机械。农业机械化主管部门适应家庭承包经营的发展，针对农民购买使用农业机械的特点和需要，积极探索农机安全监督管理新途径，形成了面向市场、开展社会化管理服务的新格局，农机安全监理的工作性质、职责任务、机构设置等在实践中逐步得以明晰。

1981年，农业机械部公布实施《农用拖拉机及驾驶员安全监督管理规章》，要求各级农机管理部门严格执行规章制度，与交通、公安部门加强协作，抓好机手和农机安全监督管理人员的教育培训，明确了拖拉机管理、驾驶员管理、违章处理、事故处理等职责。1984年，国务院颁布《关于农民个人或联户购置机动车船和拖拉机经营运输业若干规定》，明确规定农民个人或联户的农用拖拉机，由县、市以上农机监理部门负责检验，并办理报户（过户）、发牌证手续；其驾驶人员，必须按有关规定进行考试、考核，取得合格证照；农用拖拉机上公路行驶，其证照还须按规定加盖当地公安或交通部门公章，并由公安、交通部门对其行使交通安全管理和事故处理权。同年，农牧渔业部颁布《农用拖拉机及驾驶员安全监理规章》，明确农牧渔业（机械）厅、局为拖拉机及驾驶员的安全监理主管部门，下设农机安全监理专管机构，负责本省、直辖市、自治区的农机安全监理工作；市（地区）、自治州、县各级均设置农机安全监理机关，在当地人民政府的农机管理部门领导下具体负责安全监理工作，农机安全监理专管机构和农机安全监理机关属于国家行政机关。到1985年年底，已有20个省（自治区、直辖市）、280多个地（市）、2 200多个县（旗、区）成立了农机安全监理机构，专职农机安全监理人员1.4万人。

（三）职能调整时期（1986—2003年）

这一时期，越来越多的拖拉机等从事道路交通运输作业，并伴随大量事故发生。如何管理上道路行驶的拖拉机和农用运输车，成为当时面临的主要问题。1986年10月，国务院印发《关于改革道路交通管理体制的通知》，针对拖拉机既从事农田作业又从事运输的特殊性，明确规定除专门从事农田作业的拖拉机及其驾驶员由农业（农机）部门负责外，凡上道路行驶的专门从事运输和既从事农田作业又从事运输的拖拉机及驾驶员，由公安机关按机动车辆进行管理。有关道路行驶安全技术检验、驾驶员考核、核发全国统一的道路行驶牌证等项工作，公安机关可以委托农业（农机）部门负责，并有权进行监督、检查。1987年9月，公安部、农牧渔业部联合印发《关于农用拖拉机道路交通管理问题的通知》，落实国务院有关精神。各地农业机械化主管部门适应国家道路交通管理体制改革的新形势，积极协调落实拖拉机道路交通委托管理工作。

1988年3月，国务院公布《道路交通管理条例》，重申了拖拉机委托管理的职责与要求。按照农业部的要求，各地农机安全监理机构在做好拖拉机委托管理的同时，积极拓展农机安全监理范围，探索农机安全全面监理新模式，农机安全监理业务覆盖了隐患较大、事故较多的拖拉机、联合收割机、农用运输车、脱粒机等农业机械。

这一时期，农机安全监理法规、标准和制度建设，安全监理机构的设施装备等基础条件也得到加强和改善，基层农机安全监理人员的数量逐步增加。1993 年 1 月，农业部印发实施《农机安全监理员管理办法》。1995 年 3 月，国家计委、财政部联合发出《关于“九二”式拖拉机牌证收费标准的通知》；1996 年 1 月，国家技术监督局批准发布《农业机械运行安全技术条件　轮式拖拉机》等 13 项有关强制性标准；1997 年 12 月，农业部重新修订《农用拖拉机及驾驶员安全监理规章》；1999 年 4 月，《农业机械号牌》《农业机械驾驶证》《农业机械行驶证》3 个行业标准开始实施。从 1997 年开始，农业部在全国组织开展“文明监理、优质服务”示范窗口创建活动，并于 1998 年、2000 年和 2002 年分三批公布了 288 个国家级示范窗口。2003 年 4 月，农业部发布《关于组织开展“农机安全村”活动的通知》，农机安全监理工作在农村最基层得以较为深入、规范的开展。

2001 年，全国农用运输车拥有量达到 869 万辆，仅次于拖拉机拥有量，同年农业部印发《关于加强农机安全监理工作的通知》，要求对包括农用运输车在内的农业机械实行全面的安全监理。

(四)依法管理时期(2004—2011年)

这一时期,以2004年颁布的《道路交通安全法》《农业机械化促进法》以及2009年国务院公布的《农业机械安全监督管理条例》为标志,农业机械安全管理工作进入依法监管新时期。此后,与《道路交通安全法》《农业机械化促进法》《农业机械安全监督管理条例》配套的相关规章和规范性文件相继出台,农机安全监督管理的法律法规体系不断完善。

2004年5月,《道路交通安全法》实施,法律授权农业(农业机械)主管部门对上道路行驶的拖拉机登记、检验、核发牌证和对拖拉机驾驶员考试、发证的职责。农用运输车按低速载货汽车划归公安部门管理,农机部门和公安部门对拖拉机和农用运输车的管理职能以法律的形式予以规范。2004年6月,国务院印发《对确需保留的行政审批项目设定行政许可的决定》,将“联合收割机及驾驶员牌照核发”设为行政许可,由农业机械化主管部门行使许可权。同年9月,农业部颁布实施了《拖拉机驾驶培训管理办法》《拖拉机驾驶证申领和使用规定》《拖拉机登记规定》。

2004年11月,《农业机械化促进法》实施。2005年,农业部农机监理总站印发《中国农机安全监理行业标识规范使用手册(Ⅵ系统)》。2006年8月,国务院办公厅印发《安全生产“十一五”规划》,把农业机械安全纳入全国安全生产13个重点行业和领域。2006年10月,农业部发布《联合收割机及驾驶人安全监理规定》。2007年1月,国务院安全生产委员会印发《关于下达2007年全国安全生产控制考核指标的通知》,第一次向地方政府下达农业机械事故控制考核指标。

同年2月,农业部和中国保监会联合印发《关于切实做好拖拉机交强险实施工作的通知》,明确了各地拖拉机交通事故责任强制保险的基础费率标准。同年,“农机事故统计月报表”和“农业机械及驾驶(操作)人登记情况统计表”作为《农业机械化管理统计报表制度》的组成部分,纳入法定统计范畴。

2009年11月,国务院公布施行《农业机械安全监督管理条例》,建立健全了农业机械生产、销售、维修、使用操作、事故处理、监督管理等有关管理制度,构建了统一、完整的农业机械安全监督管理体系,为农业机械安全监督管理工作提供了法制保障。《条例》强化拖拉机、联合收割机使用操作的安全管理,对拖拉机、联合收割机的驾驶操作人员实行资质管理;明确对危及人身财产安全的农业机械进行免费实地安全检验,对在用特定种类农业机械实施安全鉴定和重点检查;规定建立农业机械淘汰制度、危及人身财产安全的农业机械报废和回收制度;规范农业机械事故处理程序和农业机械化主管部门等相关部门的监督和服务行为,明确了各方面的法律责任。

2010年12月,农业部公布《农业机械事故处理办法》,2011年1月,农业部印发《关于加强农机事故应急管理工作的意见》,建立了农机事故处理和应急管理机制。2011年7月,农业部印发《关于进一步加强农机安全监理工作的意见》,强调对上道路拖拉机运输机组查验交强险投保证明,将缴纳交强险的范围进一步明确为上道路拖拉机运输机组。

2011年10月,国务院办公厅印发《安全生产“十二五”规划》,要求加强农机安全监督管理机构基础设施及装备建设,推进"平安农机示范县"建设。同时,农业部办公厅印发《全国农业机械安全监理"十二五"规划》,明确了"十二五"期间农业机械安全监理工作的指导思想、主要目标、主要任务、重点工程和保障措施。

(五)深化管理改革时期(2012年至今)

2012年1月,农业部办公厅印发《关于贯彻落实农机安全监理惠农政策的通知》,要求各地贯彻落实好财政部和国家发展改革委印发的《关于免征小型微型企业部分行政事业性收费的通知》,从2012年起对小型微型企业免征农机监理行政事业性收费。一些地区也相继出台了农机全面免费监理、政策性保险和免费实地安全检验等多项农机安全监理惠农政策。2016年财政部、国家发改委印发《关于扩大18项行政事业性收费免征范围的通知》,自2016年5月1日起,将对小微企业免征的18项行政事业性收费的免征范围扩大到所有企业和个人,涉及拖拉机号牌(含号牌架、固定封装置)费、拖拉机行驶证费、拖拉机登记证费、拖拉机驾驶证费、拖拉机安全技术检验费5项行政事业性收费。在此政策带动下,不少地区同时免收考试费和联合收割机监理费。农机安全监理进入免费管理的新时期。

2015年5月,国务院召开全国推进简政放权放管结合职能转变工作电视电话会议,推进简政放权、放管结合、优化服务,深化行政体制改革,切实转变政府职能,进一步释放市场活力和社会创造力。农机安全监督管理工作按照国务院的统一要求和部署,在取消农机监理收费的同时,通过修订规章制度等措施积极推进“放管服”改革。2018 年，农业部对拖拉机和联合收割机牌证管理有关规章制度进行了修订，公布实施了新的《拖拉机和联合收割机驾驶证管理规定》《拖拉机和联合收割机登记规定》和有关工作规范，合并精减证照种类及数量，简化业务环节，取消驾驶证实习期，建立新机免检制度，放宽驾驶证申领截止年龄到 70 周岁，允许境外人员申领驾驶证，压缩考试时间，优化考试内容，将出具身体条件证明的医疗机构由县级扩大到乡镇或社区以上医疗机构，开展送检下乡、送考下乡、送安全知识下乡等便民措施。这些措施的出台，标志着符合新时代要求的农机牌证管理新制度体系已经建立，农机安全监管“放管服”改革取得了显著成效。期间，“平安农机”创建活动和农机报废更新补贴政策取得重要突破。

2012 年 7 月，国务院印发《关于加强道路交通安全工作的意见》，要求深入开展“平安农机”创建活动，改善农村道路交通安全环境，明确提出完善农业机械安全监督管理体系，加强对农机安全监理机构的支持保障，积极推广应用农机安全技术，加强对拖拉机、联合收割机等农业机械的安全管理，强化政府投资对道路交通安全投入的引导和带动作用，将交警、运政、路政、农机监理各项经费按规定纳入政府预算。2017 年 1 月，国务院办公厅印发了《安全生产“十三五”规划》，要求深入开展“平安农机”创建活动，完善农机注册登记制度，改革农机安全检验制度；加强对重点农业机械、重要农时、农机合作社和农机大户的安全监管；推广先进适用的农机安全执法、检验、驾驶人考试、事故调查处理装备。2020 年

2月,农业农村部办公厅、财政部办公厅、商务部办公厅联合印发《农业机械报废更新补贴实施指导意见》,将农机报废更新补贴扩大至全国范围实施,标志着农机安全监管工作全面进入政策支持、依法监理、绿色安全、便民高效管理的新时代。

三、发展成就

我国农机安全监督管理从无到有,从初期探索到改革开放得以快速发展,《道路交通安全法》《农业机械化促进法》和《农业机械安全监督管理条例》的相继实施,推进我国农机安全进入依法管理的新阶段。免费监理和"放管服"改革的深入推进,开创了我国农机安全监督管理的新局面,在保障农民生命财产安全和促进农业机械化高质量发展方面发挥了重要作用。

(一)安全监管法规体系不断完善

国家层面,《道路交通安全法》《农业机械化促进法》《安全生产法》《行政许可法》以及《农业机械安全监督管理条例》等法律法规,《拖拉机和联合收割机驾驶证管理规定》《拖拉机和联合收割机登记规定》《拖拉机驾驶培训管理办法》《农业机械事故处理办法》《联合收割机跨区作业管理办法》等部门规章,《拖拉机和联合收割机驾驶证业务工作规范》《拖拉机和联合收割机登记业务工作规范》《农机安全监理机构建设规范》《农机安全监理人员管理规范》等规范性文件,《农业机械运行安全技术条件》等30多项国家标准和《拖拉机号牌》等30多项行业标准相继发布实施;地方层面,各地农机安全监督管理或农机安全监理地方法规、规章和规范性文件不断完善,《小型多功能拖拉机运行安全技术条件》等多项地方标准公布实施,共同构成了较为全面的农业机械安全监督管理法律、法规和标准体系,为规范农机安全使用、强化依法依规监督管理提供了制度保障。

(二)组织机构和人员队伍不断健全

随着农机安全监督管理工作的发展,农机安全监督管理组织机构不断健全,人员队伍不断壮大,体系不断完善。目前,全国共有县级以上农机安全监理机构和农业综合执法机构约 3 000 个,监理人员和农机安全执法人员在 3 万人以上。不少地方在县级以下设立农机安全监理派出机构,在乡镇、村设立农机安全监理员或农机安全协管员,农机安全监理基层网络得以延伸,已基本形成了县级以上有机构、县级以下有组织、有人员的国家、省、市、县、乡、村六级农机安全监理体系,共有专(兼)职农机安全监理人员 12 万多人。一些地方还成立了农机安全协会、农机安全互助协会等。监管网络不断完善,监管体系不断向乡村两级延伸,监理机构向综合执法机构改革步伐加快。这些组织机构和管理人员在增强农机驾驶操作人员的安全生产意识、强化自律行为、保障农机安全生产等方面发挥了重要的作用。

(三)安全生产扶持政策基本建立

积极争取、创设农机安全监管扶持政策,让广大农民群众共享经济社会发展成果。贯彻政府工作报告和财政部、国家发改委《关于扩大 18 项行政事业性收费免征范围的通知》,争取财政经费,推进农机安全免费监理,实现免征“拖拉机号牌(含号牌架、固定封装置)费、拖拉机行驶证费、拖拉机登记证费、拖拉机驾驶证费、拖拉机安全技术检验费”5项农机监理行政事业性收费政策全覆盖。有条件的地方积极争取免征考试费。全国全面实施农机报废更新补贴工作,推进老旧机械报废更新,促进农机结构调整、节能降耗和安全发展。部分地区积极争取资金开展农机保险保费补贴试点工作,探索具有农机特色的保险补贴制度,提高农机户、农机作业服务组织的风险防范能力。一些地区积极扩大农机防护性能提升试点范围,减少农机安全隐患,增强农机事故防范能力。安全监理惠农政策的实施范围不断扩大,减轻了农业生产企业和农民负担,提升了安全监管效果。

(四)安全监管手段与机制不断创新

伴随着全国农机安全监理信息网络的建设与应用,农机安全监管业务大多实现网上办理,显著提高了工作效率。便携式、移动式拖拉机安全技术检测技术与装备的研发应用,提高了拖拉机安全技术检验的效率和科学性。各类智能化和计算机测控等高新技术不断被应用于驾驶人培训、考试等领域,丰富了农机安全培训形式,提高了考核的科学性。全国农机安全监管机构深入开展“为民服务创先争优”创建活动,共推出216个部级示范窗口和781个示范岗位标兵,监理人员服务意识和能力水平明显提升。“平安农机”创建活动不断深化,共创建983个全国“平安农机”示范市、县。各地积极推进农机安全生产文化建设,安全宣传活动也不断丰富。“安全生产月”“安全宣传咨询日”等活动持续开展,促使宣传教育不断深入、宣传形式不断创新。通过编印安全宣传教材、举办安全培训班、开展事故警示教育、知识技能竞赛等多种形式,带动农机驾驶操作人员安全意识不断增强。各级党委政府对农机安全生产工作更加重视,公安、交通、财政、应急管理等多部门协作机制进一步巩固,农机安全工作基础更加牢固。

(五)农机安全生产水平明显提高

通过强化农机安全监理,深入开展农机安全人员培训、宣传教育、车辆检验、隐患治理等工作,驾驶操作人员安全意识明显增强,农业机械可靠性、安全性能明显提升,事故率明显降低,农机安全生产水平明显提高。据统计,2019 年全国累计报告农机事故(含农机道路交通事故)2 218 起,死亡 748 人,受伤 1 906 人,直接经济损失 1 152 万元,与《道路交通安全法》和《农业机械化促进法》开始实施的 2004 年相比(农机事故 16 790 起,死亡 4 856 人,受伤 14 612 人,直接经济损失 3 982 万元),农机事故四项指标分别下降了 86.8%、84.6%、86.9%和 71.1%,农机安全生产形势持续向好,拖拉机和联合收割机“三率”(上牌率、持证率、检验率)综合水平持续提高,农机安全生产和安全监管水平大幅度提升,为构建和谐社会做出了积极贡献。

第二节　农机安全监督管理体制

一、责任体系

按照“党政同责、一岗双责、失职追责”和“管行业必须管安全、管业务必须管安全、管生产经营必须管安全”的要求，各级党委政府和农业农村部门及其农机安全监理机构和农业综合执法机构，在各自职责范围内对农机安全实施监督管理，依法履行农机安全监管职责，建立健全农机安全生产责任体系。

(一)党委政府领导责任

各级党委政府对农机安全生产负有领导责任，健全落实“党政同责、一岗双责、齐抓共管、失职追责”的安全生产责任制。将农机安全生产工作纳入各级党委和人民政府安全生产的工作重点和考核内容，纳入安全生产和农业机械化发展规划，担当起党委政府对农机安全生产工作的领导责任。

(二)农业农村部门监管责任

各级农业农村部门、农机安全监理机构和农业综合执法机构负有监督管理责任，履行农机安全生产监管职责。加强基层农机安全监管力量，推动建立健全乡镇和行政村农机安全生产责任制。加强农机安全监管人员培训，强化经费保障和装备建设。建立权力清单和责任清单，确保事有人做、责有人负，构建职责明确、监管到位、运行高效的农机安全生产监管工作机制。

(三)生产者主体责任

农机合作社、农机大户和农机手等农机作业服务经营主体对农机安全生产负有主体责任。农机安全生产必须压实生产主体责任，强化法定代表人和实际控制人履行第一责任人的安全责任，设立农机安全员，建立全员安全生产责任制。

加强生产者安全制度建设,完善和落实安全生产举报奖励和教育培训等制度,确保农机作业安全。

(四)严格事故责任追究制度

按照国务院《关于特大安全事故行政责任追究的规定》和《关于进一步加强企业安全生产工作的通知》,对安全生产责任实行严格追究。对发生亡人农机事故或特大以上农机事故的,按照“四不放过”(事故原因未查清不放过、责任人员未处理不放过、整改措施未落实不放过、有关人员未受到教育不放过)的要求,实行责任倒查,追究有关责任部门、责任单位、责任人的责任。触犯法律的,依法追究相关责任人的法律责任。对非法违法生产或行为而造成人员伤亡以及瞒报谎报事故、事故后逃逸等情节特别恶劣的,依法从重处罚。

二、管理机构

在国务院及地方政府机构设置中,农机安全监督管理法定职能一般由各级政府的农业农村部门履行,其所属的农机安全监理机构提供技术支撑和服务支撑,农业综合执法机构负责行政处罚、行政强制等工作,有的乡镇政府设有农机监理员,协助县级主管部门开展工作,有的行政村和农机合作社等设有农机安全协管员。

(一)国家级

农业农村部主管全国农业机械化管理和农机安全生产监督管理工作,由农业机械化管理司具体负责,设有监督管理处。农业农村部农机鉴定总站、农业农村部农机推广总站为农机安全监督管理提供技术支撑,设有安全指导处和条件建设处承担具体工作。

农业机械化管理司涉及农机安全监督管理的职责主要有:组织有关法律法规规章的起草、修订工作,组织技术标准、监管工作规范规程的起草和修订,组织实施安全监理,负责拖拉机驾驶培训监管。农机鉴定总站、农机推广总站涉及农机安全监督管理的职能主要有:指导全国农机安全监理体系建设、业务能力培训和“平安农机”创建、信息化建设等工作;指导农机安全技术检验、驾驶技术考核、事故勘察处理、牌证管理业务等工作;承担农机安全监理相关法规规章、行业标准、技术规范的研究、制修订和论证等工作;承担农机安全生产检查、安全宣传教育、安全使用状况分析评估等工作;负责全国农机事故统计和分析,提出防控措施。参与指导地方处理重、特大农机事故;研究拟订全国安全监理装备设施配备及建设标准,并推广应用;组织开展农机安全监理仪器、装备的研究开发和选型推广工作;承担农机安全监理标志标识及牌、证等有关行政许可用品的式样研究、设计和订制管理工作。

(二)省(自治区、直辖市)级

各省级农业农村部门负责农业机械化发展和农机安全监督管理工作,由内设农业机械化管理处室具体承担,同时设有农机鉴定、农机推广、农机监理站(所)作为技术支撑单位,承担相关工作。

(三)地市和县级

地市和县级涉农部门多数都整合成立了农业农村局,负责农业机械化发展和农机安全监督管理工作,在农业农村局中设立农机科(股),同时设有所属事业单位农机监理站

(所),具体承担安全监理工作。按照行政审批制度改革和综合执法改革要求,一些地方将牌证核发统一划归当地行政审批机构,将农机安全行政检查、行政处罚、行政强制等执法职能,统一划归当地农业综合执法机构,形成行业主管部门、农机安全监理机构、农业综合执法机构分工负责、协同推进的农机安全监督管理体系。

(四)乡镇(街道)级

《安全生产法》规定,乡、镇人民政府以及街道办事处、开发区管理机构等地方人民政府的派出机关应当按照职责,加强对本行政区域内生产经营单位安全生产状况的监督检查,协助上级人民政府有关部门依法履行安全生产监督管理职责。《全国农业机械化安全生产"十三五"规划》指出,强化乡镇政府农机安全生产监管责任,积极发展村级农机安全协管员,解决好农机安全监管"最后一公里"监管空白的问题。通过签订农机安全生产责任书等方式,落实农机合作组织、家庭农场、农机大户、农民机手等生产经营者的主体责任。

三、管理职能

根据国家有关法律法规、部门职能和国务院有关文件规定,农机安全监督管理的职能归纳起来主要有10个方面:

(一)落实安全生产政策法规

严格执行国家有关安全生产的方针政策和决策部署,贯彻有关法律法规,落实《安全生产法》《农业机械化促进法》《道路交通安全法》及其实施条例、《农业机械安全监督管理条例》、农业农村部关于农机安全监理方面的各项规章及其工作规范,地方管理部门贯彻落实农机安全监理地方法规和政府规章等。结合行业实际,研究制订全国或地方农机安全监理发展的政策和规划、规章及监理工作规范或配套制度、安全监管标准,并组织实施。

(二)拖拉机和联合收割机驾驶证管理

根据《行政许可法》《道路交通安全法》《农业机械安全监督管理条例》《拖拉机和联合收割机驾驶证管理规定》《拖拉机驾驶培训管理办法》,符合拖拉机、联合收割机驾驶许可条件的人员,可以向农机安全监理机构申领拖拉机、联合收割机驾驶证。申请人经培训后,参加农机安全监理机构组织的考试。经考试合格,由农机安全监理机构核发相应类别的拖拉机、联合收割机驾驶证。拖拉机、联合收割机驾驶证有效期满,证件持有人符合有关法律法规和有关条件的,向原发证的农机安全监理机构申请续展。拖拉机驾驶培训实行社会化,国家按照统筹规划、合理布局、公平竞争、保证质量的原则,对拖拉机驾驶培训机构实行资格管理,具备与其培训活动相适应的场地、设备、人员、规章制度等条件,取得省级农业农村部门颁发的《拖拉机驾驶培训许可证》,方可从事相关培训活动。

(三)拖拉机和联合收割机登记管理

根据《道路交通安全法》及其实施条例、《农业机械安全监督管理条例》及《拖拉机和联合收割机登记规定》等有关规定,应拖拉机、联合收割机所有人申请,农机安全监理机构负责对拖拉机、联合收割机进行登记,核发号牌、行驶证、登记证书,并建立登记档案。

(四)农业机械安全检验

根据《农业机械安全监督管理条例》《拖拉机和联合收割机登记规定》《农业机械实地安全检验办法》以及有关安全技术标准和检验规范的要求,农机安全监理机构负责对申请注册登记、初次领取牌证的拖拉机、联合收割机进行初次安全技术检验和对已经注册登记的拖拉机、联合收割机实施每年定期安全技术检验,对检验合格的核发安全技术检验合格标志,符合免检条件的可以免检;负责对机动植保机械、机动脱粒机、饲料粉碎机、插秧机、铡草机以及省级农业农村主管部门确定的对人身财产安全可能造成危害的其他农业机械进行定期实地安全检验。在组织安全检验时,应当充分发挥乡镇、村、农机专业合作社的作用。

(五)农机安全宣传教育

根据国家有关法律法规的规定,采取多种形式宣传农机安全生产的法律、法规和安全生产知识,增强安全生产意识。组织开展农机"安全生产月",推进安全宣传进企业、进农村、进社区、进学校、进家庭等"五进"。充分发挥新媒体传播快、影响大、覆盖广的优势,制作发布形式新颖、内容丰富的农机安全宣传教育短视频,提高宣传教育的有效性、针对性。农业生产者应当对农业机械驾驶操作人员进行农业机械安全使用教育和培训,提高农民机手的安全生产意识和驾驶操作水平。

(六)农机安全检查

根据有关法律法规、国务院和地方人民政府的部署要求，结合农机安全生产工作实际，组织开展农机安全检查、安全生产专项整治、隐患排查治理等活动，排查治理事故隐患，减少事故发生，保障人民群众生命财产安全。在农机安全检查中，如发现有安全隐患的，检查人员应当及时告知，并督促或责令落实安全防范和整改措施。对无牌行驶、无证驾驶、脱检、拼装改装、酒后作业等各类违法违章行为和违反驾驶操作规程的行为进行查纠查处。

（七）农机事故处理

根据《农业机械安全监督管理条例》《农业机械事故处理办法》《农业部关于加强农机事故应急管理工作的意见》等规定，负责农业机械事故的接报、受理、立案、现场勘查、调查取证、查明事故性质和原因、认定事故责任、协调事故的损害赔偿和调解等工作。在当地政府的领导下，会同应急管理、公安、卫生健康、交通运输等部门做好农机事故的应急处置工作，根据事故级别启动应急响应。

（八）农机安全违规处罚与强制

按照《农业机械安全监督管理条例》等法规，对不符合农机安全生产要求的有关行为进行责令停止使用、责令改正、罚款、扣押、没收违法所得、吊销证件等行政处罚和行政强制措施。主要包括：未按规定取得相应牌照的，责令补办相关手续、责令停止使用、扣押相关农机或罚款；未办理牌照便投入使用的，责令改正或罚款；证照不一致或违规驾驶操作的，对违法行为人予以批评教育，责令改正、罚款直至吊销证件；违反规定载人的，责令改正、扣押农业机械、吊销证件；被告知农机存在安全隐患但仍在使用的，予以批评教育、责令改正、责令停止使用或扣押有关农业机械。

(九)农机安全形势研判与预防

做好事故统计分析和报送,定期进行事故通报。对农机安全发展形势进行研判,分析事故发生规律,对典型事故案例进行通报,举一反三排查隐患,制定有针对性的农机安全生产预防措施,预防和减少农业机械事故。

(十)档案建设及法律法规赋予的其他事项

依照业务范围,做好农机安全监理档案的收集、分类、整理、立卷、归档,有效地保护和利用档案。主要包括行政许可(包括牌证和驾驶证管理档案)、农机事故处理、安全检查、违法违章行为处罚、实地安全检验、农机安全专项整治和隐患排查、安全宣传教育等档案建设与管理。此外,还应依法加强农机安全监督管理体系、执法队伍建设,组织开展“平安农机”建设活动,做好农机安全监理装备建设、农机安全监理信息化工作,指导农业机械淘汰报废和拆解监督工作,强化行风建设等工作。

四、法规标准

农机安全生产法规和标准,是规范农机安全生产行为、强化农机安全生产监督管理、协调处理纠纷的具体行为准则,涉及单位和个人都应严格遵守。与农机安全监管相关的法律有 6 部、法规 7 部、规章 5 部、规范性文件 8 部、标准 60 余项,从不同角度规范了农机安全责任、安全检查、事故处理、报废更新回收、培训考试、牌证管理等制度,形成了以法律为统领,规章、规范、标准为支撑的农机安全监管法规体系。

(一)法律

主要有《安全生产法》《农业法》《农业机械化促进法》《道路交通安全法》《刑法修正案》《突发事件应对法》6 部法律。

《安全生产法》是我国第一部全面规范安全生产的专门法律,明确了生产经营单位及其从业人员的权利和义务、安全生产监督管理部门依法行政的职权范围和应承担的法律责任。它是我国安全生产法律体系的主体法,是实现安全生产所必须遵循的行为准则,是有关部门进行监督管理和行政执法的法律依据,是制裁各种安全生产违法行为的有力武器。

《农业法》是保障农业在国民经济中的基础地位,维护农业生产经营组织和农业劳动者合法权益,促进农业和农村经济发展的重要法律。第二十条规定,国家鼓励和支持农民和农业生产经营组织使用先进、适用的农业机械,加强农业机械安全管理,提高农业机械化水平。

《农业机械化促进法》是我国第一部关于农业机械化的专门法律,明确了农业机械化在经济发展中的法律地位。内容涵盖农机产品开发、质量监管、鉴定推广、安全使用、维修管理、宣传教育等各个方面,是保障农机安全生产,促进农业机械化健康发展的重要法律依据。

《道路交通安全法》是我国第一部关于道路交通安全的法律,它对于维护道路交通秩序、预防和减少交通事故具有重要的意义。第一百二十一条规定,农业(农业机械)主管部门对上道路行驶拖拉机核发牌证、驾驶人考试发证和审验等职责。将上道路行驶拖拉机的登记、牌证核发、安全技术检验、驾驶证申领和审验，以及拖拉机驾驶培训学校、驾驶培训班的管理职权直接赋予了农业（农业机械）主管部门，厘清了管理界线和职责，为上道路行驶拖拉机的道路交通安全管理提供了依据和保障。

《刑法修正案》进一步明确了有关交通违法行为的处罚规定。《突发事件应对法》对突发事件应对活动作出了规定。

（二）法规

主要有《农业机械安全监督管理条例》《道路交通安全法实施条例》《机动车交通事故责任强制保险条例》《农业保险条例》等。

《农业机械安全监督管理条例》建立健全了农业机械生产、销售、维修、使用操作、事故处理、监督管理等有关管理制度，构建了统一、完整的农业机械安全监督管理体系，为农业机械安全监督管理工作提供了法制保障。明确了农业机械生产者的质量保证责任、农业机械销售者的质量控制责任；强化了拖拉机、联合收割机使用操作的安全管理，对拖拉机、联合收割机实行牌照管理，对拖拉机、联合收割机的驾驶操作人员实行资质管理；明确了对危及人身财产安全的农业机械进行免费实地安全检验，对在用特定种类农业机械实施安全鉴定和重点检查；建立了农业机械淘汰制度、危及人身财产安全的农业机械报废和回收制度；规范了农业机械事故处理程序和相关部门的监督与服务行为，明确了各方面的法律责任。

《道路交通安全法实施条例》对上道路行驶的拖拉机概念进行了界定，对其号牌悬挂、年检周期、特殊路况限速、挂车牵引等事项进行了明确规定,并对农业(农业机械)主管部门和公安交通管理部门对上道路行驶拖拉机的联合监管提出了具体措施和要求,第一百一十一条和第一百一十二条对有关上道路行驶拖拉机的道路交通安全管理问题作了进一步规定。

《机动车交通事故责任强制保险条例》明确了机动车交通事故责任强制保险制度的适用范围、各项原则、保险各方当事人权利义务以及监督管理机构的职责。其中第四条、第九条和第二十三条规定了农业(农业机械)主管部门有关职责。

《农业保险条例》建立健全了政策性农业保险制度。针对农业保险业务的特点,对农业保险机构、农业保险合同和农业保险业务经营进行了规范。第三十二条规定,保险机构经营有政策支持的涉农保险,参照适用本条例有关规定。涉农保险是指农业保险以外、为农民在农业生产生活中提供保险保障的保险,包括农房、农机具、渔船等财产保险,涉及农民的生命和身体等方面的短期意外伤害保险。

此外,《生产安全事故报告和调查处理条例》《生产安全事故应急条例》《国务院关于特大安全事故行政责任追究的规定》等行政法规的有关规定也适用于农机安全监督管理工作。

随着国家农机安全生产法律和行政法规的出台,各地也纷纷加快农机安全生产法制化进程,公布实施《农业机械化促进条例》《农业机械管理条例》等地方法规 37 部,因地制宜解决了地方执法的具体问题,对农机生产、操作使用、安全监管等做出更详细、全面的规定,使全国农机监理、推广、维修、培训、试验鉴定等工作更具有操作性。

(三)规章

农业农村部制定的涉及农机安全的规章有《拖拉机和联合收割机驾驶证管理规定》《拖拉机和联合收割机登记规定》《农业机械事故处理办法》《联合收割机跨区作业作业管理办法》和《拖拉机驾驶培训管理办法》5 部。

《拖拉机和联合收割机驾驶证管理规定》规定了拖拉机和联合收割机驾驶证管理的实施机构和驾驶证申请、考试、使用等规定，明确驾驶证申领年龄延长到 70 周岁，允许境外人员申领驾驶证，设立了驾驶证注销后有条件恢复的制度。

《拖拉机和联合收割机登记规定》规定了拖拉机和联合收割机注册登记、变更登记、转移登记、抵押登记、注销登记及不予办理注册登记、转移登记的情形，建立了新机免检制度，规定所有人自愿申领登记证书，可以在居住地办理相关业务，明确了登记业务监管责任。

《农业机械事故处理办法》明确县级以上地方人民政府农业农村主管部门负责、农机安全监理机构承担农业机械事故责任的认定和调解处理，对农业机械事故进行了分类，规定了事故受理、事故勘察、责任认定、损害赔偿调解、追究责任等内容。

《联合收割机跨区作业管理办法》规范了跨区作业市场秩序，维护了参与跨区作业各方的合法权益，对中介服务组织、跨区作业组织管理、跨区作业服务及其奖励与处罚措施作了明确规定。

《拖拉机驾驶培训管理办法》对拖拉机驾驶培训机构申

请许可的资格条件、审批程序、培训业务管理以及取消资格等方面作出了明确规定，规范拖拉机驾驶员培训行业管理，确保拖拉机驾驶培训质量。

截至2019年年底，各省（自治区、直辖市）在国家农机安全生产法律法规和地方性法规的基础上，公布实施了农业机械安全监督管理办法（规定）、农业机械事故处理办法（规定）、拖拉机驾驶安全违法行为记分办法、农业机械驾驶操作人员违章处罚规定等27部农机安全监管地方政府规章。

（四）规范性文件

现行的农机安全监管规范性文件主要有8个，对监理机构建设、人员管理、拖拉机和联合收割机牌证管理、事故处理文书制作等作出了具体的可操作性的规定，是农机安全法规制度的重要组成部分。主要包括：

《拖拉机和联合收割机驾驶证业务工作规范》明确了办理初次申领驾驶证、增加准驾机型、换证、转出、转入换证、补证、注销、恢复驾驶资格、违法记分管理等业务的程序和应当录入的信息内容，明确了驾驶人档案管理规定，规范了办理驾驶证业务使用的印章和使用范围。

《拖拉机和联合收割机登记工作规范》明确了拖拉机和联合收割机注册登记的业务流程，明确了办理登记、核发检验合格标志等业务的具体事项，规范了登记业务档案管理和印章使用管理。

《农机安全监理机构建设规范》对农机安全监理机构建设、人员队伍、设施装备、业务规范、服务标准和监督考核等方面进行了规定。

《农机安全监理人员管理规范》规定了检验员、考试员和事故处理员及非专业岗位人员的职责和条件，明确了监理人员考核、监理证件管理的要求，明确了监理人员的禁止行为。

《农业生产安全事故报告办法》明确了农业生产安全事故报告的职责分工、事故分类、报告程序和事故统计等内容。规定农业部农机监理总站负责农业机械事故统计工作。

《农业机械事故处理文书规范（试行）》明确了 32 个农业机械事故处理文书制作格式文本、归档和管理流程及基本要求，要求农机事故处理文书做到格式统一、内容完整、表述清楚、用语规范。

《农业机械实地安全检验办法》明确了实施实地安全检验农业机械的种类，实地检验的地点、方式和执行标准要求，明确了实施实地检验机构和农业机械所有人在实地安全检验中应尽的责任和义务，以及农业机械实地检验的方式、周期和检验结果的处理。

《农业行政执法文书制作规范》规定了监督检查、行政强制、行政处罚等农业行政执法文书制作的基本要求、具体文书适用及制作、文书归档及管理等。

（五）标准

农机安全标准是农机安全生产和监管活动中需要统一的技术要求。标准包括国家标准、行业标准、地方标准和团体标准、企业标准。国家标准分为强制性标准、推荐性标准，行业标准、地方标准是推荐性标准。强制性标准必须执行。国家鼓励采用推荐性标准。现有农机安全生产国家标准 34 项，农业行业标准 37 项，地方标准、企业标准和团体标准若干项。

现行的34个农机安全生产国家标准中，强制性标准33个，推荐性标准1个。如《农业机械运行安全技术条件》《机动车运行安全技术条件》《拖拉机安全要求》和《农林机械安全》等。农机安全监管工作中应用最多的是《农业机械运行安全技术条件》，明确了拖拉机、挂车及联合收割机的有关运行安全的基本技术要求，是对拖拉机、挂车及联合收割机实施安全技术检验的依据。《机动车运行安全技术条件》规定了拖拉机运输机组等机动车的有关技术要求。《拖拉机禁用与报废》规定了拖拉机禁用与报废的技术要求及经济指标。

与农机安全监管相关的行业标准有38项。其中基础标准有《农业机械事故处理图形符号》《农业机械机身反光标识》2项；管理标准有《拖拉机驾驶培训机构通用要求》《拖拉机号牌》《联合收割机号牌》《拖拉机和联合收割机驾驶证件》《拖拉机和联合收割机行驶证件》《农机安全监理证证件》《拖拉机和联合收割机安全检验技术规范》《联合收割机禁用与报废技术条件》等11项；技术标准有《拖拉机号牌座设置技术要求》《联合收割机号牌座设置技术要求》《微耕机安全技术要求》《拖拉机安全操作规程》《谷物联合收割机安全操作规程》等25项。

第三节　农机安全监督管理工作理念和重点任务

一、遵循原则

《农业机械安全监督管理条例》第三条规定，农业机械安全监督管理应当遵循以人为本、预防事故、保障安全、促进发展的原则。

（一）以人为本

以人为本是农机安全监督管理工作的基本要求。坚持以人为本首先是以人的生命为本，保障人民群众的生命安全和健康。对农业机械实施安全监督管理的农业农村、工业、市场监管等有关部门既要严格履行法定职责，严格执行法律、法规的规定，又要树立管理就是服务的理念和“以民为本、为民服务、帮民解困、助民增收、保民平安”的观念，想农民所想，急农民所急，提供人性化的管理与服务，真心实意为农民谋利益。在为管理相对人办理行政审批业务的过程中，要增强服务意识，为管理相对人提供热情、优质服务，坚决杜绝“门难进，脸难看，事难办”现象的发生。应当将法律、法规规定行政审批事项、依据、条件、程序、期限以及需要提交的全部材料的目录和文书格式等在办公场所公示，并为管理相对人提供必要的指导和帮助。能够当场受理的要当场受理，能够当场决定的要当场决定，尽可能多地为管理相对人提供便利。在对管理相对人实施行政检查和行政处罚过程中，要坚持依法行政，文明执法，倾听管理相对人的合理解释与合法诉求，尊重管理相对人的人格尊严，维护管理相对人的合法权益，以理服人，以情感人，不得粗暴执法、越权执法。

（二）预防事故

预防事故是农机安全监督管理工作应当遵循的重要原则。县级以上人民政府要高度重视农业机械事故预防工作，加强领导，加大宣传，增加对农业机械安全监督管理工作的投入，支持农业机械安全检验、培训、考试、宣传教育、事故勘验、安全检查等新技术、新方法、新装备的开发和推广应用，提高装备水平，不断改善农业机械安全监理手段，提高农业机械安全监理科学化、信息化、现代化水平，增强监管能力。工业和市场监管部门要在各自的职责范围内，加强监管，确保农业机械产品质量，避免由于产品质量问题导致农业机械事故的发生。农业农村主管部门要加强源头管理，严把农业机械试验鉴定关、维修质量关，严把拖拉机、联合收割机的注册登记关、安全技术检验关，严把拖拉机、联合收割机驾驶人的培训关、考试关。加强执法监管，有效开展农业机械安全隐患排查和整治工作，大力宣传农业机械安全法律法规、农业机械安全常识，使农业机械安全法律法规和农业机械安全常识家喻户晓，人人皆知，预防和减少农业机械事故的发生，维护广大人民群众的生命和财产安全。

（三）保障安全

保障安全是农机安全监督管理的主要任务。保障安全，既是农业机械安全监督管理工作的出发点，也是农业机械安全监督管理工作的落脚点。“十年致富奔小康，一场事故全泡汤”，2008 年 5 月 15 日，贵州省发生了一起拖拉机重大道路交通事故，造成 29 人死亡，6 人重伤，7 人轻伤，给几十个家庭带来了灾难，也造成了一系列的社会问题。保障安全，就是保障人民生命和财产安全，保持社会稳定，构建和谐社会，维护广大人民的最根本利益。县级以上人民政府和农业农村、工业、市场监管等有关部门要牢固树立“安全责任重于泰山”的思想，认真贯彻落实党和国家有关安全生产的方针政策、法律法规，切实履行安全监管职责，保护农民群众的生命和财产安全。

（四）促进发展

促进发展是农机安全监督管理工作的主要目标。安全是发展的前提，发展是安全的目的。安全与发展之间是一种相互依存和相互促进的关系。在推进农业机械化发展的同时，要加强农业机械的安全监督管理，保障农业机械化持续稳定健康发展。农业机械安全监督管理工作要以保障促进农业机械化健康发展为主要目标，正确处理安全和发展的关系，围绕发展抓安全，抓好安全促发展，致力于改善农业机械安全生产状况，走安全发展之路，促进农业机械化全程全面高质高效发展。

二、基本理念

农机安全监督管理的基本理念包括人本理念、系统理念、预防理念、强制理念和责任理念等。

（一）人本理念

《安全生产法》第三条规定，安全生产工作应当以人为本，坚持安全发展，坚持安全第一、预防为主、综合治理的方针，强化和落实生产经营单位的主体责任，建立生产经营单位负责、职工参与、政府监管、行业自律和社会监督的机制。坚持以人民为中心的发展思想，始终把人民群众生命安全放在第一位，坚守发展决不能以牺牲人的生命为代价这条不可逾越的底线红线，把安全生产贯穿生产经营活动全过程。

现代管理学的人本原理是指管理者为达到组织目标，一切管理活动都必须以人为中心，以人的积极性、主动性、创造性的发挥为核心和动力来进行。人本原理的前提是：人不是单纯的"经济人"，而是具有多种需要的、复杂的"社会人"。人本管理原理要求管理者研究人的行为规律，理解认知、需要、动机、能力、人格、群体和组织行为；掌握激励、沟通、领导规律，改善人力资源管理；了解人、关心人、尊重人、激励人，努力开发和利用人的创造力，实现人的社会价值；努力满足人的合理需要，开发人的潜能，实现人的自我价值。

人本理念应用在农机安全监督管理中，就是要牢固树立"以人为本"的安全发展理念，加强农机安全文化建设，提高安全生产意识，提供便民服务，严格执行安全生产相关法律法规，使"以人为本"的安全发展理念在农机安全生产领域得到普及和加强。

（二）系统理念

事物是普遍联系、相互影响、相互作用的，系统理念就是把研究和处理的对象看作一个整体体系来对待。在农机安全监督管理过程中，系统理念要求我们将涉及农机安全生产的各要素作为一个整体系统，从全局出发来研究系统整体和组成要素的相互关系，全面分析其作用、地位、影响以及动态发展等，不断改善和提高生产条件，加大安全投入，采取综合措施促进系统整体的有效运行，达到安全管理的最优化目标。

在农机安全监督管理工作中，系统理念要求我们要把握以下几个工作原则：

1. 整分结合。从整体上把握农机安全监督管理系统所处的大环境，分析系统的整体定位、性质、功能，确定系统的总体目标；围绕总体目标进行多方面的合理分解和分工，构成系统的结构与体系；在分工的基础上，对各要素、环节、部分及其活动进行综合协调，以实现系统的总目标。

2. 动态关联。影响农机安全生产的各要素之间既是相互作用的，也是发展变化的。要提高管理的效率，必须掌握各个管理对象要素之间的动态相关特征，充分利用各要素之间的相互作用，适时调整相应关系。

3. 信息反馈。一切促进农机安全生产的措施，都不是一成不变的，必须结合实际，根据作用效果信息反馈，适时调整治理措施。既由控制系统把治理措施信息输送出去，又把其作用结果信息反馈回来，并对信息的再输出发生影响，制定新的行动措施，以达到安全生产的工作目的。

（三）预防理念

我国安全生产工作坚持“安全第一、预防为主、综合治理”的方针。农机安全事故的预防理念，就是通过有效的管理和技术手段，减少并防止驾驶操作人员的不安全行为、机械的不安全状态、农机作业的不安全环境，从而减少导致农机事故的因素，降低事故发生的概率。运用预防原理应遵循以下原则：

1. 可预防原则。海恩法则指出，每一起严重事故的背后，必然有 29 次轻微事故和 300 起未遂先兆以及 1 000 起事故隐患。法则强调事故的发生是量的积累的结果，它说明任何一起事故都是有原因、有征兆的，控制住事故发生的原因、消除事故隐患，就可以控制和避免事故发生。按照海恩法则分析，当一起重大事故发生后，我们在处理事故本身的同时，还要及时对同类问题的“事故征兆”和“事故苗头”进行排查处理，以此防止类似问题的重复发生，及时解决再次发生重大事故的隐患，把问题解决在萌芽状态。

2. 因果关系原则。指事故的发生是许多因素互为作用的最终结果，只要诱发事故的因素存在，发生事故是必然的，只是时间或迟或早而已。从因果关系中认识事故发生的必然性和规律性，要重视事故的原因，切断事故因素的因果关系链环，消除事故发生的必然性，从而避免事故发生。

3. 3E 原则。造成人的不安全行为和物的不安全状态的原因可归纳为技术原因、教育原因、管理原因，可以采取三种预防事故的对策：工程技术（Engineering）对策、教育（Education）对策和法制（Enforcement）对策，这就是 3E 原则。

4. 本质安全化原则。指从机械、设备、设施等本身设计入手，形成内在的能够从根本上防止事故发生的功能，如加长铡草机的喂入口可以避免切断操作人员的手臂。包括失误-安全功能和故障-安全功能。这些安全功能应在机械、设备、设施规划设计阶段就被纳入其中，而不是事后补偿。遵循这样的原则可以从根本上消除事故发生的可能性，从而达到预防事故发生的目的。

(四)强制理念

强制就是无须经被管理者同意便可采取管理行动的行为。采取强制管理手段使个体的活动、行为符合管理要求，从而有效实现安全管理目标，就是强制理念。一般来说，管理均带有一定的强制性。管理是管理者对被管理者施加作用和影响，并要求被管理者完成其规定的任务。

安全管理的强制性是由事故的社会性、人的“冒险”心理以及事故损失的不可挽回性决定的。安全管理目标是靠科学合理并具有强制约束性的法律、法规、标准和规章制度的实施来实现的，这些法规、标准和制度构成了安全行为的规范。同时，还要有强有力的管理和监督体系，以保证行为规范得到有效实施，一旦超出规范的约束，就要有严厉的惩处措施。

强制理念在农机安全生产中的应用应遵循安全第一原则和依法管理原则：

1.安全第一原则。要求在进行生产和其他活动时把安全工作放在一切工作的首要位置，坚守发展决不能以牺牲人的生命为代价这条不可逾越的底线和红线，把安全贯穿生产经营活动全过程。

2.依法管理原则。在安全工作中，必须依据法律、法规和标准的规定，严格进行管理，坚持法无授权不可为。为了落实安全生产法律法规，必须严格行使监督、检查和惩罚的职责，对生产中违法行为必须依法进行追究和惩戒。

(五)责任理念

责任理念是指有关各方必须依法承担必须承担的责任，

履行应尽的义务，做好必须做好的工作，一旦发生事故，依法追究相应的责任。主要包括党委和政府的领导责任、部门的管理责任、企业与个人的主体责任。其中，生产单位和个人对安全工作负有主体责任，必须履行依法组织安全生产的职责，是实现安全生产的基石。

在安全管理、事故预防中，责任理念体现在诸多方面。如安全生产责任制的制定和落实、事故责任问责等。在安全管理活动中，基于责任理念，建立健全安全管理责任制，实施网格化管理，构建落实安全管理责任的保障机制，促使安全管理责任主体到位。在安全生产过程中，要压实生产单位和个人的主体责任，做好隐患排查与事故预防，避免事故发生。要建立安全生产奖惩制度和问责机制，奖罚分明，失职追责，营造共同推动安全生产的体制机制。在农机安全生产过程中，农机安全生产责任主要包括各级党委和政府的领导责任，农业农村部门及其农机安全监理机构和农业综合执法机构的管理责任，农业生产组织与农机驾驶操作人员个人的主体责任。各级政府应高度重视农机安全生产工作列入发展规划，加强农机安全投入，保障工作条件；管理部门要完善管理制度，提高管理效能，加强宣传教育，检查督导安全生产；生产者要做好机具检修保养，保持机具状态良好，严格执行操作规程，排查事故隐患，共同促进安全生产。

三、重点任务

随着农业机械化加快向全程全面高质高效转型升级和国家“放管服”改革、农业综合执法改革、行政审批制度改革的不断深入，农机安全监督管理工作面临许多新挑战和新机遇，要把握好当前改革发展关键期，加强研判，抢抓机遇，用好政策，建立新机制，重点有以下几个方面的工作任务。

（一）完善工作机制

以机构改革和农业综合执法改革为契机，创新完善农机安全工作体制机制。强化农业农村部门及其农机安全监理机构、农业综合执法机构的监管责任，科学划分行政主管部门、农机安全监理机构、农业综合执法机构职责，理顺行政审批、执法监管、公益服务等农机安全监理职能，建立农机安全工作由行政主管部门负责、由监理机构和综合执法机构分工承担的工作机制，确保改革后人员配备更优、资源配置更强、机构设置更合理，实现监管效率更高、服务更优、协作更顺畅，构建职责明确、监管到位、运行高效的农机安全监督管理体制机制。进一步明确各级党委政府的领导责任，将农机安全生产纳入各级政府安全生产工作内容，建立责任清单，制定考核办法。通过签订责任书等方式，压实农机驾驶操作人员、农机大户和农机合作社等生产者的主体责任。严格履行各方面的责任和义务，形成安全工作合力，提升管理效能和安全生产水平。

（二）抓好源头管理

以农业机械及其驾驶操作人员牌证管理为基础，加强农机安全源头管理。严格做好拖拉机和联合收割机注册登记、驾驶人考试、安全技术检验等源头管理工作，防止农机“带病”上牌、机手违规操作。推进驾驶培训制度改革，落实国务院改革农机驾驶培训机构行政审批的决定，修订管理规定，增加培训渠道，引导培训机构提供更加便捷高效的培训服务。加强培训质量监管，会同公安部门完善事中事后监管措施，确保驾驶培训质量。严把考试关口，完善考试大纲，确保持证人员熟练掌握驾驶操作技能和安全法规知识。农业农村部门与公安部门共同建立只具备运输功能、不具备农田作业功能的拖拉机退出机制，使运输车辆真正按照机动车要求进行管理。

（三）加强宣传教育

以宣传教育为手段，提高机手安全意识和操作技能。大力开展农机"安全生产月"和"安全宣传咨询日"活动，积极推进安全宣传进企业、进农村、进社区、进学校、进家庭"五进"工作，充分发挥网络媒体的作用，制作发布形式新颖、内容丰富的农机安全宣传教育短视频，全面宣传安全生产法律、法规和农机安全生产知识，提高宣传教育的有效性、针对性，提高农民机手和广大群众的安全生产意识。加强农机安全生产和维修保养技术指导。以"线上＋线下"相结合的方式，及时发布农机安全驾驶操作和检修知识，引导农机从业人员在"线上"接受培训和服务。

（四）开展隐患排查

以落实安全生产专项整治行动计划为中心，组织开展农机安全隐患排查。建立公安、农机联合执法机制，严格查处假牌、套牌、无牌、逾期未检验、拼装、改装和驾驶人无证驾驶、酒后驾驶、超速、超载、违法载人等违法行为。围绕"人、机、环、管"等因素，探索建立农机隐患排查治理体系和安全生产水平评价体系。严禁无证驾驶，提高驾驶操作人员安全意识和驾驶操作技能;严禁无牌和未检验车辆投入使用,提高机车的安全技术状态;积极推进基本农田和机耕道“宜机化”改造,为农机下田作业提供良好的条件;坚持寓管理于服务,提高监理业务的便利化程度,提升安全管理效能,减少事故隐患,促进安全发展。

(五)推动报废更新

以全面实施农业机械报废更新补贴政策为依托,促进农机安全发展和绿色发展。深入贯彻落实农业农村部、财政部和商务部三部门办公厅印发的《农业机械报废更新补贴实施指导意见》,扩大报废更新补贴机具种类,将实施范围覆盖《农业机械安全监督管理条例》规定的所有危及人身财产安全的农业机械。推动农机报废更新由部分地区试点向全国全面实施,力争到 2022 年扩展到全国所有农业县(场)。进一步创新工作机制,适当提高补贴标准,增加补贴机型,提高农机报废更新积极性。加快细化地方配套措施,完善工作机制,加强工作调度和过程管理。强化绩效考核和监督管理,加快老旧农机报废更新,优化农机装备结构,推进节能减排,减少安全隐患。

(六)加快变拖清零

以限期报废为要求,加快变型拖拉机清零速度。变型拖拉机是企业非法生产销售、部分地区以拖拉机名义登记上牌的机动车。这类车辆没有农田作业功能,既不符合机动车也不符合拖拉机安全运行国家强制标准,尽管在一定程度上满足了农村地区运输作业的需求,但是车辆质量低、安全隐患大、交通事故多,已成为农村地区道路交通安全的重大隐患。

为深刻汲取2016年贵州“4·29”、山东“8·11”、2018年浙江“5·12”重大事故教训，加强拖拉机道路交通安全管理，农业农村、公安等部门联合开展变型拖拉机专项整治。一是杜绝发牌，遏制增量。截至2016年6月，全国各省(区、市)均已停止给变型拖拉机登记上牌。二是调查摸底，共享信息。各地对变型拖拉机牌照及驾驶人信息进行全面核查、清理、摸排，建立全国变型拖拉机查询平台，实现地区之间、部门之间信息共享。三是集中整治，打非治违。四是限期淘汰，消化存量。加快推进变型拖拉机淘汰清零，参考机动车强制报废标准设定更加严格的报废期，制定“清零”时间表，争取到2022年全国变型拖拉机减少一半以上，2025年全部清零。

(七)强化应急处置

以农业机械事故责任认定为核心，做好农机事故处理工作。建立24小时值班制度，接到事故现场报案后，按规定启动事故处理应急预案，组织人员勘查现场，做出事故责任认定和赔偿调解。执行农机事故月报和半年通报制度，加强安全生产形势研判，提高事故预警能力。探索完善事故统计的方式方法，对农业机械事故发生率高的地区和季节实施重点监测，加强对农机事故和隐患的分析评估，强化应急值守和应急处置。推进农机事故处理工作规范化建设，完善农机事故处理程序。进一步完善应急预案，组织不同层级的农机事故应急演练和培训，设定不同事故救援场景，加强实战化演练，加强救援人员专业培训，不断提高事故应急处置和救援能力。积极创新农机安全保险模式，推进农机保险补贴。

(八)加强队伍建设

以强化人员培训为举措，提高依法行政和履职能力。加强农机安全监理队伍建设，强化农机安全监理人员的政治理论、业务技能、廉洁从政和职业道德教育培训，打造一支履职尽责、敢于担当、为民服务的农机安全监理队伍。持续加强和改进农机安全监理工作作风建设，加大对违规执法行为的监管力度，严肃整治给不符合国家安全标准的农业机械发放牌证、给未经检验或检验不合格的农业机械发放牌证、跨行政区域发放牌证、给非拖拉机发放拖拉机牌证等违规行为，严肃整治农机事故预防与统计报告工作不力、瞒报谎报农机事故、存在重大安全隐患而未采取有效措施等失职行为，纠正执法“宽松软”问题。加强农机安全监理装备能力建设，不断改善农机安全监管手段，提高执法监管能力。加强信息化建设，以信息化推进农机安全管理规范化。

(九)优化便民服务

以“放管服”改革为契机，进一步强化便民服务。优化农机安全监理工作各项业务办理，进一步减环节、优流程、缩时限，创新服务方式、提高服务效能，为群众办事增便利。切实增强服务意识，将全心全意为人民服务的宗旨体现到服务能力和水平的提升上。大力提升服务效率，进一步优化服务流程，改进工作方式等，积极参与全国政务服务“一张网”，在更大范围实现“一网通办”、异地可办、“最多跑一次”，推行 App 办事，缩短业务办理时间，提高相关政策透明度，提高服务效率，提升服务水平。

(十)创建“平安农机”

以“平安农机”创建为抓手,夯实农机安全生产基础。会同应急管理部门深入开展“平安农机”创建活动,制定“十四五”期间“平安农机”创建活动工作方案,积极争取地方政府重视和支持,将创建工作纳入各级政府安全生产考核内容,创建一批经验可复制、做法可推广的“平安农机”示范市、县、乡镇和合作社,树立一批农机安全监理岗位标兵。大力宣传“平安农机”示范单位先进经验,强化典型引路,促进交流互鉴。加强创建工作的监督检查和动态管理,深化巩固创建成果,提升“平安农机”创建品牌效应,进一步建立健全“政府负责、农机主抓、部门协作、群众参与”的农机安全监管长效机制。

第四节　农机安全监督管理改革

按照国务院“放管服”改革部署和要求,2018 年农业部公布了新修订的《拖拉机和联合收割机驾驶证管理规定》《拖拉机和联合收割机登记规定》,印发了《拖拉机和联合收割机驾驶证业务工作规范》《拖拉机和联合收割机登记业务工作规范》,迈出了新时期农机安全监督管理改革发展的步伐。

一、简政放权

(一)整合优化规章制度

按“人”和“机”分类,本着“统一规范、简政放权、强化安全、便民高效”的原则,进行深化改革,对《拖拉机驾驶证申领和使用规定》《拖拉机登记规定》《联合收割机及驾驶人安全监理规定》3个部门规章进行修订，将其优化整合为《拖拉机和联合收割机驾驶证管理规定》《拖拉机和联合收割机登记规定》2个部门规章，将原有8个拖拉机、联合收割机驾驶证和登记业务方面的规范性文件，整合优化为《拖拉机和联合收割机驾驶证业务工作规范》和《拖拉机和联合收割机登记业务工作规范》2个，框架结构更加合理，内容更加统一规范，数量进一步精简，针对性和可操作性进一步增强。

（二）精简证照管理

严格执行新修订的牌证标准，将拖拉机驾驶证、联合收割机驾驶证"两证合一"，合并为"拖拉机和联合收割机驾驶证"；将拖拉机行驶证、联合收割机行驶证"两证合一"，合并为"拖拉机和联合收割机行驶证"，驾驶证件和行驶证件分别实现"两证合一"，让农业机械和农民机手"一证上岗"。将农田作业的拖拉机和联合收割机号牌核发数量由2面减少为1面。将拖拉机和联合收割机登记证书的核发调整为农机所有者自愿申领，免费核发。

（三）简化业务流程

大力简化业务审批环节和管理流程，将驾驶证和登记业务岗位类型分别由原5个岗位精简为3个岗位，减少业务环节，优化业务流程，提高工作效率。统一拖拉机和联合收割机驾驶证的考试内容、考试要求和合格标准，将拖拉机、联合收割机场地驾驶技能和田间作业技能考试图形分别由原先的3个精简为1个。在突出安全要求的基础上，精简拖拉机和联合收割机驾驶证理论考试内容，增加补考次数。严格落实理论知识考试时间由 90 分钟压缩至 60 分钟的规定，将道路驾驶技能考试评判标准由 51 项整合为 15 项。整合档案管理流程，使档案制作、保存和查阅更加规范高效。取消证件补发需提交遗失声明的规定。取消驾驶证考试需携带准考证并按特定顺序考试的规定，取消驾驶证实习期。取消拖拉机办理停驶、复驶的要求。简化拖拉机和联合收割机登记程序和驾驶证申领程序，合并减少拖拉机和联合收割机登记表格。

二、放管结合

(一)下放管理责权

进一步强化责任权力意识，依法明确了县级以上人民政府农业农村部门及其农机安全监理机构的业务指导、检查、监督等管理责任，将拖拉机和联合收割机牌证订制管理职责下放到省级、牌证业务办理职责下放到县级，明确权责事项，更加方便群众。允许省级农机监理机构结合实际增加驾驶证理论知识考试内容。考虑到地区差异性，明确未尽事项由省级农业农村部门负责制定，进一步强化了地方工作职责。增加了对驾驶人以隐瞒、欺骗等不正当手段补领的驾驶证应予以收回的规定。

(二)实施分类管理

对拖拉机、联合收割机登记机型和驾驶人准驾机型按产品结构特征进行重新分类，强化科学管理。依法明确对拖拉机运输机组驾驶人实施道路交通违法违章记分制度，明确拖拉机运输机组登记时必须提交交通事故责任强制保险，强化道路交通安全。

(三)强化安全生产

突出了安全方面的学习考核内容,完善了驾驶理论知识考试科目,强化了安全文明驾驶考试要求。针对农机事故集中于“两点一线”(农田、场院和道路)的特点,优化驾驶技能考试科目,将考试内容聚焦到事故多发的农田作业“掉头”、场院停车“入库”和农村道路“驾驶”等关键点,对出现违背安全操作的情况实行“零容忍”,确保农机驾驶操作人员掌握安全操作技能。

(四)规范事故处理

积极推进农机事故处理规范化,进一步优化事故处理程序,简化手续,提高农机事故认定和赔偿调解效率。鼓励各地对发生轻微财产损失的农机事故实行简易程序,快办快结。完善农机事故认定复核程序,科学开展复核工作,保障事故当事人的合法权益。加强农机事故处理业务培训,提高执法队伍素质能力。

(五)加大监管力度

加大对违规失职行为的监督处罚,明确了考试工作人员的监考要求和农机安全监理人员的纪律要求。增加了对以不正当手段办理业务的申请人和违规办理业务的监理人员给予处理的规定,明确违规罚则,强化行业自律。

三、优化服务

(一)推进工作信息化

积极参与“一网通办”建设,运用大数据、物联网、手机

App 等信息化手段办理业务，力争做到“只进一扇门”“最多跑一次”。大力推进牌证照管理网络化、执法监督移动终端便捷化、档案存取电子化进程，加快信息平台对接，打通数据壁垒，加快实现数据互联互通和协同共享。推进信息公开，规定农机安全监理机构要面向公众公开办理业务相关事项和需要提交的全部资料，明确申请人可以通过网络或电话预约考试，不断提高工作效率和信息化水平。

（二）改进检验方式

认真落实拖拉机和联合收割机新机免检制度，对依法通过农机推广鉴定、经检验获得出厂合格证明的新机，出厂一年内免予安全技术检验。各地可结合实际，进一步简化检验内容、优化检验程序、提高检验效率。增加了在居住地办理相关业务的规定，允许异地申请检验，鼓励各地创新便民措施，开展送检下乡。

（三）强化便民措施

允许申请人同时申办多项业务，扩展了代理业务范围，提高业务办理时效。将驾驶证申领截止年龄由 60 周岁延长到 70 周岁，增加了补考次数、缩短了补考预约时间。增加了自愿申领登记证书的规定。来历证明中增加了所有人所在组织证明，将出具身体条件证明的医疗机构由县级扩大到乡镇或社区以上医疗机构，更加方便农民群众，满足农村实际需要。允许在户籍所在地以外居住的，凭居住证在居住地办理相关业务；机具销售发票遗失的，可凭销售商或所有人所在组织出具的证明办理登记手续；驾驶证逾期未换被注销的，可申请恢复驾驶资格。设立了驾驶证注销后有条件恢复的制度，允许境外人员申领驾驶证，以制度创新提升服务效能。

2019 年 11 月，国务院印发《关于在自由贸易试验区开展“证照分离”改革全覆盖试点的通知》，明确在自由贸易试验区取消拖拉机驾驶培训学校、驾驶培训班资格认定，明确了事中事后监管措施。下一步要根据改革试点进展情况，适时推动拖拉机、联合收割机驾驶培训管理改革。

第八章　典型国家和地区农业机械化发展情况

发达国家一般是在实现农业机械化基础上实现农业现代化，通常前者比后者早15～30年。“十四五”我国将全面开启建设社会主义现代化国家的新征程，2035年要基本实现农业农村现代化，对农业机械化提出了新的更高要求。“他山之石，可以攻玉”。本章介绍典型国家和地区农业机械化发展历程与经验、农机装备技术发展趋势，供学习与借鉴。

第一节　发展概况

一、概述

美国、加拿大、英国、法国、德国、澳大利亚等发达国家，大多在20世纪40～60年代实现了农业机械化，20世纪60年代前后相继实现了全面机械化；农业现代化进程大体开始于20世纪40年代，在70年代后先后实现现代化。日本20世纪50年代、韩国70年代开始发展水稻机械化，分别在80年代末期和90年代中期实现水稻生产全程机械化，目前水稻生产机械化水平保持在95%以上。农业机械化成为发达国家和地区农业现代化的重要标志、重要内容和重要支撑。

(一)农机装备水平和机械化作业水平高

实现了农业现代化的发达国家均具有较高的农机装备水平、机械化作业水平和农业生产力水平。美国、加拿大、法国、德国、意大利、英国、澳大利亚和日本等国家,1993 年平均每百亩耕地拥有 0.4 台拖拉机、0.12 台谷物联合收割机,分别比世界平均值高出 3.15 倍和 292 倍。美国在 20 世纪 70 年代,每个农业工人拥有的机械设备达 1.5 万美元,比制造业工人拥有的机械装备高 22%;加拿大平均每个牧业劳动力拥有 8 万加元的机械设备,牧场的机械化程度高,一个中小型牧场有 1～2 台拖拉机,1～2 辆运输汽车,以及割晒机、打捆机等,有动力 400～500 马力(294～367.5 千瓦),平均每个劳动力拥有动力 200 马力(147 千瓦)左右;法国和德国每个农业工人拥有的固定资本在 2 000 美元以上;日本在 80 年代每个农业工人也拥有 1 500 多美元的农业固定资产。这些国家的农业固定资本,主要是机械装备。发达国家通过建立高效的农业机械化组织有效地提高了农业机械装备利用率,降低其使用成本。如:德国建立机器协作社、机器合作社、农机环和农机租赁公司等,在提高农业机械使用效率、降低作业成本中发挥了重要作用;法国的共同使用农业机械合作社(农业机械组织)简称为“居马”(CUMA),在节约生产成本、加快农业机械的更新换代、协作生产中具有明显优势;韩国的农业机械共同利用组织通过农业机械的共同购置、共同利用,减轻农业机械购置负担,提高农业机械利用效率。农业国际竞争力强的国家,都具有很高的农业机械化水平,以较低生产成本保障农产品质量，使其农产品获得较高的国际市场占有份额，提高农业国际竞争力。

(二)先进的农机装备和农业机械化技术在农业生产中广泛应用

发达国家和地区农业基本实现了区域化、专业化、机械化、社会化和商品化。20 世纪农业生产方式的技术变革，经历了从畜力农机具到蒸汽机、内燃机和电机为动力驱动农机具 3 个阶段。进入 90 年代，发达国家和地区的农业机械产品更加多样化、性能更可靠，能满足不同国家与地区的需要。随着信息化、自动化、机电一体化等高新技术的应用，农业机械作业更加精准化，可以进一步满足人们使用的方便性、环保性、安全性与舒适性要求。进入 21 世纪，高新技术（如现代化的激光、计算机、声控等）、精准农业技术在农业机械中广泛应用，使农业机械向高度标准化、自动化、智能化、高生产率方向发展，按人们实际生活需要设计与生产农作物，推动农业生产进入到一个高生产率、高效益、可持续发展的新阶段。

(三)农业机械化在农业现代化进程中发挥巨大作用

机器在农业中的使用引发了农业生产方式的革命，提高了农业的科技含量，促进了农业增产，大幅度提升了劳动生产率和土地利用率，减轻了劳动强度，提高了农业综合生产能力和抗御自然灾害的能力，推进了农业现代化进程。世界上农业发达国家和地区，不仅农业装备水平和机械化作业水平高，农业劳动生产率也都较高，大多在 2 万美元以上，甚至于有的达到 5 万美元及以上。澳大利亚、加拿大、美国之所以农业劳动生产率高，还与其农业土地经营规模大密切相关。农业从业人员占全社会从业人员比重都在5%以下，大多在2%以下。日本的早见雄次郎和美国的弗农·拉坦研究了1880—1960年美国农业的发展变迁，结果显示，在农业生产方式从传统农业向现代农业转变的关键时期，农业机械化对美国农业生产率增长的贡献率为70%。随着农业机械化的发展，农业产前、产中和产后3个部门的比例发生了根本性变化。按产值结构计算，1910年美国3个部门的比重关系分别为11%、54%和35%，第2个部门的比重很大。1990年3个部门的比重关系为48%、10%和42%，即第2个部门的比重大大缩小。1992年，在农业产前部门就业的人员占整个农业综合体就业人员的比重为17.9%，在农业产中部门就业的人员比重为12.1%，在农业产后部门就业的人员比重为70%。由于农业机械化的发展，使从事农业的人口比重下降，更多的人从事其他重要工作，推动了二三产业发展，促进了社会生产大分工和世界经济繁荣。

二、美国

(一)农业概况

美国农业是以大规模机械化作业为先导、以高劳动生产率为发展模式，属于资本集约型，先提高农业劳动生产率，再提高土地产出率。美国自然条件优越，水土资源丰富，平原广阔，光热条件较好，地广人稀，人均土地资源丰富，具有发展农业的有利条件。实行大规模机械化作业很大程度上源于明显的区域发展优势，如中部地区大部分为开阔平原，土壤肥沃、一年四季气候分明，作物生长期长。这一资源禀赋特征使得机械作业相对价格不断下降，而劳动力相对价格不断上升，促使农场主不得不使用机械动力替代人力、畜力，这种替代促进了农业机械技术的不断改进。

美国20世纪五六十年代实现了农业现代化，是世界上实现农业机械化最早、水平最高的国家之一。2019年，农业劳动生产率达到65 000美元，一个农业劳动力能够养活134个人；占美国全国劳动力总数1.3%的农业劳动者，不仅生产了供全国人口消费的物美价廉的食物，而且还出口了占美国出口总收入1/5的农产品，其农产品国际市场占有份额名列第一，是世界主要粮食出口国之一。

(二)农业机械化发展历程

美国是农业机械化程度最高的国家之一，已经进入高度机械化、自动化阶段。大田作物生产及收获已全部实现机械化，一些难度大的农作物生产(如番茄、葡萄等)也实现了机械化，正在向大功率、高技术含量方向发展。美国工业为农业提供了大量先进的农业机械，是其农业竞争力强的重要因素之一。美国农业机械化大致经历了以下发展阶段。

1.半机械化时期(南北战争至1910年)。由于西进开垦缺乏劳动力，产生对机械化的需要，资本主义发展使农具改革成为可能。主要标志是普及马拉农机具和动力机在农业中的运用。此阶段发明改良了许多农机具，如轧棉机、铁犁、脱粒机、联合收割机、玉米割捆机等。

2.基本机械化时期(1910—1940年)。主要标志是内燃机和电力替代了畜力，以机引或电动的大型农业机器代替改良的农机具，实现了田间作业机械化。农场拖拉机总数从0.1万台增加到154.5万台；载重汽车从2 000辆增加到104.7万辆。经济作物和畜牧业机械化程度仍很低。

3. 全面实现机械化时期（1940—2000年）。基本标志是已经形成比较完整的农业机器系统，深松机械、整地机械、播种机械、植保机械、联合作业机械配套齐全；畜产品生产过程中的饲料粉碎机、挤奶机、牛奶保鲜加工成套设备已广泛应用；节水农业中的沟灌、喷灌、滴灌已成为农业生产中所必须；现代化的激光、计算机、声控等高新技术已在农业机械化上大量采用。

4. 高度机械化与智能化时期（2001年至今）。进入21世纪，随着现代信息技术发展与应用，以及互联网、物联网、大数据、云计算等快速发展，智能农机装备研发与应用加速。现代信息技术的应用不仅体现在农业生产环节，也包括农业经营、管理及服务等环节，逐步实现农业全产业链的智慧化，极大地提高了资源利用率，降低农业能耗和成本，减少农业生态环境破坏，提高农业生产效率，实现农业系统整体优化。

美国农业生产主体90%是规模不等的家庭农场，其余是合伙制或股份制农场。随着美国农业发展，农产品市场不断开拓，科技进步和大范围配置资源，行业间分工越来越细，生产要素逐渐向优势农户集中，加速了农户之间的联合与重组，农场数量逐渐减少，规模扩大，专业化程度越来越高。机械化技术和集约化经营，大大地提高了家庭农场的劳动生产率和土地产出率，提高了经济效益。土地规模经营不仅是美国农业发展的先决条件,也是现代农业发展趋势。

(三)农机科研与生产流通

美国的农机研发是由政府、科研机构和企业共同完成的,尤其高校及专业从事研发的团队,对农科专业特别重视。美国的农科专业是仅次于法律和医学的专业学科,几乎每个州立大学都设有农科专业学院,与农机相关的专业(农业工程或是农业与生物系统工程专业大多设置在农学院内)。在美国的研发体系里,政府扮演基础建设的角色,如工业基础的搭建,核心部件的投入等。据资料显示,美国在 20 世纪 80 年代开始,每年投入到农业领域的研发资金就高达数十亿美元(含农机基础性研究),到 21 世纪,这一数字更是提高到数百亿美元,对农业科技贡献率超过了 80%。

由于美国特殊的战略安排和经济发展能力,使其能够在 20 世纪 60～70 年代,把主要的基础设施完全建成,包括基本的高楼大厦、高速公路,当然也包括大部分工厂。不少农机企业的制造基地,就是在那一时期完成的。如:约翰迪尔在滑铁卢的拖拉机和发动机工厂,凯斯位于威斯康星州的拖拉机工厂,都是建成于 20 世纪 60 年代前后,美国大平原公司也兴起于那个时期。美国农机制造企业大约 1 000 家,但雇员在 50 人以上的不到 2%,这意味着美国大型农机企业只有 20 家左右,其余都是中小型企业,不生产拖拉机、收割机等产品,主要从事特种农业装备、配套件供应及技术改造等工作。美国还有其他一些各具特色的农机企业,为美国农业机械化发展奠定了良好的物质装备基础。

美国的农机流通基本全部通过代理商完成，而且由于企业集中度较高，很多企业都是专营，即便有少数采取多品牌经营，也都是选择互相不是竞争对手的品牌。美国如此发达的农机市场，代理商的店面装修、维修场所和盈利能力，有很多远不如中国的优秀经销商。但是，美国的农机流通企业相对比较轻松，一是因为竞争品牌较少，单个品牌销售区域很大；二是制造商给经销商的政策比较宽松。美国经销商基本都是先货后款，一般来说，存货周期为一年，一年销售不出去再收取利息。

美国农业补贴的最大特点是具有较强的商业思维，即所有补贴都需要农场主完成相应任务，而这些任务一般由政府提出，农场主需要尽力保证完成，相当于政府向农场主购买服务。

农业机械化在美国现代农业发展过程中发挥了重要作用。20 世纪末，美国工程技术界把“农业机械化”评为 20 世纪对人类社会进步起巨大推动作用的 20 项工程技术之一，列第 7 位（当时计算机列第 8 位）①。这一评价基于 100 年来农业机械在农业生产中广泛应用所引发的农业生产方式的根本变革，大幅度提高了农业劳动生产率，有力地保障了世界农业发展和食物安全。20 世纪世界人口从 16 亿人增加到 60 亿人，如果没有农业机械化的发展，很难养活这么多人口。

---

① 20 世纪末，美国工程技术界评出的 20 世纪对人类社会进步起巨大推动作用的 20 项工程技术：1. 电气化；2. 汽车；3. 飞机；4. 自来水；5. 电子技术；6. 无线电和电视；7. 农业机械化；8. 计算机；9. 电话；10. 空调制冷技术；11. 高速公路；12. 航天技术；13. 因特网；14. 成像技术；15. 家用电器；16. 保健技术；17. 石油化工；18. 激光和光纤；19. 核技术；20. 高性能材料。

三、法国

(一)农业概况

法国全境大部分是平原,土壤肥沃,气候条件好。20 世纪 50 年代以后农业获得较大发展。60 年代由农业净进口国变成净出口国。2019 年,法国农业劳动力占全社会劳动力总数 2.4%,农业劳动生产率 53 000 美元。以养牛业为主的畜牧业总产值占农业总产值 52%;种植业以小麦、甜菜、葡萄等为主。法国葡萄产量居世界首位,甜菜产量居世界第二,也是小麦主要出口国之一。

法国原是小农经济国家,第二次世界大战以后,法国重视生物技术的研发与应用,提高单位面积产出量;加速土地集中,扩大农场规模,同时限制大农场面积无限扩大,鼓励建立适度规模的中型家庭农场及其组合。为了实现这一目标,法国政府一方面成立国家土地整治公司,购买小块分散及农民自愿出售的土地,整治后再以适当价格卖给一些具备发展条件的农户;另一方面为符合条件的农户购买土地提供低息贷款。法国农场数量减少,规模不断扩大,1960 年法国农场总数为 177.4 万个,其中面积在 300 亩以下的占 70%。到 1982 年,法国农场总数减少到 107.9 万个,其中面积在 300 亩以下的占 50%左右,土地相对集中。法国还通过调节价格、信贷、补贴及技术援助等手段,促进专业化发展。由专业化农场、合作社提供的谷物、畜产品、水果、蔬菜、葡萄酒等农畜产品,占全国总产量的一半以上。农业专业化简化了农机配置,促进了农业机械化水平的提高。

(二)农业机械化发展历程

1.起步阶段(1860—1949年)。法国从19世纪60年代开始发展畜力牵引的播种机、割草机、割捆机等农业机械;到20世纪20年代末才广泛实现了以畜力为主要动力的半机械化。

2.快速发展阶段(1950—1975年)。尽管1903年就出现了第一批农用拖拉机,但采用机械动力的农业机械化在1950年以后才得到较大发展,并在1950—1975年的25年间,除水果和蔬菜收获仍需一些人工劳动外,种植业和畜牧业生产均已实现了机械化。在此期间,全国农用拖拉机由14.4万台增加到136.3万台;手扶拖拉机和动力耕耘机由2.8万台增加到119.6万台;谷物联合收割机由0.5万台增加到15.3万台。

3.高效发展阶段(1976年至今)。1975年以后,农业机械化继续向深度和广度发展,拖拉机和谷物联合收割机保有量增长虽呈下降趋势,但平均功率继续增长。1982年全国农户拥有的农业机械总值按市价计算为1 000亿法郎,约为农业资产总值的15%。

(三)法国的"居马"

法国共同使用农业机械合作社,简称为"居马"(CUMA),在节约生产成本、加快农业机械的更新换代、协作生产中具有突出优点。法国政府对居马在优惠贷款和补贴方面给予政策支持。如:1996年法国居马的总投资额为15亿法郎,占农业投资总额的6%,其中:优惠贷款占65%;自有资金占28%;政府补贴占7%。

居马主要目的是为其成员提供一个组织，通过该组织成员能获得所需服务，特别是共用和租用农业机械设备方面的服务。居马能降低每个成员的资金投入，提高效率并降低生产成本。它由至少5名成员组成，法律上属于完全自治的组织，其成员必须交纳一定费用。居马的管理包括：全体大会（会员）、董事会、下属分支机构负责人和设备管理员4个层次。董事会由全体大会在会员中选举产生，董事会监督居马的所有活动，包括其所有下属分支机构。无论成员所属哪个下属分支机构，成员对居马投资多少，每名成员在选举时都只有一票资格，不允许代人投票。在下属分支机构成员推荐的基础上，董事会委派一人负责该分支机构，同时还要选出专人负责设备管理，主要负责机械的保养、运送和维修。分支机构负责人和设备管理员向董事会负责。在每年全体大会召开之前，负责人召集分支成员进行评定，并将有关建议提交全体大会。

居马是所有农业机械的唯一所有者，根据严格的规章制度行使其职责，通过合同形式规定了居马及其成员的权利和义务。但是与机械由所有成员联营的农业机械合作组织不同，居马允许其下属机构成员共用个人机械，但下属分支机构和成员必须签订合同使得共用个人机械有章可循。

为了获得使用居马所有的农业机械的权利，其成员必须加入居马的一个下属分支机构。每个下属分支机构与某一种机械设备的使用相对应。每个下属分支机构至少由3人组成。图8-1显示了一个由3个下属分支机构构成的居马的组织结构。

成员加入任何一个下属分支机构，都必须签订合同，承诺在合同期内某一段时间内使用相应的农业机械。合同的有效期与购买农业机械的时间一致(通常为 3～5 年)。为了能和他人共用一台打捆机，一位农业生产者(成员 A)加入如图 8-1 所示的居马，并与其他 3 位有同样意愿的生产者组成一个下属分支机构。

每位成员都签订一个合同，合同上详细说明每一位生产者在未来 5 年内如何使用打捆机。然后，居马购买一台打捆机供上述 4 位成员的使用。

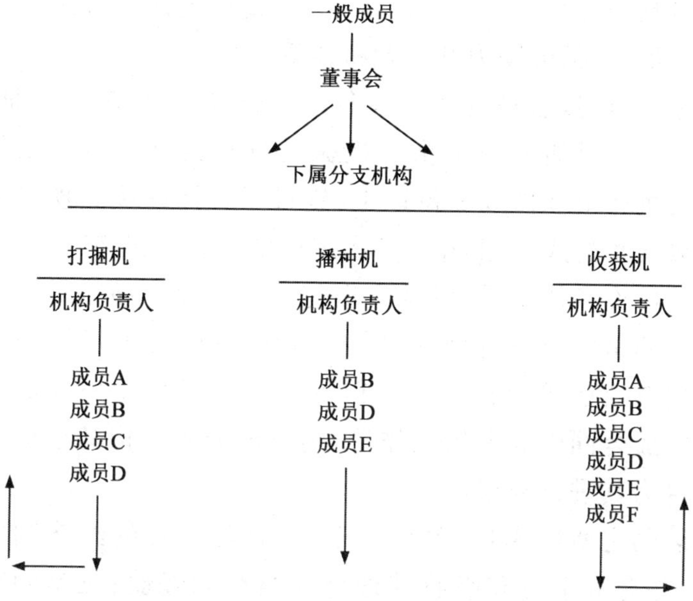

图 8-1 “居马”的组织结构

全体成员遵循制定的成员规则或协议。规则明确规定了每位成员须向合作社投入资金,共同承担运营成本及机械成本,利益共享。规则主要基于成员各自拥有的耕地面积在合作社中所占比重来确定。例如,如果一个成员拥有或租用合作社 4 000 英亩土地中的 800 英亩,则成员占有合作社 20%的资产,那么该成员就需要投入 20%的资金用于购买农业机械,包括 20%的运营成本。如果收入是共享的,则其可以获得 20%的收益。如果成员拥有的土地肥力存在明显差异,那么支付费用会因此而进行调整。例如,合作社会综合考虑土地的价值以及是否能够进行有效灌溉,从而公平的收取费用及分配收入。除土地因素外,成员规则还考虑到了其他的因素,包括劳动力和农业机械等。

综上所述,居马的主要特征可归结为以下 5 个方面:一是居马以尽可能低的价格将机械设备租给其成员。二是下属分支机构由 3 位或 3 位以上、签订了合同并按照规定在使用机械设备的成员组成。三是签订的合同中规定了每位成员的机械设备使用量,以及出现使用机械设备冲突时的优先顺序。四是每个下属分支机构任命一位成员负责保证该分支机构有效运作和合同条款得到遵守。五是任一成员如果没有完成合同中规定的工作量,则以该分支机构其他成员的工作量为其进行补偿。

居马之所以成功,关键在于:一是与成员的经济利益挂钩;二是充分学习和吸收其他合作组织的经验;三是明确组织结构和成员权益;四是取得其他组织,包括政府的支持;五是注重集体观念和人力因素。

(四)农机科研与生产流通

除各农机制造生产企业设置的研究室外,机械工业技术(研究)中心负责有关制造工艺的研究;法国国立农业机械、农村工程、水利和林业中心(CEMAGREF)负责先进技术的研究,如机器人、电子技术、信息管理方法、农产品加工新方法、农业建筑材料和乡村道路新技术等。

法国的农业机械化人才培训主要包括两年制的农业机械高级技术人员培训班和六年制的高级农艺学院农业机械运用系。农民通常在职业培训中心深造和接受继续教育;农业机械部门的工作人员则在 CEMAGREF 或在本企业内深造和继续培训。

1945 年以来,法国政府为了推进农业装备发展和现代化,曾给予很多政策支持,除为购买拖拉机和农机具提供低息贷款外,还对农机具投资给予补助。在机械化初期,对拖拉机和自走式机具所用燃油实行免税政策。目前,人们仍有可能得到优惠的中期贷款,对农业机械专用国产柴油实行减税,必须偿还的税款可在农机使用者获得利润时再偿还。

四、德国

(一)农业概况

德国雨水丰沛且日照较少,山地和沼泽多,不利于耕种,却适于牧草和其他饲料作物生长。种植牧草和其他饲料作物,发展畜牧业是最佳选择。因此,德国农业的一个显著特点是畜牧业十分发达,以畜牧业为主的生产结构大大地提高了农产品附加值,其产值占农业总产值的 60%以上。种植牧草或其他饲料作物，还有利于生态环境保护，既能保护水土、净化空气，又能美化大地。德国畜牧业科技非常发达。例如，重视栽培优质牧草，饲喂的牛、羊都膘肥体壮，肉质顶呱呱，而且还致力于研究良种牲畜繁育，不断培育新品种。在德国可耕地中，只有约 1/6 是牧场，但生产出来的牛奶、黄油、奶酪等不但够本国使用，还能出口。

德国农民种粮食的很少，主要依赖进口。主要种植的农作物是小麦、玉米、土豆、大麦等，其中玉米种植面积最大，主要是为牲畜提供饲料。德国农场绝大部分都是畜牧业和种植业并举，实行种养结合、循环农业的发展模式。牲畜吃玉米、苜蓿等饲料后产生粪便，牲畜粪便用来做肥料，再施到玉米、苜蓿等饲料作物地里，提高土地肥力，玉米、苜蓿等收获后又用来饲喂牲畜。德国许多农场只施用这样的有机肥。

(二)农业机械化发展历程

第二次世界大战前的德国，虽有较好的工业基础，但由于战争，阻碍了农业发展，当时是农产品净进口国，农机工业和农业机械化水平不高，特别是东部地区。第二次世界大战后，西部和东部地区分别成立了德意志联邦共和国(简称西德)和德意志民主共和国(简称东德)，在 40 多年中，两国农机工业和农业机械化有了不同程度的发展。1990 年 10 月，东、西德统一。

1. 1990 年之前西德发展概况。在 1990 年 10 月以前，西部地区属于联邦德国管辖地区，1953 年就初步实现了由机械动力代替畜力的转变，到 20 世纪 70 年代初实现了较高水平的农业机械化，形成了高度集约型的现代化农业。70 年代初，不仅谷物、玉米、油菜等主要作物的生产过程全部实现了机械化，收获作业全部使用联合收获机，甜菜、马铃薯的种植和收获都使用了高效率机械，水果和蔬菜收获方面也取得一些进展。从 1980 年开始，农业机械化进入了优化各项作业的全面发展时期，借助电子技术，可实现自动检查机器各部分的运转功能，或使机器操作自动化。如拖拉机牵引力的自动调整，拖拉机滑行的控制，播种机播种量的控制，联合收割机和甜菜收获机的自动转向等。1986 年，全国拥有 147.86 万台拖拉机，15 万台联合收割机，平均约 75 亩耕地面积有一台拖拉机，每 450 亩谷物收获面积有一台联合收割机，其装备水平在发达国家中也是较高的。20 世纪 70 年代，牛的饲养已高度机械化，对奶牛实行密闭可控条件下的饲养方式，有些挤奶台已实现半自动化。目前，肉牛、奶牛及羊的饲养已经全程机械化。

2.1990 年之前东德发展概况。在 1990 年 10 月以前，东部地区属于民主德国管辖地区。1950 年只有 12 664 台拖拉机，1960 年以后加快了农业机械化发展进程。到 20 世纪 80 年代初，每亩耕地已拥有 0.1 马力的农用动力设备。1986 年，拖拉机和谷物联合收割机拥有量分别达到 16.15 万台和 1.75 万台。14～20 千牛牵引力等级的拖拉机数量有较大增长。农业企业中每个全日劳动力的年平均净产值按不变价格计算，1985 年为 1956 年的 3.47 倍。谷物种植和管理已普遍采用机械化作业方式，施农药和化肥几乎全部由专设的农业化学中心进行，谷物收获已全部机械化，谷物茎秆约有 70％是用高密度捡拾压捆机收获压捆后运往存放地点，每亩谷物生产的用工量由1975年的133～167小时下降到1985年的12～15小时。马铃薯的种植、施肥、中耕、植保、收获和初加工等作业的机械化程度已接近100%,仅在一些收获机械上挑拣杂物和在固定作业场合进行清理时还使用少量人工劳动;甜菜收获已全部实现机械化。饲料种植和管理已全部机械化,约有95%的青贮饲料储存在总容积约3 600万米^{3}的卧式青贮仓和新建的约1 700万米^{3}大型卧式青贮仓内,青贮料的堆置、分布、压实和取料都使用机械;在干草和饲用秸秆的库房内,拖拉机装备的前置式装载机、干草堆垛机、后置式提升机等工作装置可以完成秸秆饲料、长草、切碎饲料、高密度草捆等不同物料的出库、入库和置放作业。1985年,约有2/3的蔬菜是由约150个面积在1 500亩以上的专业蔬菜农场生产的。温室蔬菜约占6%;甘蓝和根菜类的收获已部分使用联合收获机,还从国外引进番茄、菜豆和菜豌豆等收获机械;收获后蔬菜的洗涤、分级、包装和贮存等都已使用机械化设备;由于机械化水平不断提高,露天栽培1吨蔬菜所用工时由1950年的65小时下降到1986年的20小时。20世纪70年代中期,水果生产已使用了类似工业生产的方式,90%以上的水果是在种植面积大于1 500亩的农业企业中生产的,果树种植和管理都使用了机械,核果、灌木浆果和加工用苹果的收获已实现机械化,鲜售水果主要由人工采摘。大约30%的肉牛和10%的奶牛是在现代化、密集型牛舍中饲养的。1984年开始使用成套的厩舍作业机械,由电动机驱动,可进行饲料的装载、转运、牵引和分配等作业,并可清扫厩舍通道地面;挤奶作业机械化水平已达99%;约30%的存栏猪饲养在1970年以后建成的现代化猪舍中;从饲料仓库中提取并分送饲料的作业已全部实现机械化或半自动化。

3.1990年之后发展概况。1990年之后,德国农业机械化向大型化、多功能、自动化、智能化方向发展。300马力以上大型拖拉机、10米以上幅宽的联合收获机、3米以上幅宽的马铃薯联合收获机、8米以上幅宽播种施肥机等逐渐在农业生产中应用,许多机械可一次进地同时完成几项作业,农机作业效率大幅度提高。联合收获机上安装的测产装置和卫星定位仪器,可以测定和记录每块农田的产量。通过数据分析,可以发现影响产量的因素,并可进行精准施肥、施药和灌溉,提高农产品产量和品质。政府加强对农业生态环境的保护和农牧产品品质的提高,对生态农业给予财政补贴,每亩土地每年获得30马克的资金补助。此外,德国各地还建立了生态农业协会、生物农业协会和有机农业活动联盟。同时,德国大约有3%以上的农场属于生态农场或有机农场。为带动生态农业技术发展,联邦政府还扶持建立了一批生态农业示范基地,信息化、智能化农机装备广泛应用,全面实现了高水平的农业机械化。

(三)德国农民合作组织

德国农村合作社有140多年的悠久历史,1864年由赖夫艾森(Raiffeisn)创立。1867年,德国就制定了第一部合作社法,后又几经修改。按照该合作社法规定,合作社至少由7名社员组成,社员必须以一定的资金参股,他们共同拥有一个企业,而合作社本身不是企业,合作社通过这个共有企业来提高社员的收入,增强社员经济实力。到1985年,西德已有各类合作社 1 万多个，社员 1 400 多万。

德国的合作社不是严格按照行政区划建立的，而是按照经济门类自然形成，社员进出自由。按照经营业务范围，合作社可分为五大类：①农资供销和加工合作社（如购、销合作社，奶制品和牛奶加工合作社，葡萄酒合作社和牲畜饲养加工合作社）。②信贷合作社。③手工业、商业和服务业合作社。④消费合作社。⑤住房合作社。这些合作社遍布德国农村，为农民提供农产品生产、加工、销售以及信贷、农资供应、咨询等方面的服务，成为一个综合性的社会服务网。

德国建立了机器协作社、机器合作社、农机环和农机租赁公司等多种形式的农机服务组织，特别是德国的农机环，在提高农业机械的使用效率、降低作业成本中发挥了重要作用。受普鲁士式农业的影响，德国的小农在数量上占绝对优势，农户经营规模小，1949 年西德每个农户平均拥有农地 120 亩。随着农业机械化的实现，农户拥有土地的规模不断增加，1984 年每个农户平均拥有土地 240 亩。为保证小农户实现机械化，德国积极推广农机环这一合作形式，建立农民自愿参加的共同调剂使用农业机械的组织。政府对农机合作组织给予扶持：一是对农民合作购买大型农机给予资金补贴等优惠待遇；二是对合作组织提供必要的办公设施，如电脑设备等；三是培训合作组织负责人，提高他们的组织服务能力。农业机械的合作共用为农业机械技术不断进步创造了条件，它解决了有机户与无机户的问题，也解决了农户与市场的问题。

农机环及其分支机构在财务预算、经营场所、人员及其经营活动方面完全独立，为其下属分支机构（机构形式类似于法国的居马）提供免费或低于市场价格的咨询和培训服务。运营良好的农机环具有两方面的优势：一是农机环管理者通常可以随时调动大量农业机械和人力，所以他们总能在农民需要的时候提供帮助。二是通过环组织的支付保障，使资金的转移（从“需求者”到“供应者”）标准化，并且消除了拖延还贷给投资者带来的不好影响。所有的农机环运营是以其成员的直接借记为基础：一定交易的总成本（雇佣费用），交易双方是通过环组织的管理者直接进行交易。

（四）农机科研与生产流通

农机科研方面，在柏林、布伦瑞克和慕尼黑工业大学设有 3 个教研室和研究所；在波恩、济森、哥廷根、霍恩海姆、基尔和慕尼黑—万斯坦法大学的农业系设有 6 个教研室和研究所。这些大学的研究所都从事科研工作，科研成果给教学和工业发展奠定了理论基础。一些较大的科研项目安排作为博士研究生的学位论文。最大的专业性科研机构是设在布伦瑞克的联邦农业研究院。在该院中有 4 个与农业机械化相关的研究所：农业工程基础、农业工艺学、运用工程、农业建筑等研究所。

农机生产制造方面，德国具有一批一流的农机生产企业，用世界一流的先进工艺生产世界一流的农机产品，给农场提供世界一流的成套机械化解决方案，成为农业效益优良、农场稳产高产的重要保障。如德国克拉斯农机有限公司（CLAAS），主要生产联合收割机、自走式青贮收获机、甘蔗收获机、农用运输机械、拖拉机和割草机、搂草机、翻晒机、打捆机;德国雷肯农机公司(LEMKEN),是耕整地机具、播种机和植保机械的生产商;格力莫农机有限公司(GRIMMER),产品涵盖从起垄、种植、收获(全自动、半自动)到包装、仓储运输、堆栈的各类马铃薯机械(也可以收获洋葱、山药、甜菜等);德国还有一些各具特色的农机生产企业和优质的零部件配套企业,高质量和高水平的农机制造技术与工艺,为现代农业提供了精良的农机装备保障。

德国的农机流通企业还在农机产品流通、三包服务外发挥着重要作用。德国有农机销售企业 4 000 多家。在德国,大型农业机械由厂商负责用户培训事宜,三包期外维修一般由经销商完成,维修可在公司或机器主人所在农场进行,维修后机器要根据标准由自己的高级技师进行维修质量鉴定;维修的质保期视情况,一般为半年或 1 年;对高压清洗机、农用叉车等存在安全隐患的机器,德国有安全隐患检查制度,哪些产品存在安全隐患则由农业机械协会来识别、规定。德国农业机械协会是代表农机经销商、服务商利益的协会,有 3 000 多个会员。职责有:代表会员与政府沟通,参与政策制定;负责农业机械使用、维修人员的教育培训;与法官一起履行农机安全事故裁决等。

(五)德国的农机试验鉴定与标准

德国有十分健全和成熟的农业机械质量监管法规体系,对于促进检测/认证工作的有效开展起到了关键性作用。有的农机产品要实行强制性检测/认证,有的要进行自愿检测/认证。检测/认证程序、相关各方权利义务、政府管理办法等都有明确要求,以保证产品的安全、环保为目标,涉及产品制造、销售、使用、管理各相关环节，具有系统性、统一性和操作上的一致性，为农机质量检测/认证工作依法开展、遵章操作、有序有效运行创造了前提条件，每一种农机产品的质量检测/认证与管理，都能找到相应的法律文件或行业规范性文件。德国法律文件规范的重点主要集中在道路交通安全、生产安全和环境保护3个方面。主要内容涉及农机制造企业、销售及售后产品安全质量问题的处理方式，以及政府对相关法律法规的实施进行监控的规定等。德国农机质量检测/认证的技术性文件主要有3大类，即国家标准DIN、欧盟标准和ISO标准，其中以欧洲标准化委员会制定的涉及农机安全的欧盟标准作为安全检测/认证的技术依据，其带有法规性质。德国与欧盟其他国家在法律和标准规定上是一致的，即欧盟范围内是统一的，对于促进检测/认证工作的有效开展起到了关键性作用。总之，德国农机产品质量检测/认证已经形成了一套高效、成熟的运行体系，该体系以完善的法律、法规及标准体系为基础，政府授权由监督、检测/认证机构具体操作，以企业产品及其质量管理体系为实施对象，由企业对产品质量负责，检测中心、认证机构及其分支机构以适当方式承担法规、标准的执法职能，成为农机产品技术进步、质量提高和农机安全生产的有效促进力量。

(六)德国的农业职业教育与培训

德国采取的是“双元制”农业职业教育模式。职业教育和正规基础教育的核心目标在于培养和提高学生的实践技能。德国的职业教育体系提供了一种量身定制式的教育(tailor-made education)，由于其实践和理论培训的系统连接，在国际上被作为成功的典范——“双元制”农业职业教育模式。由德国农业者联合会（DBV）专门负责管理，以企业（大多是农牧一体企业，既有种植业、养殖业，还有观赏和休闲农业等）为主导，在企业进行专业技能的实践学习，在职业学校进行专业知识的理论学习，企业实践和职业学校理论教学紧密结合、企业和职业学校共同实施的这种职业教育模式称为“双元制”模式，职业学校只是职业教育的合作者，从事相关理论课及公共课教学任务，职业教育随年级的提高，理论教学所占比重下降，农场实践和学校实际操作的课程比重逐渐增加。这种“双元制”职业教育为学生掌握和应用现代农业技术的实操能力提供保障，也使这些未来的职业农民能更好地了解农场生产和经营中的主要需求和面临的问题。“双元制”农业职业教育不仅是教育部门的事情，更多是市场行为和需求，从而使职业教育培养的人才更加符合行业与企业需求。因此，德国农业职业教育不是一般意义上的“校企合作”而是“企校合作”人才培养模式。与上述职业教育相比，德国短期职业培训多以市场为基础，不受政府部门的管理和法律制约，但有鼓励和促进农业从业人员参加培训的法律。面向所有农业领域，为各类农业从业人员开设的短期培训（short-term training）课程十分丰富，旨在对一些基础和高等教育所学的知识和技能进行更新，费用通常由参加培训的人员自己承担。培训课程多由公立和私立机构提供，主要包括：州立职业教育中心，以及由各州政府和农民专业组织资助的企业培训机构，其中最重要的机构之一是 Deula。

Deula（Deula-Nienburg，德国农业现代化培训中心）是一个专门从事技术培训的会员制机构，每年约有 8 万人参加培训，提供所有技术领域的培训课程。Deula 主要提供农业领域的教育培训，特别是农业工程领域的教育培训，为所有农业、部分手工业及技术专业领域提供培训服务。通过培训，学员能够巩固并提高专业知识。培训合格后，Deula 向学员颁发社会认可的职业技能证书。

Deula 开展的培训项目包括农民培训、基本技术培训，以及服务和维护培训等。在德国从事农业生产需要具备相关资质，即农民种地必须经过培训并合格。通过中心培训，没有农业生产经验和背景的年轻人也可拿到 9 欧元时薪，有的可以拿到 15 欧元甚至更高，比有些大学毕业生收入还高。

Deula 的培训，为政府和非政府部门联合的运作模式，这是德国职业教育最显著的特征，体现出国家、企业及个人需求统一、共同承担的特点。德国政府及地方教育局对农民培训活动进行集中调控与引导，带动和鼓励非政府机构开展职业教育培训，向培训公司发放行政许可证。

五、日本

（一）农业概况

日本是个岛国，自然资源贫乏。日本模式属于劳动集约型，先提高土地产出率，再提高劳动生产率。其资源禀赋特征与美国相反，在人多地少、土地供应缺乏弹性、土地价格与工资价格同步上升等客观环境下，把科技进步放在重要位置，通过改良农作物品种，加强农田水利设施建设，发展农用工业，提高化肥与农药施用水平，致力于提高单位面积产量；

不断通过生物技术改良农作物品种,从而实现土地生产率的大幅度提高,使日本农业现代化得以实现。日本产量较大的作物主要是谷物类、蔬菜、水果和肉类,耕地面积约为 6 750 万亩。自 1960 年以来耕地面积持续减少,主要原因是耕地抛荒和弃耕,2015 年弃耕地面积约为 630 万亩,1995—2015 年的 10 年间,耕地面积减少了 675 万亩,同期弃耕地面积约增加了 225 万亩。耕地面积减少的另一个原因是农地转用。

尽管耕地面积有所减少,但耕地的集约化和规模化程度有所提高。2015 年,农业经营主体的平均耕地面积是 37.5 亩,比 5 年前提高了 15%,经营规模有所扩大。日本计划至 2025 年耕地面积维持在 6 600 万亩左右,确保耕地政策重点是控制农地被荒废及促进荒废农地再利用。日本农业政策引导方向一直是耕地向有意愿、追求效率、会经营的生产主体集中。经过多年政策引导,面积在 150 亩以上的规模经营主体,其耕地面积总量已经占到耕地总面积的 20%,耕地的集约化程度有所提高。但由于今后农户数量和农业人口都将减少,会有更多的耕地被弃耕和抛荒,因此日本耕地面积总量难有增加。日本的目标是进一步提高土地利用型农业的集约化、规模化程度,到 2025 年计划将耕地面积的 80%集中到“骨干经营主体”手中。

(二)农业机械化发展历程

日本由于土地资源限制而广泛采用小型农业机械,对土地进行精耕细作,有效地改善了农作物的生长环境和条件,大幅度提高农作物单位面积产量。日本农业现代化,在生物、化学科技进步推动下,利用小型农业机械对土地精耕细作，为农业资源禀赋先天不足的国家树立了农业现代化典型。日本农业机械化发展始于20世纪50年代，目前已经全部实现了机械化，特别是水稻生产机械化处于世界最高水平。日本农业机械化发展大体经历了3个阶段。因其国情和土地特点，从最初以小型机械为主，逐渐向大型机械发展，到目前为止日本已实现了高度农业机械化，由部分机械化向全领域机械化发展，并向自动化、智能化方向转变。

1. 农业机械化起步期（1947—1964年）。这是日本农业机械化起步阶段，经济恢复期，农业人口占比较大，人均收入不高，1955年以2.45～5.03马力的小型动力耕作机械替代了畜力机械，拉开了日本农业机械化的序幕。由于经济高速增长、工业技术进步、土地改良等一系列发展变化，促进了农机具发展，小型农业机械发展较快。

2. 农业机械化发展期（1965—1989年）。随着日本经济的高速增长，农村劳动力快速向二三产业转移，从事农业的人员大量减少，机械化快速发展。大量农村劳动力涌入城市，农业劳动力短缺，对农业机械化的需求程度加剧，日本开始研制各种农业机械，插秧机、联合收割机、烘干机、大中型拖拉机、农用汽车迅速相继问世，农业机械日趋向中大型机械发展。20世纪80年代末期实现水稻生产全程机械化，居世界领先水平。

3. 农业机械化向广度和深度发展期（20世纪80年代末至今）。农民城市化转移加剧，人口属性特征明显，追求轻便、省力、舒适性好的农业机械，于是自动化程度高、易操作成为农机发展方向。水稻生产实现了全过程机械化，居世界领先水平。农业机械化提高了土地生产率和劳动生产率，促进了农村劳动力的转移。

在农业机械化发展过程中，日本还不断大力开发、生产和推广农田、蔬菜、果园和畜牧生产使用的各种新型农业机械，如红外线谷物干燥机、蔬菜苗自动嫁接机械、多种蔬菜收获机械、自动喂饲和挤奶设备、自动控制植保机械等。为更加方便农民使用农业机械，充分体现舒适和省力的优越性，大型拖拉机配备的驾驶室内安装有与汽车相同的空调设备、收音机、音响装置等，并已逐渐采用自动化、智能化技术，且这类高技术正在向农业各领域、各生产环节渗透。

(三)农机工业

日本农业机械工业协会是农机企业自发组织的民间社团组织，主要开展以下活动：①代表农机企业同政府打交道，向政府提议重视农机工业和农业机械化，为行业争取相关政策；②收集行业数据并进行统计分析，为企业提供需求预测；③协助企业开展测试、安全评估，防止农业生产安全事故，组织合作及开展培训活动，请求政府控制农业机械污染排放问题；④积极促进标准化活动，提高农业机械的安全性和便利性；⑤促进对外交流，组织国际间的合作；⑥组织行业的评奖、颁奖、迎新等各种会议，增强行业内的相互交流。日本农机企业创建的时间都比较早，山本制作所、久保田、洋马、金子农机等企业创立的时间都已超过百年。日本农机企业非常重视对员工的培养，认为有好的员工才能创造好的产品。很多员工终身都在一个企业工作，对企业有高度的认同感，企业培养了高素质的员工，而员工又以高素质的专业精神回报企业。日本在农机产品研发制造特别是水田机械方面拥有一批优良企业，为日本及世界农业机械化做出突出贡献。

日本农机在精致、小型化及蔬菜和经济作物机械方面也展现出特色和优势。60马力以下的农业机械主要是日本本土企业生产，如久保田、洋马、井关、三菱、东洋农机、石川岛等世界著名的日本农机公司。各种各样的经济作物生产机械以及果蔬收获机械，如马铃薯、甜菜、甘蔗、花生、胡萝卜、西红柿、葡萄等收获机械，有自走式、牵引式，有夹持收获也有入土挖掘收获，且生产企业大多是专业化的中小企业为主。小型青贮机、小型运输机械、植保机械等也是发展的重点产品，特别是无人机产品，有些使用遥控，有些使用RTK差分导航，还有使用轨道，做到了轻量化、无人化和精准化作业。虽然这些产品的市场规模并不是很大，但其技术水平却是世界领先，并且自动化、智能化技术广泛应用。水稻收获机械普遍采用了可升降地隙的底盘，对各种地形工况的适应性更好。此外，各类养殖（如奶牛养殖、智能挤奶系统等）及其废弃物处理技术设备（如堆肥、有机肥撒播、病死畜处理）也是目前的焦点，体现了绿色可持续农业发展与环境保护的迫切需要。信息化、智能化等高新精尖技术应用日渐成熟，产品科技含量不断提高。无人驾驶技术、田间管理技术以及人工智能和车联网技术逐步发展成熟。各大农机企业均推出本企业的精准农业系统，诸如自动导航、水肥和产量图谱都已经应用于实际。

六、韩国

(一)农业概况

韩国是一个多山、多丘陵国家,耕地面积为 2 547 万亩,占韩国国土面积的 17%,其中 50%的耕地为水田,水稻种植面积约为 1 281 万亩。随着城市化和工业化发展,韩国耕地面积持续减少,粮食自给率在下降。韩国人均耕地面积仅为 0.6 亩,远低于欧美发达国家。

随着韩国工业化和城市化迅猛发展,农业和农业人口在韩国 GDP 和总人口的比重也呈现迅速下降趋势。1970—2005 年,韩国农业总产值占 GDP 的比重由 25.5%下降到 2.9%,年均下降 0.6 个百分点;农业人口占总人口的比重由 49.5%降到 7.6%,年均下降 1.2 个百分点。1995—2005 年,50 岁以下的农场经营者比例从 27.9%降到了 17.0%,而 70 岁以上的农场经营者比例从 12.7%增加到了 24.3%。随着农业贸易环境的恶化,韩国农民与城市居民的收入差距开始拉大。20 世纪 90 年代中期,韩国农户收入是城市家庭收入的 90%;2009 年,这个数字降到了 66.0%。

1970 年起,韩国政府开始发起“新村运动”。“新村运动”是一项基于改变农村落后面貌、农业发展滞后状况的农村建设行动,也是韩国及时开始工业反哺农业、工农业双赢互动的经济行动。“新村运动”针对广大农民开展了村民新村教育,推行“伦理教育和相关技术普及”。为了改变农民听天由命、随遇而安、缺乏斗志的精神面貌,“新村运动”倡导“勤勉、自立、合作”的精神追求,农村性别平等带动了韩国社会进步。1970—1980 年,农民人均收入从 10 万韩元增长至 100 万韩元。城乡收入差距小,甚至在 1975 年,农村家庭收入反超城市家庭收入 1.6%。可以说,这一时期是韩国农业突飞猛进的时期。

(二)农业机械化发展历程

韩国农业机械化起步晚,但发展速度极快。在亚洲,韩国是继日本之后,率先实现农业机械化的国家。韩国农业机械产品主要以小型、先进、适用为主,主要有拖拉机、半喂入联合收割机、水稻插秧机和其他农田专业化作业机械。韩国农业机械化的发展大致可以分为以下几个阶段:

1. 1960 年以前。这一时期农村从事农业的人数比较多,可以说大部分农事都依靠人力完成。从水稻农事来看,其耕作主要是利用锹、镐、犁、耙和牛来进行,插秧 100%是由人工来完成。农作物生长期间的供水也是由人直接利用戽、井辘轳来实现的,收割作业则是利用镰刀、连枷、脚踏式脱粒机等来实现的,干燥则采取自然干燥方式。因此,这一时期几乎不存在动力机械,农事完全依靠人力或畜力进行。

2. 1960—1970 年。农业机械化起始阶段,这一时期开始利用农业机械来处理农事,主要是普及耕整地机械。1962 年成立了农业机械制造企业团体——韩国农业机械工业合作社,1967 年成立了负责农业机械检查的国家机构——国立农资检查所(现在的农业工学研究所实用技术工学科)。

3. 1971—1980 年。这一时期大力推广手扶拖拉机、水泵和脱谷机。应用的主要农机是已实现了国产化的动力耕耘机,这种机械首次由韩国国内制造并开始普及,安装在动力耕耘机上的农机具也开始普及;步进式插秧机替代人工插秧;用于灌溉的机械——抽水机的供给也很充足;水稻收割实现了收割机替代镰刀,采用动力脱粒机替代脚踏式脱粒机,农业生产呈现出新气象。1978 年颁布实施《农业机械化促进法》。

4.1981—1996 年。是扩大普及水稻栽插、收获机械,全面实现机械化阶段,水稻移栽和收获机械技术得到大力发展,实现了以耕翻、栽插、植保、收获、烘干、加工为主的水稻生产全程机械化。1980 年后,由于农村劳动力逐渐向城市产业部门集中,农村开始进入没有农业机械就无法进行农业生产的时期。农村青壮年劳动力大都集中到效益较好的城市产业部门,农村劳动力呈现老龄化趋势。农业生产难以单纯依赖人力来完成,农业机械化的重要性比任何时期都更加凸显。在强大的工业化水平支撑下,韩国从水稻插秧机、联合收割机、拖拉机,到果树、畜牧业机械和园艺设施机械等,研制和生产都达到了相当高的水平。韩国农业机械化快速发展与政府的农业机械化政策密不可分。

5.1997 年至今。继续推进以水稻为中心的农业全程全面机械化发展,以弥补农村劳动力的不足;大力发展精准农业和农业信息化,以提高农业发展质量、效益和竞争力。

(三)农机科研与生产流通

为研究农业机械化问题,1954 年 1 月韩国中央农业技术院设置了经营技术科,1961 年 10 月改为农工利用部农工科。1962 年 3 月改组为农村振兴厅农工利用所农工科,1965 年新设农机科,1979 年 12 月发展为农业振兴厅农业机械化研究所。该所的主要任务是进行农机具开发与改良,农机利用率和农业机械化作业技术研究，以及农业设施、设备和农机质量研究。

该所设有 3 个研究科：①使用调查科，研究农机使用管理、农业机械化经营和农用新材料。②栽培机械科，研究耕整地机械、种植和植保机械与设施。③收获机械科，研究收获机械、加工机械和贮藏流通机械。另有办公室、计划情报室、试制厂等，还有综合研究楼、环境试验用温室、人工圃场、试制工厂等设施，拥有设备先进的发动机实验室、种植、植保土槽和光弹实验室、试验农场等，该所全部事业费用由国家提供，人年均 5 万美元。该所的主要研究项目有：施肥插秧机、麦类播种机、铺膜机、低功耗旋耕机、联合收割机、脱粒清选装置、振动挖掘机、割灌机、拖拉机驱动木锯、蚕茧摘取和清理机等研制，大棚用设备和暖房设备开发，主要农机利用调研、农机事故调研和安全研究及农机经营管理技术研究，家畜粪尿和蔬菜垃圾处理、农机自动化和新材料应用等研究。

韩国农机生产始于 1963 年，当时有 2 家工厂与日本厂商技术合作，当年即生产旋耕机、喷雾机和水泵。1971 年由美国援助生产了第 1 台拖拉机。政府支持韩国农机工业发展，经历了 4 个发展阶段：①进口农机具，引进新技术。②与国外制造厂技术合作掌握制造技术。③进口机具国产化和发展本国技术。④完全由本国生产。1975 年开始生产拖拉机，1983 年大量替代旋耕机，1980 年开始生产插秧机、割捆机、联合收割机和谷物烘干机。目前，韩国大约有 100 家整机企业和 400 家零部件企业。

韩国农机产品技术主要从日本引进，迅速形成生产能力,同时国家鼓励推广使用国产农机,一般经过6～7年基本成熟,可满足国内需要并出口,进入国际市场。

七、中国台湾地区

(一)农业概况

台湾地区地狭人稠,境内2/3为山地丘陵,气候温暖,雨量充沛。台湾地区现代农业生产发达,现有耕地面积1 290万亩,农户78万户,农业人口400多万,占台湾地区总人口的19%,目前台湾地区农业总产值为4 000亿元台币,占台湾地区经济生产总值的3.3%,在台湾地区经济发展中占有重要地位。台湾地区农业包括种植业、畜牧业、渔业与林业四大部分,其中种植业产值占农业产值的41%,渔业产值占25%,畜牧业产值占34%。

近50多年来,台湾地区农业生产结构已逐渐由以种植业为主的单一传统农业,逐步转变为农林牧副渔综合发展的多元化农业与商业性农业。其种植业分为粮食作物(农艺作物)、经济作物(特用作物)与园艺作物三大类。台湾地区是著名的产稻区,素有“海上粮仓”的美称。其经济作物有甘蔗、茶叶、烟草、花生、薄荷等,其中以甘蔗和茶叶所占比重最大,素有“东方甜岛”之美誉,盛产的阿里山高山茶享誉海内外。园艺作物主要包括水果、蔬菜、花卉等,在种植业中的比重不断增加。此外,畜牧业、渔业、林业也很发达。

台湾地区农业主要有以下几个明显特点:一是区域特色明显。20世纪70年代开始,台湾地区积极推出农业综合调整方案,发展“一乡一品,一县一品”。30多年的规划建设,如今农业区域化特色十分明显，已经形成了相对集中、优势明显的区域化生产格局。二是产业链条健全。台湾地区农产品深加工处理程度较高，并且拥有发达的农产品运销业，在带动农业发展方面起着重要作用。三是农业功能多样。台湾地区农业在转型过程中，逐步向二三产业延伸，随之兴起的旅游观光农业成为台湾地区农业的亮点，目前全岛农业旅游观光园近 2 000 个。四是农会作用明显。拥有组织健全、上下成线、相互沟通的农民团体，为促进台湾地区农业发展提供了强有力的组织保证。台湾地区农会为农服务作用明显，充分体现了中间关键枢纽的角色。五是科技水平较高。台湾地区农业品种改良、农业机械、食品加工技术、自动化技术研究等方面在国际上处于领先水平。目前，台湾地区农业发展方向是精致农业、有机农业、都市农业和休闲农业。

(二)农业机械化发展历程

台湾地区自 20 世纪 80 年代起就基本实现了农业机械化。农业机械主要有：水稻生产的耕整地机械、播种育秧与栽插机械、植保机械、联合收获机械、干燥机械、甘蔗收获机、玉米播种施肥机、玉米收获机、甘薯收获机、大豆联合收获机、蔬菜育苗及移植机械、茶叶加工制造自动化控制机械、坡地多用途作业机械、烟草机械、橡胶收获机等。台湾地区农业机械化的发展大致可以分为 3 个阶段。

1. 第一阶段(1950—1970 年)。20 世纪 50 年代，台湾地区开始引进耕耘机等农业机械，在 60 年代后期，由于工商业的发展带动农业劳动力的转移，农机发展较快，台湾地区本地产的农业机械已占多数。

2. 第二阶段(1971—1980 年)。农业机械化水平进一步提高,农机工业也进一步发展。这个阶段除牵引机、联合收割机等大型农业机械尚需进口外,耕整地、种植、栽插、管理、收获、干燥、运输等各类农业机械都是台湾地区地方产品。

3. 第三阶段(1981 年至今)。实现全面机械化并向大型化和自动化发展。20 世纪 80 年代中期,台湾地区建立了 1 000 多个自动化育秧中心,插秧机械化率达 96%;水稻收获机械化率达到 84%,稻谷干燥机械化率达 63%;水稻生产的其他环节机械化率已达 97%。杂粮生产机械化、坡地作业机械化、禽畜生产机械化及自动化等也已达到相当高的程度。1997 年,台湾地区的稻作栽培、整地、插秧机械化率达到 98%,联合收割机收割水稻的面积占总种植面积 97%,稻谷干燥机械化率达到 100%,农业机械化程度在亚洲属于较高水平。目前,农业机械化广泛涵盖了农、林、牧、渔各业,水稻生产机械化水平已达 100%,农业机械也向自动化方向发展。

台湾地区对农业机械化高等教育十分重视,5 所综合性大学设有与农机相关的系,其中台湾大学、中兴大学、嘉义大学的农机系改名为生物产业机电工程系,宜兰大学的农机系改名为生物机电学系,屏东科技大学的农机系改为生物系统工程系。生物产业机电工程是以机电工程为本,促进生物产业的自动化与现代化为主轴,同时扮演生物和工程技术整合的重要角色。台湾地区的农业机械研究主要是依靠高等院校,相当一部分农机设备是高等院校研发的。台湾地区农机高等院校师资力量较强,人员精干、高效。以台湾大学生物产业机电工程系为例,全系教研人员总计 33 人,其中教授

11 名，副教授 7 名，全部具有博士学位，且大部分有海外留学背景。

（三）农业机械化的主要特点

1. 农田基本建设良好。过于分散、零碎的耕地一直制约着台湾地区农业产业化发展。为此，台湾地区从 20 世纪 70 年代开始“农地重划”，80 年代推行第二次大规模“农地重划”，90 年代再次放宽对土地的分割限制，从而有效地促进了规模化经营、机械化作业、科学化管理、专业化生产，推进了农业产业化发展。同时，台湾地区还注意加强农村道路的规范化，改善农村交通条件，促进农业机械化发展。其中，农业和农村的基础设施乃至于田间地头的道路硬化等，全部由台湾地区投入建设；农会及会员兴办加工企业或市场最少补助 50％，风险较大的行业达到 80％。

2. 水稻生产全程机械化。随着经济发展和农业劳动力转移，台湾地区首先在水稻生产方面推行机械化作业。由于自然条件和作物条件与日本水稻种植十分相似，所以水稻收获机械化主要采用日本的机型，并在原机型上加以改造，插秧机械和育苗机械亦是如此。台湾地区稻谷生产从土地预耕、种植到收获、干燥等作业的机械化水平达 100％，广泛建立的用户租用和稻谷秧苗培育中心是亚洲独一无二的农业机构形式，农民无须购置任何设备，都有使用农业机械的机会。台湾地区水稻生产将田间到产后处理，特别是烘干，所有环节纳入全程机械化生产范畴，以提高品质、保证食品安全、提高附加值为基本原则，无论地块多么小，一律使用农业机械进行作业，特别是小型先进适用机械的使用。“不落地大米”的生产使每千克大米售价达到20元人民币。稻米附加值的提高,极大地促进了农民收入的增加。

3.农业生产全程实施社会化服务。推行农机代耕作业,由“代耕”向“代营”发展。20世纪60年代,台湾地区在各乡镇成立了“农业机械化推广中心”,以推广农业机械化为主要工作,办理共同购买和共同利用农机,办理代耕,举办农机示范与培训等工作。农村中代耕、代插、代收获等各种形式服务应运而生。农民自发建立了稻作代耕中心、蔬菜育苗中心,为农民提供种苗、菜苗、代机耕、代机插等服务。20世纪70年代,台湾地区开始重视农业专业生产布局,在农村试行各种以不破坏小土地私有制为前提的企业化经营方式,如“共同经营”“专业区”“委托经营”。较“代耕”更高级的资本经营方式“代营”组织纷纷出现。这些经营形式改进了耕作方法,促进了农业机械化,使农业的耕种、经营及管理趋于专业化和社会化。这种经营方式的转变使小自耕农逐渐变成小商品生产者。农场耕地规模逐渐扩大,企业化管理模式更趋合理,耕作机械化程度不断提高。目前,台湾地区农业生产主要靠农机大户和农机作业服务公司来承担。

八、农机农艺融合典型案例

(一)棉花采摘机械化

美国从1850年开始,从机械工程部门着力试验研究采棉机。尽管经过了一个世纪努力,到1949年棉花收获机械化程度仅达到当时美国棉花种植面积的6%。从20世纪60年代起,美国农业专家和工程设计专家经过认真反思后认为,除了机器结构本身的问题之外,棉花品种对机具采摘效率和落地损失率的严重影响,导致了近百年来采棉机械化发展缓慢。由于棉花栽培行距较宽,采棉机采摘部件的机械结构也受到限制。因此,应当致力于改进农艺技术使之适应机械化技术要求。

农业专家开始培育适合机械化采摘的品种,并对棉花窄行距密度栽培法进行大量研究。由于棉花品种的成功改良和窄行距密度栽培法的有效推广,促进了棉花收获机械化迅速发展,同时收获前的棉田各项作业也实现了机械化。到1970年,棉花收获机械化程度达到95%,居世界第一位。

(二)水稻机插秧

日本从19世纪末就开始研究水稻洗根大苗插秧机,由于这种机器结构复杂,调整不便,机械拔秧问题没有有效解决,插秧质量不稳定,历经70年没有在生产中成功应用,至1972年该插秧机退出了市场。

为了实现机械化作业,日本从1967年开始研究工厂化集中育秧、带土小苗移栽技术,同时插秧机的研制转向了带土秧苗插秧,最终获得了成功,从而开辟了带土秧苗移栽的机械化发展。水稻插秧机械化程度每年以8%~14%的速度发展,到1978年达到88%。

(三)大豆与马铃薯生产机械化

为减小大豆机械化收割的损失率,30年前美国除了从机具上采取措施外,还努力探讨和分析了大豆的生长形态,培育出了抗倒伏、少落粒、下层结荚部位高的新品种,降低了割台损失,实现了大豆收获的机械化。

由于马铃薯块根深埋土壤中的生物特性不能改变，要实现收获机械化就必须充分考虑其特殊性，设计采用割蔓、挖掘、滤土、捡拾等联合作业机械来提高马铃薯的收获效率和质量，以实现马铃薯收获机械化。

（四）果蔬等经济作物生产机械化

在美国，为了实现番茄收获机械化，20 世纪 50 年代末期就培育成了韧皮番茄，便于机械化收获。

在法国和意大利，为实现葡萄作业机械化，把葡萄树栽成扁平形，树与树排列成行，既有较好的光照与通风，又便于拖拉机进入行间松土、施肥、喷药和采摘。

水果蔬菜的收获要实现机械化，比粮食作物难度大得多，有些甚至至今还没有解决如何机械化的问题。这是因为果树果实和蔬菜的生长形态不适于机械化采摘，而且市场对于果实外观要求又较高的缘故。如水果采摘器，美国于 20 世纪 40 年代初就基本上实现了农业机械化，但到目前为止，作为鲜果上市的水果收获仍没有完全实现机械化。水果采摘器的结构设计就必须充分考虑到果实在果树上位置的不确定性、果实碰撞易造成损伤降低品质和腐烂等问题。而作为加工用的苹果树种植，则可通过改变苹果树品种及种植方式，实现机械化收获。

（五）统一种植标准与机械化生产

统一作业标准，不仅减少了机具设计上的麻烦，同时增加了机具的适用范围、延长使用时间和提高作业效率，从而降低油耗。

阿根廷统一行距的做法是一个很好的例子。在全国范围内统一小麦行距23厘米、大豆行距46厘米、玉米行距69厘米,农户买一台播种机,拆装不同数量的开沟器就可以播种不同作物。如买一台24行小麦播种机,拆去一半开沟器可播种12行大豆,拆去2/3开沟器则可播种8行玉米。一台播种机把几种作物的播种问题全解决了。

美国玉米种植一直全国统一按照76厘米的种植行距。曾经有美国的农艺专家提出适度密植提高玉米产量的观点,即玉米种植行距改为60厘米。但是,美国玉米收获很早就实现了机械化,玉米收获机割台全部都是按照76厘米行距设计。如果改变种植行距,意味着所有玉米收获机需要更换割台甚至于更换收获机,对于农场主来说是不小的一笔投资。通过协商和综合考虑,不更改玉米种植行距,可以通过品种改良、合理调整株距、机械化技术应用等综合施策达到提高玉米产量的目的。美国至今玉米种植行距仍然为76厘米。

可见,发达国家在发展农业机械化方面并没有单纯强调就机械本身问题去研究机械,也并不是每种农业机械的发展都必须要由农艺的变化来让步,而是通过多部门多角度,多管齐下的方式进行攻关,以整体农业经济效益最大化为目标,农机、农艺部门进行通力合作。

第二节 主要法律法规政策与典型扶持措施

纵观国外农业机械化发展历程,在其基本实现农业机械化的初期,毫无例外地将农业机械化发展列入国家经济发展计划,通过立法和制定相应支持政策,规范和促进本国农业机械化发展。虽然不同国家发展农业机械化的法律法规不尽相同,各有特点,但都采取了促进扶持的政策措施,明确政府的职责与义务,将农业机械化发展纳入法制化轨道,有效地促进了农业机械化快速、健康发展。

一、国外农业机械化法规概述

农业机械化是实现农业现代化的必要手段。在发展的初级阶段,各国对农业机械化的发展以政策支持为主,直接向生产者提供资金支持。但随着农业机械化的深入发展,各国逐渐加强法律法规体系建设,尤其是加强了农业机械金融支持,如贷款、减免税收等,以及农业机械技术安全规定、农业机械推广培训要求、农业机械环保要求等纳入法治轨道。发达国家的立法大多具有明显的层次性,实行中央立法与地方立法并存,议会立法与行政立法相结合。如美国、加拿大等联邦制国家,实行中央和地方分权体制;在韩国、日本、英国等单一制国家,地方依据中央授权行使地方立法权。中央立法适用于全国,地方立法适用于地方。议会立法与行政立法相结合,如韩国的《农业协同组合法》《农业协同组合法实施令》《农业协同组合法实施规则》,分别由韩国协会、政府和农业部制定。立法形式灵活,表现为农业特别立法和涉农普遍立法。立法体例灵活,农业立法不追求立法体例的一致性,而以实用性为主要诉求。立法内容详细,通常立法内容"粗"则表现为法的原则性,"细"则表现为法的可操作性。发达国家或地区农业政策通常比较稳定,立法比较先进,具有较强的可操作性。

农机相关立法一般围绕以下几方面内容制定。

1.农机安全技术、环境保护的规定和标准。以美国、英国、德国、新西兰等国为代表，其中美国、英国属普通法系，国家不制定成文法，只规定若干原则和安全、环保技术标准作为司法审判的依据，由司法审判当局以判例的形式颁布规则和禁令；德国属大陆法系，制定了详尽的安全法规和管理规程。

2.政府推进农业机械化的职责。包括农机投入、推广新技术、进行质量检查等，以日本、韩国为代表，反映了20世纪50年代以后新兴国家和地区为推进农业机械化发展采取的一系列法规措施。

可见，发达国家农业机械化立法内容涉及农业机械化支持措施、农机安全技术规定和标准、农业机械产品责任、政府推进农业机械化的职责和农业机械环保要求，形式臻于成熟完善，属于技术行政管理法规的范畴，反映了推广应用农业机械和进行农机管理的客观规律。这些内容和立法技巧（如美国将安全技术标准赋予法律效力等）都可以为我国完善农业机械化法律法规体系所借鉴。

二、典型国家农业机械化法律法规体系架构

纵观各个国家农业机械化和农业现代化的发展，立法是规范、促进农业机械化发展的重要手段，立法的时间先后一定程度上与其农业发展的时间先后相契合，且在各个国家发展的不同阶段农业机械化立法有着不同的侧重点。发达国家在实现农业机械化过程中，政府在财政、投资、信贷、税收等方面所采取的政策支持都起到了非常重要作用。虽然不

同国家发展农业机械化的法规不尽相同，各有特点，但都把支持农业机械化发展作为政府支持农业的一个普遍性措施和有效途径，采取了具体的扶持促进政策，即使在其后的全面机械化发展阶段和实现了农业现代化之后，仍然继续实行农业机械化促进政策，在已有的政策基础上有重点的强化对农业机械化的支持措施，有效地促进了本国农业机械化科学发展。部分国家农业机械化立法时间轴如图 8-2 所示。

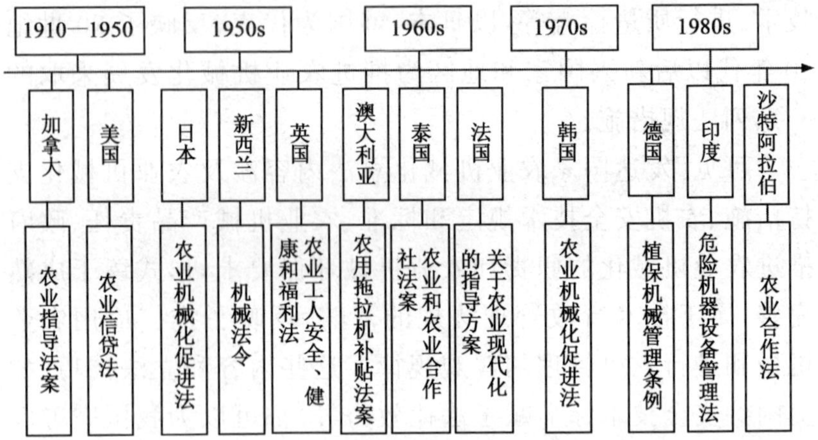

图 8-2 部分国家农业机械化立法时间轴

美国、加拿大较早实现工业化，农业自然条件优越，是世界主要产粮国和粮食出口国。早在 20 世纪四五十年代，美国实现了农业机械化，农业机械行业的发展已达到世界领先水平，其农业机械化法律法规体系主要围绕农业机械的贷款优惠、税收减免，且以州立法律为主（图 8-3）。

英国、德国的农业较为发达，已经实现全程机械化，因此无单独明确的对农业机械化发展的促进或规范法律，其农业

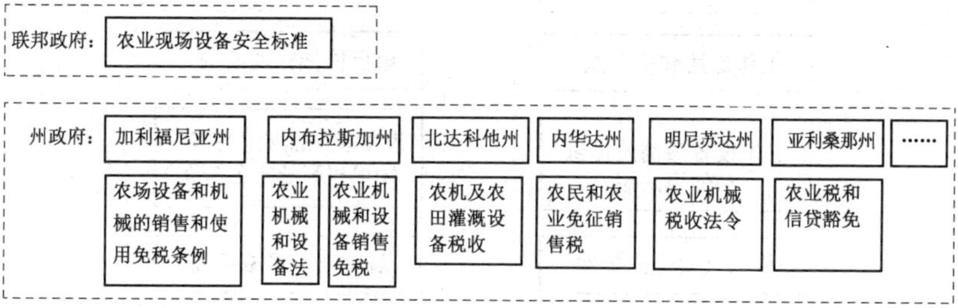

图 8-3　美国农业机械化法律法规体系框架

机械化法律法规体系多围绕农业机械安全设立，对安全性提出了明确要求。农业机械化法律法规体系十分注重农业机械的安全生产和使用，其农业机械质量也多处于全球前列，这与农业机械化法律法规的制定密不可分。英国的法律属普通法系，国家不指定成文的法律条例，只规定若干原则作为司法审判的依据。德国的农业机械化法律法规体系由多项农业机械、设备的管理条例和法案构成，如《植保机械管理条例》对植保机械提出明确的检测要求。2000 年以来对农业机械新技术作出了规定，如《航空植保机械条例》规范了航空植保机械的环保性，要求药液飘移的范围应确保人和动物的安全(图 8-4)。

澳大利亚在 20 世纪 60～80 年代对农业机械补贴立法，当时其法律法规体系主要围绕《农用拖拉机补贴法案》，配套《农用拖拉机补贴法规》，20 余年的立法补贴支持促进了澳大利亚农业机械化发展，1990 年政府废除包括《农用拖拉机和设备补贴法案》在内的多项补贴修正法案后，澳大利亚对农业机械化的立法转为约束其规范安全性，如 2004 年民航修

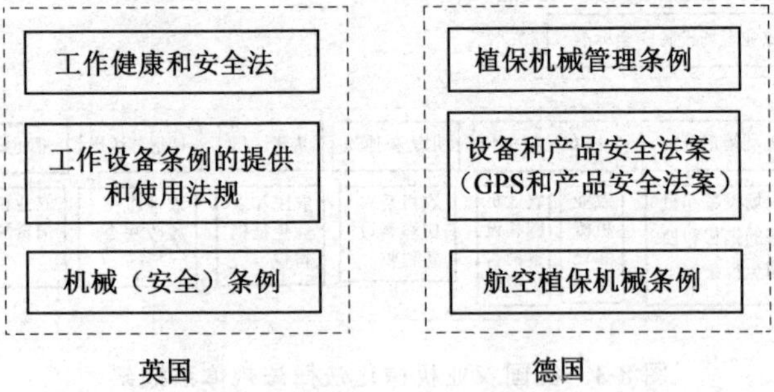

图 8-4　英国、德国农业机械化法律法规体系框架

订令中关于农用飞机的法规《民航修订令——农用飞机相关法规》。此外各州多设立方便农业机械交通的尺寸豁免通知，如维多利亚、昆士兰、新南威尔士和南澳大利亚等都出台了农用车尺寸豁免通知，使其可以在公路或乡间某些道路上正常合法行驶。新西兰的农业机械化法律法规主要以安全性为主，1950 年的《机械法》对危险机械的防护提出多项重点要求，如“任何机械的危险部分都应有可靠的防护，且不能单靠一个固定的防护设备来保证安全”，对机械使用者也提出相应职责要求，对违反法律规定安全行为的处以罚款，除此之外对拖拉机的安全架要求必须具有本法颁布的安全架批准证书，否则不允许出售和使用。

日本一直以法律手段规范和促进农业机械化的发展。在 2017 年之前，其农业机械化法律法规体系以《农业机械化促进法》为核心，《农业机械化促进法实施规则》和《农业机械化促进法施行令》作为辅助说明，以其他相关法律为补充，相关政策为具体落实的法律法规体系框架。根据实际农业机械化发展状况制定《控制农业机械温室气体排放的措施》《农业机械自动驾驶安全保证指引》等，作为对《农业机械化促进法》中要求的内容提出具体约束和指导。另外，在其他关于农业的立法中对农业机械的发展也提出具体要求和支持措施，如《农业现代化筹资法》《促进农业经营基础设施促进法》《国家研究和农业发展研究所农业·食品工业技术研究组织法》等。1981 年设立的《促进农业经营基础设施促进法》要求农业经营者应在经营农业之前提供关于农业机械购置的计划。2017 年开始施行《农业竞争力强化支持法》，将农业机械的产学研合作促进农业机械化发展纳入其中，并颁布《农业竞争力强化支持法执行令》《农业竞争力强化支援法实施细则》阐明具体实施方案。2017 年日本取消规范高性能农业机械发展引进体系和农业机械检验制度的《农业机械化推广法》，认为该法律已不适应时代的要求。将原《农业机械化促进法》中关于农业机械安全监管的内容写进《国家研究和农业发展研究所农业·食品工业技术研究组织法》中，同年实施《农业竞争力强化支持法》，并颁布《农业竞争力强化支持法执行令》《农业竞争力强化支援法实施细则》，针对农业机械自动驾驶新技术进行立法，以《农业机械自动驾驶安全保证指引》加以规范(图 8-5)。

韩国农业机械化起步虽然较晚，但发展速度很快。1998 年以前，韩国政府对农民购买农机实行财政无偿补贴政策。根据机型和价格的不同，政府补助的比例最高可达价格的 50%。农民只需首付 10%～20%的资金，同时可以享受国家银行提供的优惠贷款。1998 年以后，政府取消农民购机补贴，

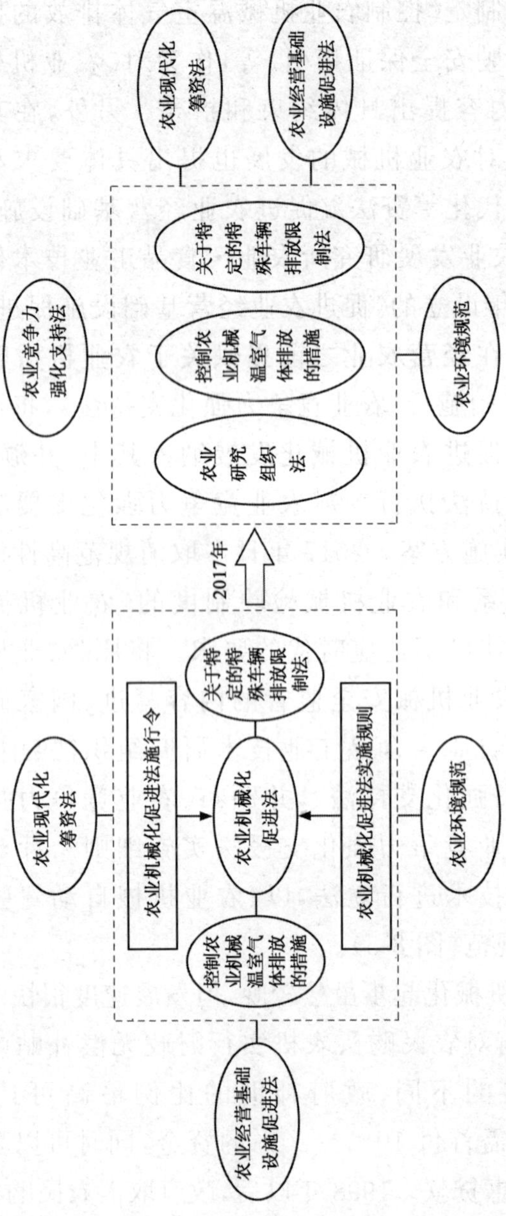

图8-5 日本农业机械化法律法规体系变化

但加大了优惠贷款幅度，农民购买农机只需要首付 20%～30%的资金，其余可全部采用抵押方式向银行贷款，一般以耕地作为抵押物，5～8 年还清贷款，而且贷款利率也远低于工业贷款，一般为 4%～5%，而其他非农行业的贷款利率一般为 5%以上。韩国政府对农机生产企业实施农民免费培训给予一定优惠贷款政策。以《农业机械化促进法》为核心，《农业机械促进法执行规则》《农业机械促进法执行法令》作为辅助说明，同时《农村现代化促进法》《大气环境保护法执行规则》等也对农业机械化的内容提出相关要求和支持措施（图 8-6）。

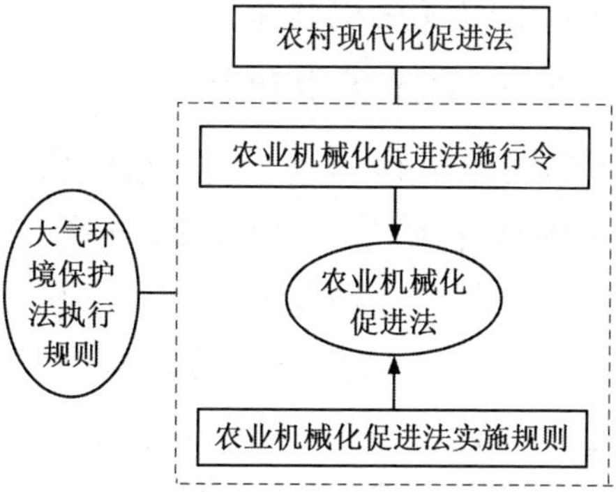

图 8-6　韩国农业机械化法律法规体系

三、各国农业机械化支持政策概况

（一）对农民购置大型农业机械或装备实施直接补贴、低息或贴息、购机贷款担保等优惠政策

如日本政府对农民购买拖拉机、联合收获机、育苗设备、大型米面加工、烘干、储藏设备以及灌溉、施肥设备提供 50%

左右的补贴，补贴以外的费用政府通过长期低息贷款给予支持，利率一般比市场利率低30%～60%。韩国政府向购买农机具的农民提供长期低息贷款，并建立了26个机械化插秧示范区和机械化插秧服务体系，中央、地方政府各出资20%，其余60%由政府向农民提供贷款。法国在发展农业机械化的关键时期，由政府提供总投资20%～30%的补贴，农民购买农业机械可以得到50%以上农业信贷合作社贷款。澳大利亚政府对农场主购买新设备时提供18%的补贴。俄罗斯规定销售拖拉机、联合收获机和其他较贵的农业机械，购买者可以分期付款或者用5～7年无息贷款。美国各州均出台农业机械销售和使用的减免税政策。

(二)对农用柴油实行减税和补贴

其目的是降低农业机械作业成本，减轻农民使用农业机械的负担。如韩国政府给农户提供比市场价格低50%～80%的免税油。德国在农业政策中规定，农民用的柴油半价供应，政府实行25%～50%的价格补贴，20世纪70年代德国政府为此每年支出4亿～5亿马克。美国政府对农用柴油实行免税政策。法国政府一直对农用燃料实行减税15%的优惠政策，50年代以来实行农用燃料减价，农用汽油减价达到30%～45%，有些年份该项减免达到了法国整个农业预算的23%。

(三)重视农业机械化科研投入及技术推广

在20世纪70年代，美国农业科研经费每年达15亿～20亿美元，近来仍在增加。科研经费分配比例大致是公共研究系统和种子、农业机械、农业化工和食品等各类私营公司各占一半。此外，还专门拨出部分农业技术推广经费，以1977年联邦预算为例，资助农业技术推广的经费就达2.4亿美元，用以向农民，尤其是农村青年宣传推广农业新技术、新工艺和新设备。

（四）强化农业机械化培训

很多国家尤其是WTO成员都把农民培训作为一项公益性事业，由政府直接出资开展培训工作，目的是提高农业机械经营者的技术水平等基本素质，为提高农业生产和经营水平提供基础保障。

（五）引导建立各种形式的农业机械化经营组织

为节约成本，扩大经营规模，提高农业机械的使用效率，大多数国家鼓励支持成立各种形式的农业机械化经营组织，并制定相应的优惠政策。1996年，法国居马的总投资额为15亿法郎，占农业投资总额的6%，其中：优惠贷款占65%，自有资金占28%，政府补贴占7%。韩国在1977—1986年推进农业机械化的关键时期，对具有一定规模的农协、农地改良组合等机械化营农团购置农业机械，实行补助40%、贷款60%的全额支援供应方法。这些优惠政策的实施有力地促进了各种农业机械化经营组织的建立和服务体系的完善。

四、国外农业机械化支持政策的主要特点

（一）基本实现农业机械化时期是政府支持农业机械化发展的重点阶段

基本实现农业机械化时期，由于农户在农业机械方面的投资能力比较弱，政府对农业机械化发展直接提供高额的财

政支持效果非常显著，对农业经营规模较小、农户投资能力不足的国家更是如此。各国政府在财政投资、信贷、补贴、税收等方面的支持起到了非常重要的作用。即使在其后的全面机械化发展阶段和实现农业现代化之后，欧美等国家仍然继续将支持农业机械化发展当作政府支持农业的一个普遍性措施和有效途径。法国、韩国是典型的小农经济国家，通过国家政策支持进行土地整治，扩大经营规模，扶持农业机械化发展，告别了小农经济，为实现农业现代化打下了良好基础。

法国搞农业现代化，最突出的矛盾是人多地少。20 世纪 50 年代中期，政府出台一系列政策，推动“土地集中”，实行规模经营，减少农业劳动者比例。1955 年，法国 150 亩以下的小农场有 127 万个，20 年后减少到 53 万个，750 亩以上的大农场增加了 4 万多个。农业劳动力占总人口数的比例，50 年代初近 40%，到现在只有 2.2%，农民平均占有土地达到 150 亩以上。在着手农地整治的同时，农业机械化也紧锣密鼓地迅速推开。在法国政府的头三个国民计划中，“农业装备现代化”上升到突出位置。战后初期，国内生产资金极度匮乏，法国政府大胆向国外借款，先把农业机械化搞上去。农民购买农机具，不仅享受价格补贴，还能得到 5 年以上的低息贷款，金额占自筹资金的一半以上。农用内燃机和燃料全部免税，农业用电也远比工业便宜。为保证农业机械质量及其方便使用，政府颁发“特许权证”，指定专门企业，在各地建立销售、服务网点。1955—1970 年，各农场拖拉机占有量从 3 万台增加到 170 万台，联合收割机从 4 900 台增加到 10 万台，其他现代化农用机械也很快普及。法国只用了15年时间，就实现了农业机械化。在政策推动下，农场规模扩大了，机械化程度提高了，政府又不失时机，做起了“专业化”文章，农业生产分工越来越细，效率越来越高，效益也越来越可观；法国农民的人均收入达到了城市中等工资水平，自20世纪60年代中期以来，法国政府调整思路，把扶持农业的重点放在生产、加工和销售领域，力图通过“产业化”，把本国农业做大做强。

1970年以前，韩国农业仍是以种植水稻为中心的劳动密集型小农经济结构，这一特点随着工业化进程逐渐发生了变化，尤其是农业劳动力的持续减少和农业用工费的急增，促进了农业机械化的发展。1970年以后，在工业化进程加快时期，政府陆续出台了扶持农业机械化的政策，在农业机械购置方面制定了补贴、贷款等优惠政策，鼓励农民使用农业机械。尤其是在1978年出台了《农业机械化促进法》后，农业生产转入提高农业劳动生产率的机械技术阶段，政府的金融支持使得农业机械化在农户购买力很脆弱的状况下得到了快速发展，效果非常明显。

(二)将发展农业机械化纳入国家发展政策体系

发展农业机械化需要国家扶持。放眼国外农业机械化发展历程，国家通过立法和制定支持政策，将发展农业机械化纳入国家经济发展进程，促进和引导本国农业机械化发展，这是世界各国发展农业机械化，推进农业现代化的基本经验和做法。特别是在工业化、城市化过程中，农业劳动力加速转移，农村生活条件改善、人工成本上升，必然要大力推进农业机械化，实现城乡统筹发展。因此，国家的支持、推动必不可少。韩国连续实施了6个国家农业机械化事业5年计划，有重点、有步骤地分步实施，在较短时间内实现了农业机械化。日本《农业基本法》明确鼓励通过扩大生产规模，合并土地和实行机械化等促进农业现代化，并据此采取了系列措施，推进农业机械化进程。意大利政府先后制定实施了“农业发展十二年规划”和两个“农业计划”，建立发展农业“周转基金会”，以优惠利率为购买国产拖拉机的农户提供贷款和补贴，大大加快了农业机械化进程。法国在第二次世界大战后头3个国民经济发展计划中，把农业装备现代化放在突出位置，推行“农业装备现代化和规模化”，用15年时间实现了农业机械化。

（三）在农业机械化发展的不同阶段采取不同的政策

各国在推进农业机械化进程中，政府都制定了农业机械化相关的扶持政策，如土地集中政策、农业专业化政策、农业信贷政策、农业生产价格补贴政策、农用燃油减税与补贴政策等。在资金扶持方面，采用了政府投资、资金补贴、低息贷款、建立基金等多种方式。根据农业机械化的发展程度，政府在不同时期采取不同的政策。总的趋势是在农业机械化发展初期，财政支持尤其财政补贴力度较大，在农业机械化发展的后期，适当调整政策上的优惠。但是由于农业的弱势产业地位，即使是已经基本实现农业机械化，财政支持仍然是支持农业发展的重要手段。这在农业经营规模较小、农户投资能力不足的国家更是如此。韩国农业机械化的发展过程就是一个典型的案例。

1961—1966年，韩国农业机械购置由中央政府补助

60%、自筹40%，实行以国家补助为主的支援方式。1967年开始利用对日（本）请求权资金进口并供应拖拉机、开沟机等大型农业机械，进口手扶拖拉机、动力喷粉喷雾机的部分零件，并以政府补贴的形式供应。

1967—1971年，韩国主要支援普及手扶拖拉机、动力喷粉喷雾机和水泵，以国家补助38%、地方政府补助2%、贷款25%～40%，自筹20%～35%的方法支援。

1972—1976年，韩国实施第一个农业机械化五年计划，这是其首次制定（国家）农业机械化计划。对动力喷粉喷雾机的购置实行政府补助2%、贷款63%、自筹35%的政策，对其他机种实行发放50%～70%的贷款。政府支援农业机械购置的贷款资金主要来源于外国引进的贷款，发放贷款的数额为农业机械购置价格的60%～70%，2～5年分期偿还。

1977—1981年，韩国进入第二个农业机械化五年计划，重点发展插秧机和收获机械。对450亩规模的农协、农地改良组合等营农机化中心，实行补助40%、贷款60%的全额支援供应方法。资金来源于1976年度的亚洲开发银行贷款、日本海外协力基金贷款和政府的预算。

1982—1986年，韩国实施第三个农业机械化五年计划，提出要在1987年全面实现平原地区的农业机械化，半山区实现50%机械化的目标。为促进水稻生产的全程机械化，从1981年开始，组建经营规模为150亩的机械化营农团，重点对机械化营农团购置拖拉机、插秧机、割捆机、联合收割机、植保机械和干燥机等农业机械给予扶持。主要做法是：允许每个机械化营农团以补助40%、贷款60%的形式购置5台农机。农业机械购置资金来源于1981年设立的农业机械化促进基金、国民投资基金、外国贷款资金、特财资金和农协资金等。到1986年,韩国的水田耕整地机械化程度、插秧机械化程度、收获机械化程度、植保机械化程度分别达到70%、28%、27%和79%。

1987—1991年,韩国进入第四个农业机械化五年计划,提出到1991年水稻栽培机械化程度提高到90%的发展目标。并将机械化营农团划分为大规模和小规模机械化营农团,以平原地区为中心,组建150亩以上耕地的大规模机械化营农团,供应大型机械;而小规模机械化营农团以半山区为中心,在有75亩以上的耕地面积的地方组建,供应插秧机和小型联合收获机。主要做法是:对机械化营农团购置农业机械实行补助50%,贷款40%,自筹10%;为促进旱田作业机械化开发了管理机,以补贴20%的形式支持;对一般农户实行贷款60%～90%的政策。到1991年,韩国水田耕整地机械化程度、插秧机械化程度、收获机械化程度、植保机械化程度分别达到87%、85%、80%和93%。

1992—1996年,韩国实施第五个农业机械化五年计划,提出到1996年全面实现水田机械化,大力促进园艺、畜牧业等旱田作业机械化和设施自动化,大力促进产后机械化,培养资本、技术密集型农业,提高农业国际竞争力。从1993年起利用5年时间实行农业机械半价供应,即对一般农户,农业机械价格在200万元以下时补助50%,超过200万元补助100万元;对农业机械组织(农业会社法人、作业班等共同利用组织)和粮食专业户补贴事业费的50%。到1996年,水田耕整地机械化程度、插秧机械化程度、收获机械化程度分别达到98%、97%、96%，达到先进国家水平。

1997年，结束农业机械的半价供应，随后以低息贷款为主。

法国在农业机械化发展初期，国家对农机购买者给予补贴、优惠贷款等扶持政策，以鼓励高效低耗、高技术含量的专业化机具的研发、生产与推广。政府直接给予农民的补贴占到农业机械投资额的20%～30%。目前，农业机械化处于稳定发展时期，补贴、优惠贷款等鼓励政策已较少使用，但农机用油补贴政策一直在执行中。目前农业机械化政策更多地体现在保护使用者安全、降低劳动强度和保护环境、利于国土整治等方面。1960年，法国颁布了《关于农业现代化的指导方针》，2000年对该指导方针进行了补充修订，增加了农业机械作业的环保要求。为保证偏远地区土地的开发和有效利用，政府仍然为当地农民提供购买农机具的补贴资金。

英国1938年用于农业机械化方面的费用是1 400多万英镑，1948年为4 390万英镑，70年代初每年费用超过8 000万英镑，到1979年用于农业机械化方面的投资为5.81亿英镑，占全部农业投入的13.4%。

日本在农业机械化迅速发展的20世纪60年代中期，中央和地方政府的补贴曾经达到80%。

德国对农用柴油实行25%～50%的价格补贴。

美国对农用燃油实行免税政策。

(四)始终将农机科技创新和技术培训作为扶持农业机械化发展的重要内容

发达国家能在不太长的时间里全面实现农业机械化并

向农业现代化发展，扶持、推动科研先行是一个重要原因。这些国家都建立起相当完整的农机科研、开发体系，不但国家有专门的农机科研机构，农机企业也有专门的农机科研机构。农机科研机构不仅数量众多、阵容庞大，科研设备亦相当先进齐备，政府通过各种形式对农机科研进行补助、资助，为科研人员研究开发创造了十分良好的条件。法国、日本、韩国等国中央专门成立农业机械化研究所，主要任务是农业机械的应用、研究、试验和鉴定，农业机械化的经济分析，农机专业资料的收集、整理和发行，农机技术人员的培训，以及农机教材、书刊的编写出版等，还承担民间机构实施风险较大的基础试验研究、开发改造项目的研究和开发。很多国家为提高本国农机从业人员的素质，对农机技术培训都制定了支持政策。通过教育和培训，无论是农场主还是一般农民，知识都比较丰富，能够掌握现代化的农业机械和各种车辆的使用、维护和修理，懂得使用计算机等先进的信息和通信工具，具备环保、园艺、法律等多种学科专业知识，工作质量好、工作效率高。日本中央和各道、府、县都设立了农业机械化培训机构，为农民讲授驾驶技术、操作方法以及保养、检查的有关知识。政府对地方农业机械化培训机构的建设、活动经费以及对社会培训农民所使用的农业机械补贴一半经费，对扩建这些机构及引进新教材方面实行扩大补助。韩国农村振兴厅设立农民训练所、各道设立农民训练院，各郡设立农业机械训练场，实行免费培训政策。中央实施针对农村指导公务及教官要员的专门技术训练；道、市、郡以机械化营农组织的基干要员和农业机械实际需要者以及妇女为对象，实施以农业机械的驾驶操作、维修等实用技术实习为中心的基本技术训练。

(五)大力鼓励发展农机社会化服务组织,扶持农业机械的共同利用

如何提高农机装备使用效率,降低其使用成本,始终是农业机械化发展过程中各国政府普遍关心的一个问题。发展农机社会化服务组织,提高农民的组织化程度,发展农机共同利用,是各国推动农业机械化发展的一条重要的有效途径。美、德、日、法、韩等农业机械化高度发达国家,除了有健全的管理指导体系外,还建立有完善的社会服务体系,支持、推进农业机械的共同利用。这些服务组织不仅为农民提供各类专业化服务,提高了农机服务的组织化程度,降低了农业机械的使用成本,加速了农业机械化发展,还在代表农民和农机企业利益,反映农民要求、沟通政府与民间的联系等方面,发挥了极为重要作用。各国发展农机社会化服务组织,扶持农业机械的共同特点:一是鼓励扶持合作购机,共同使用,提高农机利用效率;二是支持保障服务组织切实维护农民利益,农民加入组织比较普遍;三是合作内容广泛,涉及农机购买、使用、销售、技术培训信息交流等方面;四是政府对服务组织的减免赋税、优惠贷款等政策扶持比较到位。

法国的共同使用农业机械合作社(CUMA,音译为“居马”,该组织只限于购买、使用农业机械方面的合作),是世界上久负盛名的农机社会化服务组织,在法国农业机械化过程中发挥了巨大作用。一些大型、专用农业机械,如经济作物作业机械、大型收获机械和农田基本建设机械等,都通过合作社集体购买、使用，机具使用费比个人购机使用费低40%，有效地解决了购买昂贵农机设备的资金困难，提高了农机利用率和降低了生产成本。“居马”能够享受免交一切赋税的优待，还能获得优惠贷款，政府支持是这种合作组织得以迅速发展的重要因素。韩国政府在1971年实施了“农业机械共同利用计划”。该计划主要研讨了如何扶持农业机械利用组织和实施相关的技术培训问题，把共同利用组织分为以农民为中心的共同利用组织、农业团体为中心的利用组织和农业团体为中心、设置在示范区的利用组织3种类型分别加以扶持，如“营农机械银行”，主要利用农业机械完成农田作业，对具有操作能力的农户租赁农业机械和受委托代理经营农户租赁的农业机械，单独核算，政府在资金支援、宣传、技术指导等方面进行扶持；对具有一定规模的“营农机械银行”以及农协等购置农业机械，实行补助40%、贷款60%的全额支援供应方法，有力地促进了农业机械共同利用和农机社会化服务发展。德国50%的农业户是兼业农户，他们建立了农机使用联营社、互助组、机器出租站等组织，为农户服务。其中，“农机环”世界闻名。日本战后采取一系列政策促进各种形式的互助形式，推进农业合作化，大力发展“农业机械银行”等农机共同利用组织。在西欧，农业合作社已经成为农业机械应用、推广、服务的重要载体。美国为解决以家庭经营为基础的单个农场难以办到的事情，除了有很多农业经营公司为农民提供服务，大量非营利性的合作社在提供各种服务，降低了生产成本，所以合作社遍布各地并稳定发展，农机租赁公司、农机作业公司等专业化、社会化服务组织发达。

除农业合作社中有农机服务项目外，还有农机协会等联系农机企业和农户之间的中介组织，既开展农机推广工作，经销农机产品，也开展农机具使用租赁活动。

由此可见，在基本实现农业机械化和工业化加快时期，各国政府毫无例外地都制定和出台了扶持农业机械化的政策，支持力度都较大，保障了农业机械化快速、健康发展，为实现农业现代化和国家经济发展创造了条件。

第三节　农机装备与技术发展趋势

世界农机装备与技术主要适应现代农业发展需要，呈现出"大、全、新、高、特"等特征。

"大"即大型、超大型的农业装备及农机具产品。如各大农机巨头生产的大功率重型拖拉机，约翰迪尔 9900 系列青饲机产品，芬特、克拉斯等也都是标配 800 马力以上的巨型青饲机，以及大型林业装备及超大型翻转犁等产品。

"全"即全程、全面机械化，涉及种植、养殖以及农产品初加工、废弃物处理等各个领域，不仅包括整机产品而且包括零配件产品，不仅关注单一产品而且突出成套解决方案。从大田作物全程全面机械化，到经济作物全程全面机械化，几乎能够想到的可以使用机械完成的工作，都有相应的机械产品。

"新"即新技术、新产品、新领域、新发展。欧美发达国家不仅关注整机产品创新，而且更加强调零部件等技术创新；不仅突出了产品技术的创新性，而且更加重视人机工程学、环境安全和使用操作安全创新。伴随全球人口不断增长，农业生产对科技创新的要求也越来越高，如汉诺威农机展的口号就是“4.0——未来即今天”，这个4.0不仅仅是农业装备制造方面的4.0，也是农业生产方面的4.0，智能化显然已经成为这一概念的有力脚注。

“高”即科技含量高。所有国际农机巨头都研发了典型的高功率、高科技含量的重量级顶级精品和前沿创新产品。如：纽荷兰第一代甲烷动力拖拉机和氢燃料电池驱动系统的概念设计；约翰迪尔 SESAM 大型纯电动拖拉机功率 380 马力；爱科集团旗下芬特 e100 中型纯电动拖拉机功率 68 马力；再如，实现脱粒和分离清选识别全自动耦合、实时自动调整的芬特 IDEAL8T 型联合收获机新型传感器系统，搭载奔驰(Benz)6 缸发动机的道依茨-法尔 C9306TSB 型联合收获机等。

“特”指高度专业化的特种农业和园艺机械产品，各种结构外形各异、具备特有功能的专业用途农业和园艺装备，功能各异，外观时尚，色彩缤纷。

大、中、小型各种各样的植保机械，有自走式、牵引式和悬挂式。产品呈现向智能化和机电一体化方向发展。在施药技术方面，已实现了精准化，如：自动混药技术、低量喷雾技术、自动对靶施药技术、防飘移技术和精密施药技术等广泛应用，电子控制系统可以显示机组的前进速度、喷杆倾斜度、喷量、压力、喷洒面积和药箱药量等，控制系统除了可与计算机连接外，还可配 GPS 系统，实现精准、精量施药。

此外，各类养殖（如奶牛养殖、智能挤奶系统等）及其废弃物处理技术设备（如堆肥、有机肥撒播、病死畜处理）等未来热门农机产品，体现了绿色可持续农业发展与环境保护的迫切需要。信息化、智能化等高新精尖技术应用日渐成熟，产品科技含量不断提高。无人驾驶技术、田间管理技术以及人工智能和车联网技术逐步发展成熟。精准农业系统，诸如自动导航、水肥和产量图谱都已经应用于实际。随着农业人口老龄化、少子化趋势发展，特别是日本这样的国家矛盾愈加突出，导致日本农业劳动力短缺问题日趋严重。为减轻农业劳动负荷，一些新型人工作业可穿戴辅助产品以及女性专用农业机械应运而生。

从种植业装备技术来看，呈现出以下态势：

一、农机动力——拖拉机

拖拉机被称为农业机械的"龙头"，在农机产业中占有重要地位，也是国际各大农机厂商必争之地。近年来，基于发展定位及布局未来的战略考量，国际几大农机巨头相继推出500 马力、600 马力甚至 700 马力及以上更高功率产品，拖拉机功率不断上延、大型化已成趋势，并形成国际巨头绝对垄断态势，更重要的是动力换挡、无级变速已成标配，不仅在大型拖拉机上广泛应用，很多中小型拖拉机也开始普遍应用。国际上拖拉机智能化、信息化技术水平不断提高，各种高新技术，如电子控制系统、自动导航技术、无人驾驶技术、新型驾驶室技术、ABS 及线控技术、虚拟现实技术和液压技术等越来越多地应用到拖拉机上，尤其是电子和信息技术的应用，不仅使拖拉机的经济性得到提升，同时也改善了拖拉机的驾驶操纵舒适性和监控性能。

但并不是所有的拖拉机企业都一味去追求大功率,生产超大型拖拉机的企业也就几家。实际上,国际上中小型拖拉机的种类繁多,有轮式、履带式,全履带式、半履带式,折腰转向拖拉机;有大田用、果园用、水田用、山地用、休闲农业用拖拉机以及多功能、变型拖拉机;有常规能源也有新能源拖拉机等。国内拖拉机种类相对较单一,大多集中于大田用轮式拖拉机,而履带式拖拉机,果园用、丘陵山地用拖拉机,高地隙拖拉机等较少;折腰转向、新能源拖拉机还几乎是空白。

二、耕整地机械

耕整地机械主要有旋耕机、圆盘耙、动力耙、深松机、铧式犁、圆盘犁等。耕整地机械最核心的竞争在于结构设计、材料及其涂层,它的发展水平在一定程度上反映了企业甚至一个国家工业基础的发展情况。欧美耕整地机械几乎全部实现了多功能、复合作业,大型化、精量化,工作效率高,减少进地次数,减少对土壤的压实,节约作业成本。整体结构大型化、联合整地以及通过液压系统调整机具参数、改变作业状态是重要技术发展趋势。

三、播种机械

播种机作为农业生产中至关重要的组成部分直接影响着作物播种质量的好坏,进而也影响着后续的机械化管理以及机械化收获的质量和效果。因此,对于如何提高播种机的作业性能,各农机企业一直都没有停下研发的脚步。总体来看,国外的蔬菜播种机大多数都采用了气吸式排种器,气吸式排种器对种子的形状、尺寸大小要求不严格,适合形状不规则的种子,同时还可以进行高速播种,发展方向主要是大型化、智能化、更精密、更高端、更快速,播种机体积越来越大,播种质量越来越好,而播种速度也越来越快,甚至一些播种机的工作速度可以达到15千米/小时。

四、植保机械

就应用领域而言,国际植保机械的发展从相对成熟的大田作物植保机械正快速转向更加关注果蔬等园艺作物植保机械,并且无论是大田作物植保机械,还是园艺作物植保机械,其技术发展趋势均体现在通过高效精准变量施药、减少农药飘移、提高施药效率,从而降低施药量,最大限度地节约资源、保护环境,保障农产品安全。

国际发展趋势:①国际植保机械正向智能化和机电一体化方向发展,电子显示和控制系统大量应用。②大型植保机械,尤其是自走式喷杆喷雾机上普遍采用全液压系统,如转向、制动、行走和加压泵等都由液压驱动,不仅使整机结构简化,也增加了传动系统的可靠性。③针对高秆作物病虫害防治的高地隙植保机械也非常成熟,均采用静液压行走底盘及液压动力转向技术,轮距或底盘离地间隙、喷杆的工作姿态、平衡与稳定由液压控制,具有功率大、技术先进、作业效率高等特点。④精准施药技术广泛应用,除了使用低量高效农药外,还发展低量喷雾技术,开发系列低量喷头,可依据不同作业对象、气候情况选用相应的低量喷头,以最少农药达到最佳防治效果;其次采用图像识别技术、叶色素光学传感器等技术实施自动对靶施药;采用了防飘移喷头、风幕技术、静电喷雾技术及雾滴回收技术等控制药液雾滴的飘移,提高药液的附着率、减少农药流失、降低对土壤和环境污染;采用提高植保机械作业安全的多级过滤装置、自动混药系统和农药定量注入系统等,减少农药对环境和操作人员的影响。

五、谷物收获机械

联合收获机作为农业机械的重要组成部分,在行业内占有举足轻重的地位,其发展水平在某种意义上代表了整个农机行业的前沿趋势和发展水平。国际上联合收割机产业的集中度相对较高,市场基本被各具优势的几大巨头牢牢垄断。从收获机产品看技术发展趋势,一是以大功率为主,200 马力以下的收获机较少见。二是产品的智能化、信息化水平不断提升,驾驶员收获作业变得更加轻松、智能。三是功能复合化,通过更换不同的割台,可以收获小麦、水稻、玉米、高粱、大豆、谷子等多种农作物,实现一机多用。

六、园艺机械

针对特定作物的专用园艺机械是欧洲农机产品的一大特色。除前述涉及的众多园艺拖拉机和植保机械外,还有专门研发的除草机和苹果、葡萄、橘子采摘机以及蔬菜收获机械等。专业性、针对性极强的高端、环保智能设备是国际园艺机械的发展趋势。

如意大利是欧洲主要的葡萄生产地,种植面积在 1 500 万亩以上，葡萄生产从挖沟、种植、灌溉、剪枝、病虫害防治、施肥到采摘已经实现了全部机械化。撞击式葡萄采摘机，利用高速旋转的旋转辊借助伸缩臂来与果实发生碰撞从而使果实与果树分离，由于破损率低、效率高，被广泛地运用在意大利各酿酒葡萄生产基地里。再如意大利生产的一款除草机，仅采用高压水进行树木行间除草，该装置配有 1 个高压泵、1 个喷嘴旋转器和旋转喷嘴，高压水喷射至土壤进而切碎杂草根系，该系统的应用将除草过程对环境的影响几乎降低为零。

从发达国家和典型地区现代农业和农业机械化的发展形势看，以机械化为基础，规模化、标准化、专业化、信息化、自动化、智能化等为特征的现代农业，随着现代信息技术与农业的深度融合发展，第三次农业革命——“农业数字革命”正在到来，发达国家对智慧农业进行了战略布局。

智慧农业的目标就是要最高效率利用各种农业资源，最大限度地减少农业能耗和成本，最大限度地减少农业生态环境破坏，实现农业系统整体最优。其主要特征就是覆盖农业全链条、全产业、全过程和智能化，全面感知、可靠传输、智能处理、物联网技术等作为支撑和手段，实现自动化生产、最优化控制、智能化管理、系统化物流、电子化交易等完全不同的生产方式，最终实现高产、高效、低耗、优质、生态、安全的现代农业发展模式与形态。

美国在经历了机械化、杂交种化、化学化、生物技术化后，正走向智慧农业。据测算，目前美国 20%耕地、80%大农场实现了大田生产全程数字化，平均每个农场大约有 50 台连接物联网的设备。加拿大联邦政府指出，土壤与作物传感器、家畜生物识别，农业机器人等技术将在未来5～10年进入生产实际，颠覆传统农业生产方式。

根据国际咨询机构预测，到2025年，全球智慧农业市值将达到684亿美元，发展最快的是亚太地区（特别是中国）。主要内容包括大田精准农业、智慧畜牧业、智慧渔业、智能温室，主要技术包括遥感与传感器系统、农业大数据与云服务技术、智能化农业装备（包括无人机、机器人）等。国内一些公司和机构紧跟发展需求，加快开发力度，在一些地方试用智慧农业管理系统，可实现地块管理、生产管理、成本管理等，并实现“从田间到舌尖”提供全程溯源。

可见，未来农业对生产规模、技术、装备、标准、组织、人才等都提出了新要求，如何迎接挑战是我们不得不面对的问题。

参考文献

[1] 工业和信息化部，农业部，国家发展和改革委员会. 农机装备发展行动方案（2016—2025）[ER/OL]. http://www.miit.gov.cn/n1146295/n1652858/n1652930/n3757018/c5433686/content.html.

[2] 国家发展和改革委员会，农业部，商务部，等. 全国蔬菜产业发展规划（2011—2020 年）[ER/OL]. http://jiuban.moa.gov.cn/zwllm/tzgg/tz/201202/t20120222_2487077.htm.

[3] 国家统计局. 中华人民共和国 2019 年国民经济和社会发展统计公报[OB/OL]. http://www.stats.gov.cn/tjsj/zxfb/202002/t20200228_1728913.html.

[4] 刘明祖，安建，张宝文. 中华人民共和国农业机械化促进法释义[M]. 北京：法律出版社，2004.

[5] 农业部. 2016 年全国杂粮生产指导意见[ER/OL]. http://finance.china.com.cn/roll/20160224/3598243.shtml.

[6] 农业部. 农业部关于促进草食畜牧业加快发展的指导意见[ER/OL]. http://www.moa.gov.cn/nybgb/2015/wu/201712/t20171219_6103835.htm.

[7] 农业部. 全国草食畜牧业发展规划（2016—2020 年）[ER/OL]. http://www.moa.gov.cn/nybgb/2016/dibaqi/201712/t20171219_6102799.htm.

[8] 农业部. 全国农产品加工业与农村一二三产业融合发展

规划（2016—2020 年）[ER/OL]. http://jiuban. moa. gov. cn/zwllm/ghjh/201611/t20161117_5366803. htm.
[9] 农业部. 全国农业机械化发展第十三个五年规划[ER/OL]. http://www. moa. gov. cn/gk/ghjh_1/201701/t20170105_5424545. htm.
[10] 农业部. 全国农业现代化规划(2016—2020 年)[ER/OL]. http://www. gov. cn/ xinwen/2016-10/20/content_5122297. htm.
[11] 农业部. 全国渔业发展第十三个五年规划[ER/OL]. http://www. moa. gov. cn/nybgb/2017/derq/201712/t20171227_6131208. htm.
[12] 农业部. 全国种植业结构调整规划（2016—2020 年）[ER/OL]. http://www. moa. gov. cn/nybgb/2016/diwuqi/201711/t20171127_5920851. htm.
[13] 农业部. 特色农产品区域布局规划（2013—2020 年）[ER/OL]. http://www. gov. cn/gzdt/2014-02/26/content_2622440. htm.
[14] 农业部. 优势农产品区域布局规划（2003—2007 年）[ER/OL]. http://www. moa. gov. cn/ztzl/ysncpqybjgh/.
[15] 农业部. 中国农业机械化年鉴 [M]. 北京：中国农业科学技术出版社，2008—2018.
[16] 农业部农业机械化管理司. 农机安全生产管理概论 [M]. 北京：中国农业出版社，2015.
[17] 农业部农业机械化管理司，农业部农机监理总站. 农机安全监理标准汇编[M]. 北京：中国农业出版社，2015.

［18］农业部农业机械化管理司，农业部农机监理总站. 农机安全监理法规文件汇编［M］. 北京：中国农业出版社，2015.

［19］农业部农业机械化管理司，农业部农业机械试验鉴定总站. 全国农业机械化质量报告（2010—2018）［R］. 2010—2018.

［20］农业部农业机械化管理司. 农机管理人员读本［M］. 北京：中国农业科技出版社，1999.

［21］农业部农业机械化管理司. 中国农业机械化改革发展三十年［M］. 北京：中国农业出版社，2008.

［22］农业部农业机械化技术开发推广总站. 农业机械化技术推广人员读本［M］. 北京：中国农业出版社，2014.

［23］农业农村部. 农业农村部办公厅关于实施 2020 年水产绿色健康养殖“五大行动”的通知. http://www.moa.gov.cn/xw/bmdt/202004/t20200401_6340570.htm.

［24］农业农村部. 农业农村部关于加快畜牧业机械化发展的意见. http://www.moa.gov.cn/gk/tzgg_1/tz/202002/t20200217_6337222.htm.

［25］农业农村部农业机械化管理司. 全国农业机械化统计年报［R］. 2008—2018.

［26］张宝文. 把握法律宗旨坚持依法促进为农机化事业发展创造更加良好的环境——全国人大常委会副委员长张宝文在《农业机械化促进法》实施十周年座谈会上的讲话［J］. 农业技术与装备，2014(21)：7-9.

［27］张穹，张桃林. 农业机械安全监督管理条例释义［M］.

北京:中国法制出版社,2010.

[28] 张桃林. 开创农机购置补贴政策实施新局面——在全国 农机购置补贴工作座谈会上的讲话(节选)[J]. 农机科技推广,2018(03):4-7,12.

[29] 张桃林. 中国农业机械化发展重大问题研究 [M]. 北京:中国农业出版社,2009.

[30] 中国茶叶流通协会. 中国茶叶产业“十三五”发展规划(2016—2020 年). http://www.puercn.com/chayenews/cyzx/102133.html.

附　　录

附录一　中华人民共和国农业机械化促进法

（2004 年 6 月 25 日第十届全国人民代表大会常务委员会第十次会议通过根据 2018 年 10 月 26 日第十三届全国人民代表大会常务委员会第六次会议《关于修改〈中华人民共和国野生动物保护法〉等十五部法律的决定》修正）

目　录

第一章　总　则

第一条　为了鼓励、扶持农民和农业生产经营组织使用先进适用的农业机械，促进农业机械化，建设现代农业，制定本法。

第二条 本法所称农业机械化，是指运用先进适用的农业机械装备农业，改善农业生产经营条件，不断提高农业的生产技术水平和经济效益、生态效益的过程。

本法所称农业机械，是指用于农业生产及其产品初加工等相关农事活动的机械、设备。

第三条 县级以上人民政府应当把推进农业机械化纳入国民经济和社会发展计划，采取财政支持和实施国家规定的税收优惠政策以及金融扶持等措施，逐步提高对农业机械化的资金投入，充分发挥市场机制的作用，按照因地制宜、经济有效、保障安全、保护环境的原则，促进农业机械化的发展。

第四条 国家引导、支持农民和农业生产经营组织自主选择先进适用的农业机械。任何单位和个人不得强迫农民和农业生产经营组织购买其指定的农业机械产品。

第五条 国家采取措施，开展农业机械化科技知识的宣传和教育，培养农业机械化专业人才，推进农业机械化信息服务，提高农业机械化水平。

第六条 国务院农业行政主管部门和其他负责农业机械化有关工作的部门，按照各自的职责分工，密切配合，共同做好农业机械化促进工作。

县级以上地方人民政府主管农业机械化工作的部门和其他有关部门，按照各自的职责分工，密切配合，共同做好本行政区域的农业机械化促进工作。

第二章　科研开发

第七条　省级以上人民政府及其有关部门应当组织有关单位采取技术攻关、试验、示范等措施，促进基础性、关键性、公益性农业机械科学研究和先进适用的农业机械的推广应用。

第八条　国家支持有关科研机构和院校加强农业机械化科学技术研究，根据不同的农业生产条件和农民需求，研究开发先进适用的农业机械；支持农业机械科研、教学与生产、推广相结合，促进农业机械与农业生产技术的发展要求相适应。

第九条　国家支持农业机械生产者开发先进适用的农业机械，采用先进技术、先进工艺和先进材料，提高农业机械产品的质量和技术水平，降低生产成本，提供系列化、标准化、多功能和质量优良、节约能源、价格合理的农业机械产品。

第十条　国家支持引进、利用先进的农业机械、关键零配件和技术，鼓励引进外资从事农业机械的研究、开发、生产和经营。

第三章　质量保障

第十一条　国家加强农业机械化标准体系建设，制定和完善农业机械产品质量、维修质量和作业质量等标准。对农业机械产品涉及人身安全、农产品质量安全和环境保护的技术要求，应当按照有关法律、行政法规的规定制定强制执行的技术规范。

第十二条　市场监督管理部门应当依法组织对农业机

械产品质量的监督抽查，加强对农业机械产品市场的监督管理工作。

国务院农业行政主管部门和省级人民政府主管农业机械化工作的部门根据农业机械使用者的投诉情况和农业生产的实际需要，可以组织对在用的特定种类农业机械产品的适用性、安全性、可靠性和售后服务状况进行调查，并公布调查结果。

第十三条 农业机械生产者、销售者应当对其生产、销售的农业机械产品质量负责，并按照国家有关规定承担零配件供应和培训等售后服务责任。

农业机械生产者应当按照国家标准、行业标准和保障人身安全的要求，在其生产的农业机械产品上设置必要的安全防护装置、警示标志和中文警示说明。

第十四条 农业机械产品不符合质量要求的，农业机械生产者、销售者应当负责修理、更换、退货；给农业机械使用者造成农业生产损失或者其他损失的，应当依法赔偿损失。农业机械使用者有权要求农业机械销售者先予赔偿。农业机械销售者赔偿后，属于农业机械生产者的责任的，农业机械销售者有权向农业机械生产者追偿。

因农业机械存在缺陷造成人身伤害、财产损失的，农业机械生产者、销售者应当依法赔偿损失。

第十五条 列入依法必须经过认证的产品目录的农业机械产品，未经认证并标注认证标志，禁止出厂、销售和进口。

禁止生产、销售不符合国家技术规范强制性要求的农业机械产品。禁止利用残次零配件和报废机具的部件拼装农业机械产品。

第四章　推广使用

第十六条　国家支持向农民和农业生产经营组织推广先进适用的农业机械产品。推广农业机械产品，应当适应当地农业发展的需要，并依照农业技术推广法的规定，在推广地区经过试验证明具有先进性和适用性。

农业机械生产者或者销售者，可以委托农业机械试验鉴定机构，对其定型生产或者销售的农业机械产品进行适用性、安全性和可靠性检测，作出技术评价。农业机械试验鉴定机构应当公布具有适用性、安全性和可靠性的农业机械产品的检测结果，为农民和农业生产经营组织选购先进适用的农业机械提供信息。

第十七条　县级以上人民政府可以根据实际情况，在不同的农业区域建立农业机械化示范基地，并鼓励农业机械生产者、经营者等建立农业机械示范点，引导农民和农业生产经营组织使用先进适用的农业机械。

第十八条　国务院农业行政主管部门会同国务院财政部门、经济综合宏观调控部门，根据促进农业结构调整、保护自然资源与生态环境、推广农业新技术与加快农机具更新的原则，确定、公布国家支持推广的先进适用的农业机械产品目录，并定期调整。省级人民政府主管农业机械化工作的部门会同同级财政部门、经济综合宏观调控部门根据上述原则，确定、公布省级人民政府支持推广的先进适用的农业机械产品目录，并定期调整。

列入前款目录的产品，应当由农业机械生产者自愿提出申请，并通过农业机械试验鉴定机构进行的先进性、适用性、安全性和可靠性鉴定。

第十九条 国家鼓励和支持农民合作使用农业机械，提高农业机械利用率和作业效率，降低作业成本。

国家支持和保护农民在坚持家庭承包经营的基础上，自愿组织区域化、标准化种植，提高农业机械的作业水平。任何单位和个人不得以区域化、标准化种植为借口，侵犯农民的土地承包经营权。

第二十条 国务院农业行政主管部门和县级以上地方人民政府主管农业机械化工作的部门，应当按照安全生产、预防为主的方针，加强对农业机械安全使用的宣传、教育和管理。

农业机械使用者作业时，应当按照安全操作规程操作农业机械，在有危险的部位和作业现场设置防护装置或者警示标志。

第五章 社会化服务

第二十一条 农民、农业机械作业组织可以按照双方自愿、平等协商的原则，为本地或者外地的农民和农业生产经营组织提供各项有偿农业机械作业服务。有偿农业机械作业应当符合国家或者地方规定的农业机械作业质量标准。

国家鼓励跨行政区域开展农业机械作业服务。各级人民政府及其有关部门应当支持农业机械跨行政区域作业，维护作业秩序，提供便利和服务，并依法实施安全监督管理。

第二十二条 各级人民政府应当采取措施，鼓励和扶持发展多种形式的农业机械服务组织，推进农业机械化信息网络建设，完善农业机械化服务体系。农业机械服务组织应当根据农民、农业生产经营组织的需求，提供农业机械示范推广、实用技术培训、维修、信息、中介等社会化服务。

第二十三条 国家设立的基层农业机械技术推广机构应当以试验示范基地为依托，为农民和农业生产经营组织无偿提供公益性农业机械技术的推广、培训等服务。

第二十四条 从事农业机械维修，应当具备与维修业务相适应的仪器、设备和具有农业机械维修职业技能的技术人员，保证维修质量。维修质量不合格的，维修者应当免费重新修理；造成人身伤害或者财产损失的，维修者应当依法承担赔偿责任。

第二十五条 农业机械生产者、经营者、维修者可以依照法律、行政法规的规定，自愿成立行业协会，实行行业自律，为会员提供服务，维护会员的合法权益。

第六章 扶持措施

第二十六条 国家采取措施，鼓励和支持农业机械生产者增加新产品、新技术、新工艺的研究开发投入，并对农业机械的科研开发和制造实施税收优惠政策。

中央和地方财政预算安排的科技开发资金应当对农业机械工业的技术创新给予支持。

第二十七条 中央财政、省级财政应当分别安排专项资金，对农民和农业生产经营组织购买国家支持推广的先进适用的农业机械给予补贴。补贴资金的使用应当遵循公开、公正、及时、有效的原则，可以向农民和农业生产经营组织发放，也可以采用贴息方式支持金融机构向农民和农业生产经营组织购买先进适用的农业机械提供贷款。具体办法由国务院规定。

第二十八条 从事农业机械生产作业服务的收入，按照国家规定给予税收优惠。

国家根据农业和农村经济发展的需要，对农业机械的农业生产作业用燃油安排财政补贴。燃油补贴应当向直接从事农业机械作业的农民和农业生产经营组织发放。具体办法由国务院规定。

第二十九条 地方各级人民政府应当采取措施加强农村机耕道路等农业机械化基础设施的建设和维护，为农业机械化创造条件。

县级以上地方人民政府主管农业机械化工作的部门应当建立农业机械化信息搜集、整理、发布制度，为农民和农业生产经营组织免费提供信息服务。

第七章 法律责任

第三十条 违反本法第十五条规定的，依照产品质量法的有关规定予以处罚；构成犯罪的，依法追究刑事责任。

第三十一条 农业机械驾驶、操作人员违反国家规定的安全操作规程，违章作业的，责令改正，依照有关法律、行政法规的规定予以处罚；构成犯罪的，依法追究刑事责任。

第三十二条 农业机械试验鉴定机构在鉴定工作中不按照规定为农业机械生产者、销售者进行鉴定，或者伪造鉴定结果、出具虚假证明，给农业机械使用者造成损失的，依法承担赔偿责任。

第三十三条 国务院农业行政主管部门和县级以上地方人民政府主管农业机械化工作的部门违反本法规定，强制或者变相强制农业机械生产者、销售者对其生产、销售的农业机械产品进行鉴定的，由上级主管机关或者监察机关责令限期改正，并对直接负责的主管人员和其他直接责任人员给予行政处分。

第三十四条 违反本法第二十七条、第二十八条规定，截留、挪用有关补贴资金的，由上级主管机关责令限期归还被截留、挪用的资金，没收非法所得，并由上级主管机关、监察机关或者所在单位对直接负责的主管人员和其他直接责任人员给予行政处分；构成犯罪的，依法追究刑事责任。

第八章 附 则

第三十五条 本法自2004年11月1日起施行。

附录二 农业机械安全监督管理条例

中华人民共和国国务院令

第563号

《农业机械安全监督管理条例》已经2009年9月7日国务院第80次常务会议通过，现予公布，自2009年11月1日起施行。

总理 温家宝

二〇〇九年九月十七日

第一章 总 则

第一条 为了加强农业机械安全监督管理，预防和减少农业机械事故，保障人民生命和财产安全，制定本条例。

第二条 在中华人民共和国境内从事农业机械的生产、销售、维修、使用操作以及安全监督管理等活动，应当遵守本条例。

本条例所称农业机械，是指用于农业生产及其产品初加工等相关农事活动的机械、设备。

第三条 农业机械安全监督管理应当遵循以人为本、预防事故、保障安全、促进发展的原则。

第四条 县级以上人民政府应当加强对农业机械安全监督管理工作的领导，完善农业机械安全监督管理体系，增加对农民购买农业机械的补贴，保障农业机械安全的财政投入，建立健全农业机械安全生产责任制。

第五条 国务院有关部门和地方各级人民政府、有关部门应当加强农业机械安全法律、法规、标准和知识的宣传教育。

农业生产经营组织、农业机械所有人应当对农业机械操作人员及相关人员进行农业机械安全使用教育，提高其安全意识。

第六条 国家鼓励和支持开发、生产、推广、应用先进适用、安全可靠、节能环保的农业机械，建立健全农业机械安全技术标准和安全操作规程。

第七条 国家鼓励农业机械操作人员、维修技术人员参加职业技能培训和依法成立安全互助组织，提高农业机械安全操作水平。

第八条 国家建立落后农业机械淘汰制度和危及人身财产安全的农业机械报废制度,并对淘汰和报废的农业机械依法实行回收。

第九条 国务院农业机械化主管部门、工业主管部门、质量监督部门和工商行政管理部门等有关部门依照本条例和国务院规定的职责,负责农业机械安全监督管理工作。

县级以上地方人民政府农业机械化主管部门、工业主管部门和县级以上地方质量监督部门、工商行政管理部门等有关部门按照各自职责,负责本行政区域的农业机械安全监督管理工作。

第二章 生产、销售和维修

第十条 国务院工业主管部门负责制定并组织实施农业机械工业产业政策和有关规划。

国务院标准化主管部门负责制定发布农业机械安全技术国家标准,并根据实际情况及时修订。农业机械安全技术标准是强制执行的标准。

第十一条 农业机械生产者应当依据农业机械工业产业政策和有关规划,按照农业机械安全技术标准组织生产,并建立健全质量保障控制体系。

对依法实行工业产品生产许可证管理的农业机械,其生产者应当取得相应资质,并按照许可的范围和条件组织生产。

第十二条 农业机械生产者应当按照农业机械安全技术标准对生产的农业机械进行检验;农业机械经检验合格并

附具详尽的安全操作说明书和标注安全警示标志后，方可出厂销售；依法必须进行认证的农业机械，在出厂前应当标注认证标志。

上道路行驶的拖拉机，依法必须经过认证的，在出厂前应当标注认证标志，并符合机动车国家安全技术标准。

农业机械生产者应当建立产品出厂记录制度，如实记录农业机械的名称、规格、数量、生产日期、生产批号、检验合格证号、购货者名称及联系方式、销售日期等内容。出厂记录保存期限不得少于3年。

第十三条 进口的农业机械应当符合我国农业机械安全技术标准，并依法由出入境检验检疫机构检验合格。依法必须进行认证的农业机械，还应当由出入境检验检疫机构进行入境验证。

第十四条 农业机械销售者对购进的农业机械应当查验产品合格证明。对依法实行工业产品生产许可证管理、依法必须进行认证的农业机械，还应当验明相应的证明文件或者标志。

农业机械销售者应当建立销售记录制度，如实记录农业机械的名称、规格、生产批号、供货者名称及联系方式、销售流向等内容。销售记录保存期限不得少于3年。

农业机械销售者应当向购买者说明农业机械操作方法和安全注意事项，并依法开具销售发票。

第十五条 农业机械生产者、销售者应当建立健全农业机械销售服务体系，依法承担产品质量责任。

第十六条 农业机械生产者、销售者发现其生产、销售的农业机械存在设计、制造等缺陷，可能对人身财产安全造成损害的，应当立即停止生产、销售，及时报告当地质量监督部门、工商行政管理部门，通知农业机械使用者停止使用。农业机械生产者应当及时召回存在设计、制造等缺陷的农业机械。

农业机械生产者、销售者不履行本条第一款义务的，质量监督部门、工商行政管理部门可以责令生产者召回农业机械，责令销售者停止销售农业机械。

第十七条 禁止生产、销售下列农业机械：

（一）不符合农业机械安全技术标准的；

（二）依法实行工业产品生产许可证管理而未取得许可证的；

（三）依法必须进行认证而未经认证的；

（四）利用残次零配件或者报废农业机械的发动机、方向机、变速器、车架等部件拼装的；

（五）国家明令淘汰的。

第十八条 从事农业机械维修经营，应当有必要的维修场地，有必要的维修设施、设备和检测仪器，有相应的维修技术人员，有安全防护和环境保护措施，取得相应的维修技术合格证书，并依法办理工商登记手续。

申请农业机械维修技术合格证书，应当向当地县级人民政府农业机械化主管部门提交下列材料：

（一）农业机械维修业务申请表；

（二）申请人身份证明、企业名称预先核准通知书；

（三）维修场所使用证明；

（四）主要维修设施、设备和检测仪器清单；

（五）主要维修技术人员的国家职业资格证书。

农业机械化主管部门应当自收到申请之日起20个工作日内，对符合条件的，核发维修技术合格证书；对不符合条件的，书面通知申请人并说明理由。

维修技术合格证书有效期为3年；有效期满需要继续从事农业机械维修的，应当在有效期满前申请续展。

第十九条 农业机械维修经营者应当遵守国家有关维修质量安全技术规范和维修质量保证期的规定，确保维修质量。

从事农业机械维修不得有下列行为：

（一）使用不符合农业机械安全技术标准的零配件；

（二）拼装、改装农业机械整机；

（三）承揽维修已经达到报废条件的农业机械；

（四）法律、法规和国务院农业机械化主管部门规定的其他禁止性行为。

第三章 使用操作

第二十条 农业机械操作人员可以参加农业机械操作人员的技能培训，可以向有关农业机械化主管部门、人力资源和社会保障部门申请职业技能鉴定，获取相应等级的国家职业资格证书。

第二十一条 拖拉机、联合收割机投入使用前，其所有人应当按照国务院农业机械化主管部门的规定，持本人身份证明和机具来源证明，向所在地县级人民政府农业机械化主管部门申请登记。拖拉机、联合收割机经安全检验合格的，农业机械化主管部门应当在2个工作日内予以登记并核发相应的证书和牌照。

拖拉机、联合收割机使用期间登记事项发生变更的,其所有人应当按照国务院农业机械化主管部门的规定申请变更登记。

第二十二条 拖拉机、联合收割机操作人员经过培训后,应当按照国务院农业机械化主管部门的规定,参加县级人民政府农业机械化主管部门组织的考试。考试合格的,农业机械化主管部门应当在2个工作日内核发相应的操作证件。

拖拉机、联合收割机操作证件有效期为6年;有效期满,拖拉机、联合收割机操作人员可以向原发证机关申请续展。未满18周岁不得操作拖拉机、联合收割机。操作人员年满70周岁的,县级人民政府农业机械化主管部门应当注销其操作证件。

第二十三条 拖拉机、联合收割机应当悬挂牌照。拖拉机上道路行驶,联合收割机因转场作业、维修、安全检验等需要转移的,其操作人员应当携带操作证件。

拖拉机、联合收割机操作人员不得有下列行为:

(一)操作与本人操作证件规定不相符的拖拉机、联合收割机;

(二)操作未按照规定登记、检验或者检验不合格、安全设施不全、机件失效的拖拉机、联合收割机;

(三)使用国家管制的精神药品、麻醉品后操作拖拉机、联合收割机;

(四)患有妨碍安全操作的疾病操作拖拉机、联合收割机；

(五)国务院农业机械化主管部门规定的其他禁止行为。

禁止使用拖拉机、联合收割机违反规定载人。

第二十四条　农业机械操作人员作业前，应当对农业机械进行安全查验；作业时，应当遵守国务院农业机械化主管部门和省、自治区、直辖市人民政府农业机械化主管部门制定的安全操作规程。

第四章　事故处理

第二十五条　县级以上地方人民政府农业机械化主管部门负责农业机械事故责任的认定和调解处理。

本条例所称农业机械事故，是指农业机械在作业或者转移等过程中造成人身伤亡、财产损失的事件。

农业机械在道路上发生的交通事故，由公安机关交通管理部门依照道路交通安全法律、法规处理；拖拉机在道路以外通行时发生的事故，公安机关交通管理部门接到报案的，参照道路交通安全法律、法规处理。农业机械事故造成公路及其附属设施损坏的，由交通主管部门依照公路法律、法规处理。

第二十六条　在道路以外发生的农业机械事故，操作人员和现场其他人员应当立即停止作业或者停止农业机械的转移，保护现场，造成人员伤害的，应当向事故发生地农业机械化主管部门报告；造成人员死亡的，还应当向事故发生地公安机关报告。造成人身伤害的，应当立即采取措施，抢救受伤人员。因抢救受伤人员变动现场的，应当标明位置。

接到报告的农业机械化主管部门和公安机关应当立即派人赶赴现场进行勘验、检查,搜集证据,组织抢救受伤人员,尽快恢复正常的生产秩序。

第二十七条 对经过现场勘验、检查的农业机械事故,农业机械化主管部门应当在10个工作日内制作完成农业机械事故认定书;需要进行农业机械鉴定的,应当自收到农业机械鉴定机构出具的鉴定结论之日起5个工作日内制作农业机械事故认定书。

农业机械事故认定书应当载明农业机械事故的基本事实、成因和当事人的责任,并在制作完成农业机械事故认定书之日起3个工作日内送达当事人。

第二十八条 当事人对农业机械事故损害赔偿有争议,请求调解的,应当自收到事故认定书之日起10个工作日内向农业机械化主管部门书面提出调解申请。调解达成协议的,农业机械化主管部门应当制作调解书送交各方当事人。调解书经各方当事人共同签字后生效。调解不能达成协议或者当事人向人民法院提起诉讼的,农业机械化主管部门应当终止调解并书面通知当事人。调解达成协议后当事人反悔的,可以向人民法院提起诉讼。

第二十九条 农业机械化主管部门应当为当事人处理农业机械事故损害赔偿等后续事宜提供帮助和便利。因农业机械产品质量原因导致事故的,农业机械化主管部门应当依法出具有关证明材料。

农业机械化主管部门应当定期将农业机械事故统计情况及说明材料报送上级农业机械化主管部门并抄送同级安

全生产监督管理部门。

农业机械事故构成生产安全事故的，应当依照相关法律、行政法规的规定调查处理并追究责任。

第五章 服务与监督

第三十条 县级以上地方人民政府农业机械化主管部门应当定期对危及人身财产安全的农业机械进行免费实地安全检验。但是道路交通安全法律对拖拉机的安全检验另有规定的，从其规定。

拖拉机、联合收割机的安全检验为每年1次。

实施安全技术检验的机构应当对检验结果承担法律责任。

第三十一条 农业机械化主管部门在安全检验中发现农业机械存在事故隐患的，应当告知其所有人停止使用并及时排除隐患。

实施安全检验的农业机械化主管部门应当对安全检验情况进行汇总，建立农业机械安全监督管理档案。

第三十二条 联合收割机跨行政区域作业前，当地县级人民政府农业机械化主管部门应当会同有关部门，对跨行政区域作业的联合收割机进行必要的安全检查，并对操作人员进行安全教育。

第三十三条 国务院农业机械化主管部门应当定期对农业机械安全使用状况进行分析评估，发布相关信息。

第三十四条 国务院工业主管部门应当定期对农业机械生产行业运行态势进行监测和分析，并按照先进适用、安全可靠、节能环保的要求，会同国务院农业机械化主管部门、质量监督部门等有关部门制定、公布国家明令淘汰的农业机械产品目录。

第三十五条 危及人身财产安全的农业机械达到报废条件的，应当停止使用，予以报废。农业机械的报废条件由国务院农业机械化主管部门会同国务院质量监督部门、工业主管部门规定。

县级人民政府农业机械化主管部门对达到报废条件的危及人身财产安全的农业机械，应当书面告知其所有人。

第三十六条 国家对达到报废条件或者正在使用的国家已经明令淘汰的农业机械实行回收。农业机械回收办法由国务院农业机械化主管部门会同国务院财政部门、商务主管部门制定。

第三十七条 回收的农业机械由县级人民政府农业机械化主管部门监督回收单位进行解体或者销毁。

第三十八条 使用操作过程中发现农业机械存在产品质量、维修质量问题的，当事人可以向县级以上地方人民政府农业机械化主管部门或者县级以上地方质量监督部门、工商行政管理部门投诉。接到投诉的部门对属于职责范围内的事项，应当依法及时处理；对不属于职责范围内的事项，应当及时移交有权处理的部门，有权处理的部门应当立即处理，不得推诿。

县级以上地方人民政府农业机械化主管部门和县级以上地方质量监督部门、工商行政管理部门应当定期汇总农业机械产品质量、维修质量投诉情况并逐级上报。

第三十九条 国务院农业机械化主管部门和省、自治区、直辖市人民政府农业机械化主管部门应当根据投诉情况和农业安全生产需要，组织开展在用的特定种类农业机械的安全鉴定和重点检查，并公布结果。

第四十条 农业机械安全监督管理执法人员在农田、场院等场所进行农业机械安全监督检查时，可以采取下列措施：

（一）向有关单位和个人了解情况，查阅、复制有关资料；

（二）查验拖拉机、联合收割机证书、牌照及有关操作证件；

（三）检查危及人身财产安全的农业机械的安全状况，对存在重大事故隐患的农业机械，责令当事人立即停止作业或者停止农业机械的转移，并进行维修；

（四）责令农业机械操作人员改正违规操作行为。

第四十一条 发生农业机械事故后企图逃逸的、拒不停止存在重大事故隐患农业机械的作业或者转移的，县级以上地方人民政府农业机械化主管部门可以扣押有关农业机械及证书、牌照、操作证件。案件处理完毕或者农业机械事故肇事方提供担保的，县级以上地方人民政府农业机械化主管部门应当及时退还被扣押的农业机械及证书、牌照、操作证件。存在重大事故隐患的农业机械，其所有人或者使用人排除隐患前不得继续使用。

第四十二条 农业机械安全监督管理执法人员进行安全监督检查时，应当佩戴统一标志，出示行政执法证件。农业机械安全监督检查、事故勘察车辆应当在车身喷涂统一标识。

第四十三条 农业机械化主管部门不得为农业机械指定维修经营者。

第四十四条 农业机械化主管部门应当定期向同级公安机关交通管理部门通报拖拉机登记、检验以及有关证书、牌照、操作证件发放情况。公安机关交通管理部门应当定期向同级农业机械化主管部门通报农业机械在道路上发生的交通事故及处理情况。

第六章 法律责任

第四十五条 县级以上地方人民政府农业机械化主管部门、工业主管部门、质量监督部门和工商行政管理部门及其工作人员有下列行为之一的,对直接负责的主管人员和其他直接责任人员,依法给予处分,构成犯罪的,依法追究刑事责任:

(一)不依法对拖拉机、联合收割机实施安全检验、登记,或者不依法核发拖拉机、联合收割机证书、牌照的;

(二)对未经考试合格者核发拖拉机、联合收割机操作证件,或者对经考试合格者拒不核发拖拉机、联合收割机操作证件的;

(三)对不符合条件者核发农业机械维修技术合格证书,或者对符合条件者拒不核发农业机械维修技术合格证书的;

(四)不依法处理农业机械事故,或者不依法出具农业机械事故认定书和其他证明材料的;

(五)在农业机械生产、销售等过程中不依法履行监督管理职责的;

(六)其他未依照本条例的规定履行职责的行为。

第四十六条 生产、销售利用残次零配件或者报废农业机械的发动机、方向机、变速器、车架等部件拼装的农业机械的，由县级以上质量监督部门、工商行政管理部门按照职责权限责令停止生产、销售，没收违法所得和违法生产、销售的农业机械，并处违法产品货值金额1倍以上3倍以下罚款；情节严重的，吊销营业执照。

农业机械生产者、销售者违反工业产品生产许可证管理、认证认可管理、安全技术标准管理以及产品质量管理的，依照有关法律、行政法规处罚。

第四十七条 农业机械销售者未依照本条例的规定建立、保存销售记录的，由县级以上工商行政管理部门责令改正，给予警告；拒不改正的，处1000元以上1万元以下罚款，并责令停业整顿；情节严重的，吊销营业执照。

第四十八条 未取得维修技术合格证书或者使用伪造、变造、过期的维修技术合格证书从事维修经营的，由县级以上地方人民政府农业机械化主管部门收缴伪造、变造、过期的维修技术合格证书，限期补办有关手续，没收违法所得，并处违法经营额1倍以上2倍以下罚款；逾期不补办的，处违法经营额2倍以上5倍以下罚款，并通知工商行政管理部门依法处理。

第四十九条 农业机械维修经营者使用不符合农业机械安全技术标准的配件维修农业机械，或者拼装、改装农业机械整机，或者承揽维修已经达到报废条件的农业机械的，由县级以上地方人民政府农业机械化主管部门责令改正，没收违法所得，并处违法经营额1倍以上2倍以下罚款；拒不改正的，处违法经营额 2 倍以上 5 倍以下罚款；情节严重的，吊销维修技术合格证。

第五十条 未按照规定办理登记手续并取得相应的证书和牌照，擅自将拖拉机、联合收割机投入使用，或者未按照规定办理变更登记手续的，由县级以上地方人民政府农业机械化主管部门责令限期补办相关手续；逾期不补办的，责令停止使用；拒不停止使用的，扣押拖拉机、联合收割机，并处 200 元以上 2000 元以下罚款。

当事人补办相关手续的，应当及时退还扣押的拖拉机、联合收割机。

第五十一条 伪造、变造或者使用伪造、变造的拖拉机、联合收割机证书和牌照的，或者使用其他拖拉机、联合收割机的证书和牌照的，由县级以上地方人民政府农业机械化主管部门收缴伪造、变造或者使用的证书和牌照，对违法行为人予以批评教育，并处 200 元以上 2000 元以下罚款。

第五十二条 未取得拖拉机、联合收割机操作证件而操作拖拉机、联合收割机的，由县级以上地方人民政府农业机械化主管部门责令改正，处 100 元以上 500 元以下罚款。

第五十三条 拖拉机、联合收割机操作人员操作与本人操作证件规定不相符的拖拉机、联合收割机，或者操作未按照规定登记、检验或者检验不合格、安全设施不全、机件失效的拖拉机、联合收割机，或者使用国家管制的精神药品、麻醉品后操作拖拉机、联合收割机，或者患有妨碍安全操作的疾病操作拖拉机、联合收割机的，由县级以上地方人民政府农业机械化主管部门对违法行为人予以批评教育，责令改正；

拒不改正的，处100元以上500元以下罚款；情节严重的，吊销有关人员的操作证件。

第五十四条 使用拖拉机、联合收割机违反规定载人的，由县级以上地方人民政府农业机械化主管部门对违法行为人予以批评教育，责令改正；拒不改正的，扣押拖拉机、联合收割机的证书、牌照；情节严重的，吊销有关人员的操作证件。非法从事经营性道路旅客运输的，由交通主管部门依照道路运输管理法律、行政法规处罚。

当事人改正违法行为的，应当及时退还扣押的拖拉机、联合收割机的证书、牌照。

第五十五条 经检验、检查发现农业机械存在事故隐患，经农业机械化主管部门告知拒不排除并继续使用的，由县级以上地方人民政府农业机械化主管部门对违法行为人予以批评教育，责令改正；拒不改正的，责令停止使用；拒不停止使用的，扣押存在事故隐患的农业机械。

事故隐患排除后，应当及时退还扣押的农业机械。

第五十六条 违反本条例规定，造成他人人身伤亡或者财产损失的，依法承担民事责任；构成违反治安管理行为的，依法给予治安管理处罚；构成犯罪的，依法追究刑事责任。

第七章 附则

第五十七条 本条例所称危及人身财产安全的农业机械，是指对人身财产安全可能造成损害的农业机械，包括拖拉机、联合收割机、机动植保机械、机动脱粒机、饲料粉碎机、插秧机、铡草机等。

第五十八条 本条例规定的农业机械证书、牌照、操作证件和维修技术合格证，由国务院农业机械化主管部门会同国务院有关部门统一规定式样，由国务院农业机械化主管部门监制。

第五十九条 拖拉机操作证件考试收费、安全技术检验收费和牌证的工本费，应当严格执行国务院价格主管部门核定的收费标准。

第六十条 本条例自2009年11月1日起施行。

附录三 国务院关于加快推进农业机械化和农机装备产业转型升级的指导意见

国发〔2018〕42号

各省、自治区、直辖市人民政府，国务院各部委、各直属机构：

农业机械化和农机装备是转变农业发展方式、提高农村生产力的重要基础，是实施乡村振兴战略的重要支撑。没有农业机械化，就没有农业农村现代化。近年来，我国农机制造水平稳步提升，农机装备总量持续增长，农机作业水平快速提高，农业生产已从主要依靠人力畜力转向主要依靠机械动力，进入了机械化为主导的新阶段。但受农机产品需求多样、机具作业环境复杂等因素影响，当前农业机械化和农机装备产业发展不平衡不充分的问题比较突出，特别是农机科技创新能力不强、部分农机装备有效供给不足、农机农艺结合不够紧密、农机作业基础设施建设滞后等问题亟待解决。为加快推进农业机械化和农机装备产业转型升级，现提出以下意见。

一、总体要求

（一）指导思想。以习近平新时代中国特色社会主义思想为指导，全面贯彻党的十九大和十九届二中、三中全会精神，认真落实党中央、国务院决策部署，紧紧围绕统筹推进“五位一体”总体布局和协调推进“四个全面”战略布局，牢固树立和贯彻落实新发展理念，适应供给侧结构性改革要求，以服务乡村振兴战略、满足亿万农民对机械化生产的需要为目标，以农机农艺融合、机械化信息化融合、农机服务模式与农业适度规模经营相适应、机械化生产与农田建设相适应为路径，以科技创新、机制创新、政策创新为动力，补短板、强弱项、促协调，推动农机装备产业向高质量发展转型，推动农业机械化向全程全面高质高效升级，走出一条中国特色农业机械化发展道路，为实现农业农村现代化提供有力支撑。

（二）发展目标。到 2020 年，农机装备产业科技创新能力持续提升，主要经济作物薄弱环节“无机可用”问题基本解决。全国农机总动力超过 10 亿千瓦，其中灌排机械动力达到 1.2 亿千瓦，农机具配置结构进一步优化，农机作业条件加快改善，农机社会化服务领域加快拓展，农机使用效率进一步提升。全国农作物耕种收综合机械化率达到 70%，小麦、水稻、玉米等主要粮食作物基本实现生产全程机械化，棉油糖、果菜茶等大宗经济作物全程机械化生产体系基本建立，设施农业、畜牧养殖、水产养殖和农产品初加工机械化取得明显进展。

到 2025 年，农机装备品类基本齐全，重点农机产品和关键零部件实现协同发展，产品质量可靠性达到国际先进水平，产品和技术供给基本满足需要，农机装备产业迈入高质量发展阶段。全国农机总动力稳定在11亿千瓦左右，其中灌排机械动力达到1.3亿千瓦，农机具配置结构趋于合理，农机作业条件显著改善，覆盖农业产前产中产后的农机社会化服务体系基本建立，农机使用效率显著提升，农业机械化进入全程全面高质高效发展时期。全国农作物耕种收综合机械化率达到75%，粮棉油糖主产县（市、区）基本实现农业机械化，丘陵山区县（市、区）农作物耕种收综合机械化率达到55%。薄弱环节机械化全面突破，其中马铃薯种植、收获机械化率均达到45%，棉花收获机械化率达到60%，花生种植、收获机械化率分别达到65%和55%，油菜种植、收获机械化率分别达到50%和65%，甘蔗收获机械化率达到30%，设施农业、畜牧养殖、水产养殖和农产品初加工机械化率总体达到50%左右。

二、加快推动农机装备产业高质量发展

（三）完善农机装备创新体系。瞄准农业机械化需求，加快推进农机装备创新，研发适合国情、农民需要、先进适用的各类农机，既要发展适应多种形式适度规模经营的大中型农机，也要发展适应小农生产、丘陵山区作业的小型农机以及适应特色作物生产、特产养殖需要的高效专用农机。加强顶层设计与动态评估，建立健全部门协调联动、覆盖关联产业的协同创新机制，增强科研院所原始创新能力，完善以企业为主体、市场为导向的农机装备创新体系，研究部署新一代

智能农业装备科研项目，支持产学研推用深度融合，推进农机装备创新中心、产业技术创新联盟建设，协同开展基础前沿、关键共性技术研究，促进种养加、粮经饲全程全面机械化创新发展。鼓励企业开展高端农机装备工程化验证，加强与新型农业经营主体对接，探索建立“企业＋合作社＋基地”的农机产品研发、生产、推广新模式，持续提升创新能力。孵化培育一批技术水平高、成长潜力大的农机高新技术企业，促进农机装备领域高新技术产业发展。（工业和信息化部、发展改革委、科技部、农业农村部等负责。列第一位者为牵头单位，下同）

（四）推进农机装备全产业链协同发展。支持农机装备产业链上下游企业加强协同，攻克基础材料、基础工艺、电子信息等“卡脖子”问题。引导零部件企业与整机企业构建成本共担、利益共享的新型合作机制，推进新型高效节能农用发动机、大马力用转向驱动桥和农机装备专用传感器等零部件研发，加快关键技术产业化。推动整机企业加强技术创新和内部管理，提升智能化制造水平和质量管控能力，探索开展个性化定制、网络精准营销、在线支持服务等新型商业模式。建立健全现代农机流通体系和售后服务网络，创新现代农机服务模式。（工业和信息化部、发展改革委、科技部、农业农村部、商务部等负责）

（五）优化农机装备产业结构布局。鼓励大型企业由单机制造为主向成套装备集成为主转变，支持中小企业向“专、精、特、新”方向发展，构建大中小企业协同发展的产业格局。根据我国农业生产布局和区域地势特点等，紧密结合农业产业发展需求，以优势农机装备企业为龙头带动区域特色产业集群建设，推动农机装备均衡协调发展。支持企业加强农机装备研发生产，优化资源配置，积极培育具有国际竞争力的农机装备生产企业集团。推动先进农机技术及产品“走出去”，鼓励优势企业参与对外援助和国际合作项目，提升国际化经营能力，服务“一带一路”建设。（工业和信息化部、发展改革委、农业农村部、商务部、国资委、国际发展合作署等负责）

（六）加强农机装备质量可靠性建设。加快精准农业、智能农机、绿色农机等标准制定，构建现代农机装备标准体系。加强农机装备产业计量测试技术研究，支撑农机装备产业技术创新。建立健全农机装备检验检测认证体系，支持农机装备产业重点地区建立检验检测认证公共服务平台，提升面向农机装备零部件和整机的安全性、环境适应性、设备可靠性以及可维修性等试验测试和鉴定能力。对涉及人身安全的产品依法实施强制性产品认证，大力推动农机装备产品自愿性认证，推进农机购置补贴机具资质采信农机产品认证结果。加强农机产品质量监管，强化企业质量主体责任，对重点产品实施行业规范管理。督促农机装备行业大力开展诚信自律行动和质量提升行动，强化知识产权保护，加大对质量违法和假冒品牌行为的打击和惩处力度，开展增品种、提品质、创品牌“三品”专项行动。（市场监管总局、工业和信息化部、发展改革委、农业农村部等负责）

三、着力推进主要农作物生产全程机械化

（七）加快补齐全程机械化生产短板。聚焦薄弱环节，加

大试验示范和服务支持力度，着力提升双季稻地区的水稻机械化种植、长江中下游地区的油菜机械化种植收获以及马铃薯、花生、棉花、苜蓿主产区的机械化采收水平。加快高效植保、产地烘干、秸秆处理等环节与耕种收环节机械化集成配套，探索具有区域特点的主要农作物生产全程机械化解决方案。大力发展甘蔗生产全程机械化，打造特色农产品优势区样板。按规定对新型农业经营主体开展深耕深松、机播机收等生产服务给予补助，大力推进产前产中产后全程机械化。（农业农村部、发展改革委、财政部等负责）

（八）协同构建高效机械化生产体系。加快选育、推广适于机械化作业、轻简化栽培的品种。将适应机械化作为农作物品种审定、耕作制度变革、产后加工工艺改进、农田基本建设等工作的重要目标，促使良种、良法、良地、良机配套，为全程机械化作业、规模化生产创造条件。支持推进现代农业产业技术体系、科技创新联盟、协同创新中心等平台建设，充分发挥现代农业产业园、农业科技园区、返乡创业园的科技支撑引领作用，提高农业机械化科技创新能力，加强产学研推用联合攻关，推动品种栽培装备等多学科、产前产中产后各环节协同联动，加快主要农作物生产全程机械化技术集成与示范。实施主要农作物生产全程机械化推进行动，率先在粮食生产功能区、重要农产品生产保护区、特色农产品优势区、国家现代农业示范区创建一批整体推进示范县（场），引导有条件的省份、市县和垦区整建制率先基本实现主要农作物生产全程机械化。（农业农村部、发展改革委、科技部、工业和信息化部等负责）

四、大力推广先进适用农机装备与机械化技术

(九)加强绿色高效新机具新技术示范推广。围绕农业结构调整,加快果菜茶、牧草、现代种业、畜牧水产、设施农业和农产品初加工等产业的农机装备和技术发展,推进农业生产全面机械化。加强薄弱环节农业机械化技术创新研究和农机装备的研发、推广与应用,攻克制约农业机械化全程全面高质高效发展的技术难题。稳定实施农机购置补贴政策,对购买国内外农机产品一视同仁,最大限度发挥政策效益,大力支持保护性耕作、秸秆还田离田、精量播种、精准施药、高效施肥、水肥一体化、节水灌溉、残膜回收利用、饲草料高效收获加工、病死畜禽无害化处理及畜禽粪污资源化利用等绿色高效机械装备和技术的示范推广。加大农机新产品补贴试点力度,支持大马力、高性能和特色、复式农机新装备示范推广。鼓励金融机构针对权属清晰的大型农机装备开展抵押贷款,鼓励有条件的地方探索对购买大型农机装备贷款进行贴息。积极推进农机报废更新,加快淘汰老旧农机装备,促进新机具新技术推广应用。积极发展农用航空,规范和促进植保无人机推广应用。(农业农村部、科技部、工业和信息化部、财政部、交通运输部、商务部、人民银行、银保监会、民航局等负责)

(十)推动智慧农业示范应用。促进物联网、大数据、移动互联网、智能控制、卫星定位等信息技术在农机装备和农机作业上的应用。编制高端农机装备技术路线图,引导智能高效农机装备加快发展。支持优势企业对接重点用户,形成

研发生产与推广应用相互促进机制，实现智能化、绿色化、服务化转型。建设大田作物精准耕作、智慧养殖、园艺作物智能化生产等数字农业示范基地，推进智能农机与智慧农业、云农场建设等融合发展。推进“互联网＋农机作业”，加快推广应用农机作业监测、维修诊断、远程调度等信息化服务平台，实现数据信息互联共享，提高农机作业质量与效率。（农业农村部、发展改革委、工业和信息化部、国资委等负责）

（十一）提高农业机械化技术推广能力。强化农业机械化技术推广机构的能力建设，加大新技术试验验证力度。推行政府购买服务，鼓励农机科研推广人员与农机生产企业、新型农业经营主体开展技术合作，支持农机生产企业、科研教学单位、农机服务组织等广泛参与技术推广。运用现代信息技术，创新“田间日”等体验式、参与式推广新方式，切实提升农业机械化技术推广效果。提高农机公益性试验鉴定能力，加快新型农机产品检测鉴定，充分发挥农机试验鉴定的评价推广作用。（农业农村部、工业和信息化部等负责）

五、积极发展农机社会化服务

（十二）发展农机社会化服务组织。培育壮大农机大户、农机专业户以及农机合作社、农机作业公司等新型农机服务组织，支持农机服务组织开展多种形式适度规模经营，鼓励家庭农场、农业企业等新型农业经营主体从事农机作业服务。落实农机服务金融支持政策，引导金融机构加大对农机企业和新型农机服务组织的信贷投放，灵活开发各类信贷产品和提供个性化融资方案；在合规审慎的前提下，按规定程序开展面向家庭农场、农机合作社、农业企业等新型农业经营主体的农机融资租赁业务和信贷担保服务。鼓励发展农机保险,加强业务指导,鼓励有条件的农机大省选择重点农机品种,支持开展农机保险。农机融资租赁服务按规定适用增值税优惠政策,允许租赁农机等设备的实际使用人按规定享受农机购置补贴。农业机械耕作服务按规定适用增值税免征政策。(农业农村部、财政部、人民银行、税务总局、银保监会等负责)

(十三)推进农机服务机制创新。鼓励农机服务主体通过跨区作业、订单作业、农业生产托管等多种形式,开展高效便捷的农机作业服务,促进小农户与现代农业发展有机衔接。对于促进农业绿色发展的农机服务,积极推进按规定通过政府购买服务方式提供。鼓励农机服务主体与家庭农场、种植大户、普通农户及农业企业组建农业生产联合体,实现机具共享、互利共赢。支持农机服务主体及农村集体经济组织按规划建设集中育秧、农机具存放以及农产品产地储藏、烘干、分等分级等设施和区域农机维修中心。推动农机服务业态创新,建设一批“全程机械化+综合农事”服务中心,为周边农户提供全程机械作业、农资统购、技术培训、信息咨询、农产品销售对接等“一站式”综合服务。继续落实有关规定,免收跨区作业的联合收割机、运输联合收割机和插秧机车辆的通行费。(农业农村部、发展改革委、财政部、自然资源部、交通运输部等负责)

六、持续改善农机作业基础条件

(十四)提高农机作业便利程度。加强高标准农田建设、农村土地综合整治等方面制度、标准、规范和实施细则的制修订，进一步明确田间道路、田块长度宽度与平整度等“宜机化”要求，加强建设监理和验收评价。统筹中央和地方各类相关资金及社会资本积极开展高标准农田建设，推动农田地块小并大、短并长、陡变平、弯变直和互联互通，切实改善农机通行和作业条件，提高农机适应性。重点支持丘陵山区开展农田“宜机化”改造，扩展大中型农机运用空间，加快补齐丘陵山区农业机械化基础条件薄弱的短板。（农业农村部、发展改革委、财政部、自然资源部、市场监管总局等负责）

（十五）改善农机作业配套设施条件。落实设施农用地、新型农业经营主体建设用地、农业生产用电等相关政策，支持农机合作社等农机服务组织生产条件建设。加强县级统筹规划，合理布局农机具存放和维修、农作物育秧育苗以及农产品产地烘干和初加工等农机作业服务配套设施。在年度建设用地指标中，优先安排农机合作社等新型农业经营主体用地，并按规定减免相关税费。有条件的地区可以将晒场、烘干、机具库棚等配套设施纳入高标准农田建设范围。鼓励有条件的地区建设区域农机安全应急救援中心，提高农机安全监理执法、快速救援、机具抢修和跨区作业实时监测调度等能力。（农业农村部、发展改革委、财政部、自然资源部、税务总局等负责）

七、切实加强农机人才培养

（十六）健全新型农业工程人才培养体系。加强农业工程学科建设，制定中国特色农业工程类专业认证标准。引导高校积极设置相关专业，培养创新型、应用型、复合型农业机械化人才。支持高等院校招收农业工程类专业学生，扩大硕士、博士研究生培养规模。加大卓越农林人才、卓越工程师教育培养计划对农机人才的支持力度，引导相关高校面向农业机械化、农机装备产业转型升级开展新工科研究与实践，构建产学合作协同育人项目实施体系。推动实施产教融合、校企合作，支持优势农机企业与学校共建共享工程创新基地、实践基地、实训基地。发挥好现代农业装备职业教育集团作用。鼓励农机人才国际交流合作，支持农机专业人才出国留学、联合培养，积极引进国际农机装备高端人才。（教育部、工业和信息化部、农业农村部等负责）

（十七）注重农机实用型人才培养。实施新型职业农民培育工程，加大对农机大户、农机合作社带头人的扶持力度。大力遴选和培养农机生产及使用一线“土专家”，弘扬工匠精神，充分发挥基层实用人才在推动技术进步和机械化生产中的重要作用。通过购买服务、项目支持等方式，支持农机生产企业、农机合作社培养农机操作、维修等实用技能型人才。加强基层农机推广人员岗位技能培养和知识更新，鼓励大中专毕业生、退伍军人、科技人员等返乡下乡创办领办新型农机服务组织，打造一支懂农业、爱农村、爱农民的一线农机人才队伍。（农业农村部、工业和信息化部等负责）

八、强化组织领导

（十八）健全组织实施机制。建立由农业农村部、工业和信息化部牵头的国家农业机械化发展协调推进机制，统筹协调农业机械化和农机装备产业发展工作，认真梳理和解决突出问题，审议有关政策、重大工程专项和重点工作安排，加强

战略谋划和工作指导，破除发展中的障碍。重大问题及时向国务院报告。（农业农村部、工业和信息化部牵头负责）

（十九）强化地方政府责任。各省级人民政府要认真研究实施乡村振兴战略对农机装备的需求，充分认识加快推进农业机械化和农机装备产业转型升级的重要性、紧迫性，将其作为推进农业农村现代化的重要内容，纳入本地区经济社会发展规划和议事日程，结合实际制定实施意见。深入贯彻落实《中华人民共和国农业机械化促进法》等法律法规，完善粮食安全省长责任制等政府目标考核中的农业机械化内容，建立协同推进机制，落实部门责任，加强经费保障，形成工作合力。（各省级人民政府负责）

（二十）促进政府与市场良性互动。充分尊重农民意愿，从根本上依靠市场力量和农民的创造性，及时发现和总结推广典型做法，因地制宜推进农业机械化发展。更好地发挥政府在推进农业机械化中的引导作用，重点在公共服务等方面提供支持，为市场创造更多发展空间。深入推进农机装备产业和农业机械化管理领域简政放权、放管结合、优化服务改革，推进政务信息公开，加强规划政策引导，优化鉴定推广服务，保障农机安全生产，切实调动各类市场主体的积极性、主动性和创造性。充分发挥行业协会在行业自律、信息交流、教育培训等方面的作用，服务引导行业转型升级。加强舆论引导，推介典型经验，宣传表彰先进，努力营造加快推进农业机械化和农机装备产业转型升级的良好氛围。（农业农村部、工业和信息化部等负责）

国务院

2018 年 12 月 21 日

附录四　农业农村部关于加快推进农业机械化转型升级的通知

农机发〔2019〕4 号

各省、自治区、直辖市及计划单列市农业农村厅(局、委),新疆生产建设兵团农业农村局,福建省海洋与渔业局,黑龙江省农垦总局,广东省农垦总局:

为贯彻落实《国务院关于加快推进农业机械化和农机装备产业转型升级的指导意见》(国发〔2018〕42 号,以下简称《意见》)和国务院召开的全国春季农业生产暨农业机械化转型升级工作会议精神,推进农业机械化向全程全面高质高效发展,现就有关工作通知如下。

一、提高认识,增强推进农业机械化转型升级的责任感和紧迫感

党中央、国务院高度重视农业机械化工作。习近平总书记指出,要大力推进农业机械化、智能化,给农业现代化插上科技的翅膀。2018 年 12 月国务院出台《意见》,作出了“我国农业生产已从主要依靠人力畜力转向主要依靠机械动力,进入了机械化为主导的新阶段”的重大判断,强调“没有农业机械化,就没有农业农村现代化”,要求以服务乡村振兴战略、满足亿万农民对机械化生产的需要为目标,推动农机装备产业向高质量发展转型,推动农业机械化向全程全面高质高效

升级，明确了当前和今后一个时期推进农业机械化转型升级的指导思想、发展目标和主要任务，为做好新时期农业机械化工作提供了根本遵循。各级农业农村部门要迅速把思想和行动统一到党中央、国务院的决策部署上来，切实提高认识，增强责任感、紧迫感，把推进农业机械化向全程全面高质高效转型升级列入重要议事日程，加快推进农业机械化由耕、种、收环节向植保、烘干、秸秆处理全过程发展，由种植业向畜牧业、渔业、设施农业、农产品初加工业延伸，由平原地区向丘陵山区扩展，为实现农业农村现代化提供有力支撑。

二、健全机制，推进农机农艺融合

农机、种植、畜牧、渔业、种业、农产品加工、科教等有关方面要密切配合，建立健全推进农机农艺融合的工作机制，推动产学研推用多部门联合攻关、品种栽培养殖装备多学科协同联动、产前产中产后各环节集成配套。选优配强现代农业产业技术体系和有关科技创新联盟、创新中心及科技创新项目农机专家力量，加强农业机械化学科群和全程机械化科研基地、试验站、实验室建设，为农机农艺融合研究提供有效支撑。完善主要农作物品种审定标准，将机械化生产适应性作为重要指标，加快选育推广适宜玉米籽粒机收、油菜机收、棉花机采、甘蔗切段式收割的品种，加快推进果菜茶等特色作物和设施农业品种的“宜机化”。大力推进育种机械化，积极发展种子选育、繁育、清选、加工等装备设施。在现代农业示范区建设中，落实农机农艺融合的基本要求，围绕品种栽培养殖和机械装备集成配套，推动种植、养殖和产品初加工方式的改进，制定相互适应的农艺标准、养殖工艺和机械作业规范，构建区域化、标准化的种植养殖机械化生产模式并加快推广。

三、注重规划，推进机械化信息化融合

农业农村信息化的有关规划、项目中，要把发展智能农业装备、推进农机作业服务和管理信息化作为重要内容。在装备发展上，通过建立智能农机标准，完善农机鉴定大纲、优化农机购置补贴机具分类分档等措施，引导农机企业研发制造新一代农产品品质监测、水肥一体化、自动饲喂、环境控制、水产品采收等农业装备，引导大中型农业机械配备导航定位、作业监测、自动驾驶等终端，推动渔船配备通讯导航等装备，不断提高农机装备信息化、智能化水平。在作业服务上，积极发展“互联网＋农机作业”，加快推广应用农机作业服务供需对接、远程调度管理等信息化系统，促进农机共享共用。加快农机作业大数据研发应用，促进农机精准作业、精准服务。建设大田作物精准耕作、智慧养殖、设施园艺作物智能化生产等数字农业示范基地，推进智能农机与智慧农业、云农场建设等融合发展。在农机化管理上，加快农机鉴定、农机监理、农机购置补贴、农机作业补助核定等管理服务工作的信息化步伐，推进信息系统互联互通。全面运用农机购置补贴机具信息网络投送平台，推广使用手机 App 办理农机购置补贴、农机深松整地等作业补助物联网监测等应用软件，提升政策实施管理的精准性、便利性。积极推进农机化管理信息系统与农机工业、种植业、养殖业等管理部门的信息系统互联互通，推动构建左右相连、上下贯通的农机化管

理服务"一张网"。

四、加强指导，推进农机服务模式与农业适度规模经营相适应

大力发展农机社会化服务组织，创新作业服务模式，加快推进农机服务向农业生产全过程、全产业及农村生态、农民生活服务领域延伸。积极推进《意见》明确的税费减免、设施用地、信贷担保、抵押贷款、融资租赁、财政补贴、跨区作业、农机保险、人才培养等方面扶持措施落实落地，帮助农机服务主体解决好融资难、用地难、维修难、请机手难等实际困难。加快培育壮大农机专业户、农机合作社、农机合作社联合社、农机作业公司等新型服务主体，支持大中专毕业生、退伍军人、科技人员等创办领办新型农机服务组织，注重选树一批有较强示范作用的农机合作社。在编制乡村规划中，注重统一布局建设大型农机具停放场所。引导鼓励农机服务主体与家庭农场、种植大户、普通农户及农业企业组建农业生产联合体，探索实现农机互助、设备共享、互利共赢的有效方式，提高农机使用效率。积极指导发展"全程机械化＋综合农事服务"等新业态，发挥益农信息社、供销社等站点作用，为农户提供全程机械作业、农资统购、技术培训、信息咨询、农产品销售对接等"一站式"综合服务。积极通过政府购买服务等方式，支持在农田托管、统防统治等规模化生产性服务中开展农机作业服务。精心组织好重要农时机械化生产活动，引导农机服务主体通过跨区作业、订单作业、生产托管等多种形式，提高作业效率和质量。

五、统筹协调，推进机械化生产与农田建设相适应

把适宜机械化作为农田基本建设的重要目标，对现有资金渠道整合，稳定和拓展各级财政投入，积极引导社会资本参与高标准农田“宜机化”建设，为全程机械化作业、规模化生产创造条件，保障“农机能下田”。积极推进西南高原山地丘陵、南方山地丘陵与西北黄土丘陵等需求迫切地区，因地制宜开展农田“宜机化”改造。制定完善果园、菜园、茶园和设施种养基地建设及改造的“宜机化”标准，推进标准化生产、机械化作业。大力推广应用挖掘、平地、清淤、排灌等农田建设机械和工程技术，为高标准农田建设和农田“宜机化”改造提供支撑。

六、补齐短板，推进主要农作物生产全程机械化

以“补短板、促集成、提水平”为目标导向，以粮棉油糖等大宗作物为重点，深入开展主要农作物全程机械化推进行动。积极开展粮食薄弱环节机械化技术试验示范和集成配套，重点推动双季稻区机械化栽植、黄淮海地区大豆机收发展，加快玉米籽粒直收机械化步伐，推动将全程机械化推进行动的成效纳入粮食安全省长责任制考核内容。着力推进长江流域油菜种收机械化以及棉花、马铃薯、花生、甘蔗收获等薄弱环节机械化，满足大宗农产品稳定发展和农业结构调整需要。分作物分区域举办系列全程机械化现场推进活动，示范推广一批新技术新装备，总结推出一批全程机械化解决方案，实现高效植保、产地烘干、秸秆处理等环节与耕种收环节机械化集成配套，构建高效机械化生产体系。支持新型经

营主体开展深松深耕、机播机收和生产性托管服务，引领推进主要农作物全程机械化。每年推出一批基本实现全程机械化的示范县（场），鼓励有条件的省份、市县和垦区整建制率先基本实现主要农作物生产全程机械化。

七、创新引领，推进农业生产机械化全面发展

瞄准实施乡村振兴战略对农机装备的需求，积极推动薄弱环节机械化技术创新研究与应用，加快攻克制约农业机械化全程全面高质高效发展的技术难题。强化需求引领，通过制定发布发展规划、技术装备需求目录、主推技术等形式，引导各地和企业开展技术创新，推动果菜茶、牧草、热带作物、中草药、现代种业、畜牧养殖、水产养殖、设施农业和农产品初加工等产业的农机装备和技术创新发展。组织遴选重大科技创新项目，积极争取科技、财政等部门立项支持，加快研发适合国情、农民需要、先进适用的农机，注重发展适应小农生产、丘陵山区作业以及适应特色作物生产、特产养殖需要的高效专用农机。稳定实施农机购置补贴政策，严格落实农财两部相关规定，对购买国内外农机一视同仁，充分发挥政策实施的导向作用，重点支持保护性耕作、精量播种、精准施药、高效施肥、水肥一体化、节水灌溉、秸秆还田离田、残膜回收利用、饲草料高效收获加工、病死畜禽无害化处理、畜禽粪污资源化利用、水产养殖节能高效增氧机和投饲机等绿色高效机械装备以及智能农机及信息化装备等推广应用。加大对丘陵山区和特色产业适用农机装备购置补贴支持力度，大力提升贫困地区农机化技术和装备应用水平。积极推进农机报废更新，加快淘汰高能耗、高污染、安全性能差的老旧农

业机械，促进农机装备更新换代。

八、整合资源，推进农业机械化人才队伍建设

适应农业机械化转型升级的需要，扎实推进农业机械化人才队伍建设。加快建设农机科研人才队伍，推动高等院校加强农业工程学科建设，实施产教融合、校企合作，培养创新型、应用型、复合型农业机械化人才，支持农机科研院所通过国际项目合作和境外人才培训交流等方式，引进国外高层次农机人才。加快建设农机技术人才队伍，大力开展农机化管理、技术推广、试验鉴定、安全监理等系统的干部和技术人员培训和再教育，强化政风行风和职业道德建设，不断提升素质能力。加快建设农机实用人才队伍，加强农机职业技能开发，组织开展农机技能竞赛，遴选和培养一批农机生产及使用“土专家”。通过购买服务、项目支持等方式，支持农机企业、合作社培养农机生产、作业操作、维修等技能服务型人才。加大新型职业农民培育工程对农机大户、农机合作社带头人和返乡农机从业人员的扶持力度，培育一批既懂生产又善管理的新型农机职业经理人和实用人才，打造农机社会化服务提档升级发展的生力军。

九、优化服务，推进农业机械化管理“放管服”改革

在农机鉴定、推广、监理、维修、管理等领域深入推进“放管服”改革，不断提升农机化公共服务能力，切实调动各类市场主体发展农业机械化的积极性、主动性和创造性。加快制修订农业机械化相关技术、管理标准和规范，建立健全统计、评价指标体系，切实强化农业机械化行业发展监测工作，支

撑、引领农业机械化转型升级。全面落实新修订的《农业机械试验鉴定办法》，畅通产业急需、农民急用的创新型农机装备的试验鉴定渠道。创新“田间日”“互联网＋技术推广”、重大技术协同推广等方式，切实提升农业机械化技术推广服务能力和效果。深入开展“平安农机”创建活动，积极推进农机安全监管力量向农村延伸。强化农业机械维修技术合格证核发行政许可取消后的事中事后监管，压实农机产销企业和维修网点的维修主体责任。

十、强化领导，构建合力推进农业机械化转型升级的工作格局

各地农业农村部门要按照当地党委政府的统一部署，积极主动做好出台省级人民政府贯彻落实《意见》的实施意见或方案的具体工作。要与工信部门一道发挥好牵头作用，加强与发展改革、财政、科技、教育、交通、商务、税务、自然资源、市场监管等部门的沟通协作，建立多方参与的农业机械化发展协调推进机制。要切实加强农业农村部门内各方面的协作配合，互相支持，形成合力。要充分发挥行业协会作用，服务引导行业转型升级。要加强舆论引导，推介典型经验，宣传表彰先进，努力营造加快推进农业机械化转型升级的良好氛围。各地要在今年年底前，向农业农村部书面报告《意见》贯彻落实情况。

农业农村部

2019 年 4 月 19 日

附录五　农业农村部关于加快畜牧业机械化发展的意见

农机发〔2019〕6 号

各省、自治区、直辖市及计划单列市农业农村（农牧）、畜牧兽医厅（局、委），新疆生产建设兵团农业农村局，黑龙江省农垦总局、广东省农垦总局：

机械化是畜牧业现代化的重要基础和重要标志。近年来，畜牧业加快向标准化规模养殖转型升级，装备总量持续增长，机械化水平不断提升。但不同地区、畜种、养殖规模和生产环节机械化发展不平衡不充分，畜牧业机械化总体水平还不高，科技创新能力不强、部分技术装备有效供给不足、养殖工程与设施装备集成配套不够等问题突出。为贯彻落实中央农村工作会议精神、《国务院关于加快推进农业机械化和农机装备产业转型升级的指导意见》（国发〔2018〕42 号）和《国务院办公厅关于稳定生猪生产促进转型升级的意见》（国办发〔2019〕44 号）的有关部署，推动畜牧业机械化加快发展，现提出以下意见。

一、指导思想和发展目标

（一）指导思想。以习近平新时代中国特色社会主义思想为指导，牢固树立和贯彻落实新发展理念，充分发挥市场在资源配置中的决定性作用和更好发挥政府作用，适应农业高质量发展和供给侧结构性改革要求，以服务乡村振兴战略、满足畜牧业对机械化的需要为目标，以科技创新、机制创新、政策创新为动力，补短板、强弱项、促协调，推进机械装备与养殖工艺相融合、畜禽养殖机械化与信息化相融合、设施装备配置与养殖场建设相适应、机械化生产与适度规模养殖相适应，推动畜牧业机械化向全程全面高质高效转型升级，为畜牧业高质量发展、加快现代化步伐提供有力支撑。

（二）发展目标。统筹设施装备和畜牧业协调发展，着力推进主要畜种养殖、重点生产环节、规模养殖场（户）的机械化。到2025年，畜牧业机械化率总体达到50%以上，主要畜禽养殖全程机械化取得显著成效。其中，奶牛规模化养殖机械化率达到80%以上，生猪、蛋鸡、肉鸡规模化养殖机械化率达到70%以上，肉牛、肉羊规模化养殖机械化率达到50%以上，大规模养殖场基本实现全程机械化。标准化规模养殖与机械化协调并进的畜牧业发展新格局基本形成，有条件的地区主要畜种规模化养殖率先基本实现全程机械化。

二、主要任务

坚持目标导向和问题导向，集中力量强科技、补短板、推全程、兴主体、保安全、稳供给，突出抓好养殖生产全程机械化，加快提升畜禽养殖废弃物处理机械化水平，积极促进畜牧业机械化转型升级。

（三）推动畜牧机械装备科技创新。聚集优势资源，推进产学研结合，组织调动大专院校和科研院所力量，充分发挥大型骨干设施装备企业作用，加强畜禽健康养殖与疫病防控工艺、畜禽生理与环境控制机理、畜禽行为与养殖装备关系、新材料和信息化技术等基础研究，为突破畜牧业机械化薄弱环节奠定基础。开展畜牧业机械化技术与装备需求调查，发布市场需求目录，引导科研单位和生产企业研发适合养殖场(户)需要、先进适用的畜牧机械装备。通过遴选重大项目、主推技术等方式，积极争取财政、科技等部门的立项支持，研发高效饲草料收获加工、精准饲喂、智能环控、养殖信息监测、疫病防控、畜产品智能化采集加工、高效粪污资源化利用、病死畜禽无害化处理和种畜禽生产性能测定等先进机械装备，加快符合我国国情的绿色智能、立体高效、福利安全的养殖装备科技创新。健全完善畜牧工程与装备重点实验室和科研基地，加强生猪、蛋鸡、肉鸡、奶牛、肉牛、肉羊等产业技术体系相关岗位专家队伍和综合试验站建设，推动建设一批产业技术创新联盟，充实全国农机化科技创新专家组畜牧养殖工程领域力量，为畜牧机械装备的科技创新提供有力支撑。加强国际交流合作，支持引进国际先进技术，引导和支持畜牧机械装备企业及产品“走出去”。

(四)推进主要畜种规模化养殖全程机械化。以生猪、蛋鸡、肉鸡、奶牛、肉牛、肉羊等养殖为主要对象，制定发布规模化养殖设施装备配套技术规范，推进畜种、养殖工艺、设施装备集成配套，加强养殖全过程机械化技术指导，大力推进主要畜种养殖全程机械化。聚焦畜牧业主产区规模养殖场，巩固提高饲草料生产与加工、饲草料投喂、环境控制等环节机械化水平，加快解决疫病防控、畜产品采集加工、粪污收集处理与利用等薄弱环节机械装备应用难题，构建区域化、规模化、标准化、信息化的全程机械化生产模式。组织遴选推介一批率先基本实现养殖全程机械化的规模化养殖场和示范基地,加强典型示范引导。

(五)加强绿色高效新装备新技术示范推广。大力支持工程防疫、智能饲喂、精准环控、畜产品自动化采集加工、废弃物资源化利用等健康养殖和绿色高效机械装备技术试验示范。加快优质饲草青贮、农作物秸秆制备饲料、畜禽粪污肥料化利用等机械化技术推广应用,推动构建农牧配套、种养结合的生态循环模式。积极示范推广先进适用的暖棚、冷库等设施和特产养殖需要的高效专用技术装备。推进畜牧机械装备节能降耗。支持农机试验鉴定机构改善检验检测条件,创新试验鉴定方法,完善试验鉴定大纲,有效提升畜牧机械装备试验鉴定能力,加快主要畜种生产所需机械装备的试验鉴定,及时公布结果,为畜牧业技术装备加快推广应用提供有力支撑。创新畜牧新装备新技术体验式、参与式推广方式,充分调动畜牧设施装备生产企业、养殖场(户)和科研院校、社会团体等参与技术推广的积极性,加快畜牧业机械化新技术推广应用。

(六)提高重点环节社会化服务水平。大力培育发展新型畜牧机械装备经营和服务组织,支持服务组织以市场化、专业化为导向,开展优质饲草料“种、收、贮、加、送”、粪污资源化利用、病死畜禽无害化处理、畜产品贮运、安全净化防疫等环节的社会化服务。积极推进畜牧机械装备社会化服务机制创新,大力发展订单式作业、生产托管、承包服务等新模式、新业态。探索建立“龙头企业+养殖合作社+养殖场

（户）"的畜牧机械装备租赁体系，提高畜牧机械装备的利用效率和效益。鼓励中小规模养殖场（户）集中区域，建设畜禽养殖废弃物集中收集、无害化处理和资源化利用中心，促进畜牧机械装备共享共用，支持引导中小养殖场（户）向标准化、规模化养殖方向发展。

（七）推进机械化信息化融合。推进"互联网＋"畜牧业机械化，支持在畜禽养殖各环节重点装备上应用实时准确的信息采集和智能管控系统，支持鼓励养殖企业进行物联化、智能化设施与装备升级改造，促进畜牧设施装备使用、管理与信息化技术深度融合。鼓励、支持和引导畜牧养殖和装备生产骨干企业建立畜禽养殖机械化信息化融合示范场，应用畜产品全程可追溯系统。支持有条件的地方建设自动化信息化养殖示范基地，推进智能畜牧机械装备与智慧牧场建设融合发展。推动畜牧业机械化大数据开发应用，为畜牧机械装备研发、试验鉴定、推广应用和社会化服务提供支持。

三、保障措施

（八）加强组织领导。各级农业农村部门要把畜牧业机械化发展纳入农机化、畜牧业发展规划，列入重要议事日程。农机化主管部门和畜牧业主管部门要密切沟通，加强重大事项的会商和协调，组织调动农机试验鉴定和农机化、畜牧技术推广等系统力量，协同推进畜牧业机械化发展。各地要结合实际，突出重点，强化机械化与畜牧业发展目标任务衔接，整合资源，同向发力。加强与财政、科技、工业和信息化、环境保护等相关部门的沟通协调，积极争取支持，形成工作合力，为畜牧业机械化发展创造有利条件。要支持行业协会发挥行业自律、信息交流、教育培训等方面的作用，服务引导畜牧设施装备行业转型升级，助力畜牧业机械化发展。

（九）完善扶持政策。积极争取投入，支持畜牧机械装备基础研究和创新能力建设，加快科技成果转化应用。加大农机购置补贴对畜牧机械装备的支持力度，重点向规模化养殖场倾斜，实行应补尽补。完善养殖场设施用地标准，支持养殖场“宜机化”改造建设，为畜牧业机械化创造良好条件。探索开展畜禽养殖成套装备、设施试验鉴定与推广应用的路径。支持大型成套畜牧机械融资租赁试点。鼓励金融机构开展权属清晰大型畜牧机械装备抵押贷款。鼓励各地通过项目支持、政府购买服务，推动畜牧机械、畜牧养殖科研推广人员与畜牧设施装备生产企业、新型畜牧养殖主体联合建设试验示范基地，开展技术试验、人才培训和推广服务。

（十）壮大人才队伍。引导大专院校在农业工程、畜牧兽医等学科设置畜牧机械相关课程和研究方向，培养创新型、应用型、复合型畜牧业机械化人才。支持相关高校面向畜牧业机械化、畜牧设施装备产业转型升级开展新工科研究与实践，推动实施产教融合、校企合作，支持优势畜牧设施装备生产企业与学校共建共享工程创新基地、实践基地、实训基地，构建产学合作协同育人体系。加大高素质农民培育工作对养殖场（户）、养殖合作社带头人的扶持力度，强化畜牧设施装备知识培训。支持设施装备生产企业、养殖企业、养殖合作社、社会团体培养畜牧机械操作、维修等技能型人才，大力遴选和培养畜牧装备生产、使用及设施装备建设安装、工程监理等一线实用人才。加强对农机化、畜牧业管理及技术人员相关知识培训,壮大畜牧业机械化人才队伍。

(十一)强化公共服务。充分发挥农机化和畜牧业主管部门在推进畜牧业机械化中的引导作用,重点在公共服务等方面提供支持,为市场创造更多发展空间。推进政务信息公开,加强规划政策引导,优化鉴定推广服务,保障安全生产,保护知识产权,切实调动各类市场主体的积极性、主动性和创造性。完善健全畜牧业机械化技术标准体系、设施装备试验鉴定大纲和生产作业规范,构建主要畜禽养殖全程机械化评价指标体系并积极开展动态监测,为畜牧业机械化发展提供有效支撑。加强舆论引导,推介宣传发展典型和经验,努力营造加快推进畜牧业机械化的良好氛围。

农业农村部

2019年12月25日

附录六　农业农村部关于加快推进设施种植机械化发展的意见

农机发〔2020〕3号

各省、自治区、直辖市及计划单列市农业农村(农牧)厅(局、委),新疆生产建设兵团农业农村局,黑龙江省农垦总局、广东省农垦总局:

设施种植是保障“菜篮子”产品供应、促进农民增收和繁荣农村经济的有效途径。设施装备和机械化生产是设施种植高质量发展的重要支撑。为贯彻落实中央一号文件和《国务院关于加快推进农业机械化和农机装备产业转型升级的指导意见》(国发〔2018〕42 号)关于设施农业发展有关部署,现就加快推进设施种植机械化发展提出以下意见。

一、总体要求

(一)指导思想。以习近平新时代中国特色社会主义思想为指导,全面贯彻党的十九大和十九届二中、三中、四中全会精神,牢固树立和贯彻落实新发展理念,充分发挥市场在资源配置中的决定性作用和更好发挥政府作用,着力科技创新、机制创新和政策创新,加强规划引领和政策支持,优化种植设施区域布局,大力推广适宜机械化生产的标准化温室,推进农机农艺融合、机械化信息化融合,加快设施装备与设施专用品种和绿色高效栽培技术集成配套,完善技术装备和社会化服务体系,推动设施种植机械化全程全面高质高效发展,加快设施种植现代化步伐,为促进乡村振兴战略实施和农业农村现代化提供有力支撑。

(二)发展目标。到 2025 年,种植设施区域布局更加合理,结构类型更加优化,以塑料大棚、日光温室和连栋温室为主的种植设施总面积稳定在 200 万公顷以上;设施结构区域化标准化设计、建设、改造稳步推进,农机作业条件显著改善,新型设施结构、材料和节能降耗技术装备取得突破;适宜机械化生产的新品种和新技术新模式加快推广,设施蔬菜、花卉、果树、中药材的主要品种生产全程机械化技术装备体系和社会化服务体系基本建立，设施种植机械化水平总体达到50%以上，土地产出率、劳动生产率和化肥、农药及水资源利用率迈上新台阶。

二、主要任务

坚持市场导向、问题导向和目标导向，瞄准设施种植绿色高效发展的机械化需求，补短板、强弱项、促协调，全面提升设施种植机械化水平，支持设施种植高质量发展。

（一）推进设施布局标准化。围绕设施种植产业优势区域，推广标准化温室设施。北方以节能日光温室为主、南方以塑料大棚为主。黄淮海、环渤海和西北暖温带，东北和西北中温带区域，以发展节能日光温室为主，适度发展大跨度塑料大棚，在能源成本较低地区适度发展连栋玻璃温室和连栋塑料温室。长江流域亚热带多雨区以发展单栋和连栋塑料大棚为主，适度发展遮阳棚、防雨棚、防虫网室。华南亚热带多雨区以塑料大棚、遮阳防雨棚为主，有条件的地区适度发展连栋塑料温室。华南和西南热带区以连栋塑料大棚、遮阳棚为主，适度发展防虫网室和连栋塑料温室。青藏高原气候区以发展节能日光温室为主。

（二）推进设施建造宜机化。制修订适宜不同地区的标准化温室设施结构与建造的标准，明确满足农机作业条件的空间结构、出入口、内部通道等方面尺度，提出符合设备安装需要和安全生产要求的结构强度规范。加快老旧种植设施的宜机化改造，依照农机通行和室内作业条件，改造出入口、骨架、耳房、缓冲间、室内通道等，优化种植空间布局，创新宜机化种植模式，满足设备安装运转、机械通行作业需求。积极推广节能型设施建造材料和低能耗电动设施装备，减少能源消耗和污染排放。

（三）推进生产作业机械化。加大设施种植装备科技创新投入力度，支持产学研推用协同攻关，突破精量播种、育苗嫁接、移栽和收获等环节技术装备短板。加快提升环境调控、植保作业的机械化水平，推广普及土地耕整、灌溉施肥技术装备。推动电动运输、水肥一体化设施以及多功能作业平台等与温室结构集成配套。加力推广尾菜、植株秸秆、残膜等资源化高效利用技术装备，实现设施种植清洁生产。开展联合攻关，加快选育、推广宜机化设施专用品种，示范推广宜机化种植技术模式，推进各环节机具装备的协同配套，积极构建区域化、标准化的设施种植全程机械化技术体系，促使良种、良法、良机配套，为机械化生产创造良好条件。有条件的地区要率先实现设施种植全程机械化。

（四）推进设施装备智能化。加快信息化和机械化融合，推广环境自动调控、水肥一体化智能控制和作物生长信息监测等技术，降低生产成本，提升设施种植机械化水平。加大科技攻关力度，重点突破设施种植装备专用传感器、自动作业、精准作业和智能运维管理等关键技术装备，研制嫁接、授粉、巡检、采收等农业机器人和全自动植物工厂，实现信息在线感知、精细生产管控、高效运维管理。

（五）推进生产服务社会化。引导温室大棚种植户组建设施种植机械服务合作组织，提升生产全过程机械、设备共享服务能力。加强设施种植机械化社会化服务的支持指导，培育设施种植农机合作社、生产联合体、综合服务站等社会化专业性服务组织，开展大棚建造、维护保养、机具租赁、种苗供应、作业托管和加工销售等社会化服务，创新服务机制，发展“全程机械化＋综合农事服务”等设施种植社会化服务新模式、新业态。加强对服务组织规范化建设的指导，引导服务组织完善管理制度，健全运行机制，拓展服务范围，提高服务标准。

三、保障措施

(一)加强组织领导。各级农业农村部门要把发展设施种植机械化纳入农业农村发展规划，列入重要议事日程，农机化与科技、种植业、种业、农田建设等有关方面密切协作，建立协调机制，加强重大事项的协调配合，组织调动农机试验鉴定、技术推广、安全监理和农业技术推广服务等系统的力量，合力推进设施种植机械化发展。要积极支持行业学会、协会、创新联盟发挥作用，开展设施种植机械化团体标准制修订、质量监测、信息交流、教育培训和国际合作等方面的工作，服务设施种植机械化发展和设施种植转型升级。

(二)完善扶持政策。制定设施种植基地建设和改造的宜机化标准和工作指引，积极争取财政、金融等部门支持，统筹财政资金、信贷资金和社会资金，推进设施大棚宜机化建设、改造。加大农机购置补贴支持力度，将更多设施种植装备纳入补贴范围，扩展标准化大棚骨架补贴试点范围，积极探索成套设施装备补贴路径。落实设施农用地管理政策，完善设施建设和改造标准。推动金融机构对权属清晰的温室大棚设施装备开展抵押贷款，探索对购买大型设施农业装备贷款进行贴息，推广“大棚贷”“大棚险”等农业信贷保险模式。积极引导各类民间资本投入设施种植机械化发展，加快建立多元化投入机制。

（三）推进科技创新。发挥现代农业产业技术体系岗位专家的作用，围绕设施种植智能化、绿色化关键薄弱环节，开展技术装备研发示范推广。瞄准重大需求，及时提出设施装备技术创新建议，争取科技、财政部门立项支持，推动有关重点研发计划专项加大对设施种植基础研究和关键技术装备研发支持力度，增强新技术新装备的供给能力。积极支持引导，推动建立以企业为主体、市场为导向、产学研深度融合的设施种植工程技术创新体系，加快科技创新和成果转化。

（四）强化示范引导。充分发挥农业产业园、国家现代农业科技示范展示基地等平台的作用，开展先进适用设施设备、专用品种、高效生产管理和种苗生产、环境调控、采后处理等技术的示范集成。支持有条件的地区建设设施种植数字农业基地，推广高端智能设施装备。通过项目支持、政府购买服务等方式，充分调动设施装备企业、种植户、合作社和科研院校、社会团体参与技术推广的积极性，创新体验式、参与式推广方式，提升示范推广效果，加快设施种植机械化技术推广应用。及时总结好典型好经验，加强宣传推广，为加快提升机械化水平、促进设施种植高质量发展营造良好社会氛围。

（五）加强公共服务。加强设施种植装备及配套技术标准制修订，补齐短板，完善标准体系。加强设施种植装备试验鉴定能力建设，制修订一批试验鉴定大纲，积极开展专项鉴定，支持新设施新机具新技术加快转化推广应用。选取典型地区，开展设施种植机械化发展情况动态监测，加强发展指导。加强设施种植装备使用安全监管，督促指导生产主体安全生产。建设人才队伍，支持建立一批设施种植机械化技能人才培养基地，推广在线学习平台及手机App，为人员培训提供有力支撑。

农业农村部

2020年6月27日

附录七　农业农村部关于加快水产养殖机械化发展的意见

农机发〔2020〕4号

各省、自治区、直辖市及计划单列市农业农村（农牧）厅（局、委），福建省海洋与渔业局，新疆生产建设兵团农业农村局，黑龙江省农垦总局、广东省农垦总局：

机械化是水产养殖业现代化的重要内容、重要支撑和重要标志。近年来，水产养殖业加快向绿色高效转型升级，设施装备总量持续增长，机械化水平稳步提升。但水产养殖机械化的总体水平还不高，不同地区、不同养殖方式、不同生产规模、不同生产环节的机械化发展不平衡不充分，部分技术装备有效供给不足、设施装备与生产技术集成配套不够等问题亟待解决。为贯彻落实《国务院关于加快推进农业机械化和农机装备产业转型升级的指导意见》(国发〔2018〕42号)和农业农村部等10部委联合发布的《关于加快推进水产养殖业绿色发展的若干意见》(农渔发〔2019〕1号)有关部署,加快推进水产养殖机械化发展,现提出以下意见。

一、指导思想和发展目标

(一)指导思想。以习近平新时代中国特色社会主义思想为指导,全面贯彻党的十九大和十九届二中、三中、四中、五中全会精神,牢固树立和贯彻落实新发展理念,充分发挥市场在资源配置中的决定性作用和更好发挥政府作用,坚持问题导向、目标导向、结果导向,以满足水产养殖业绿色高效发展对机械化的需要为目标,着力科技创新、机制创新、政策创新,补短板、强弱项、促协调、提水平,推进机械装备与水产养殖工艺融合、机械化养殖与信息化管理融合、设施装备运用与绿色养殖方式发展相适应,推动水产养殖机械化全程全面高质高效发展,为水产养殖业向绿色高效转型升级、加快现代化步伐提供有力支撑。

(二)发展目标。到2025年,水产养殖机械化水平总体达到50%以上,育种育苗、防疫处置、起捕采收、尾水处理等薄弱环节机械化取得长足进步,主要养殖模式、重点生产环节的机械化、设施化、信息化水平显著提升,绿色高效养殖机械化生产体系和社会化服务体系基本建立,工厂化、集装箱式和池塘工程化等循环水养殖基本实现机械化,水产养殖生产效率、资源利用效率和环境友好效应迈上新台阶。

二、主要任务

（三）大力推进水产养殖机械装备科技创新。瞄准水产绿色高效养殖全程机械化发展需要，聚集优势资源，推进产学研推用结合，加快攻克制约水产养殖机械化全程全面高质高效发展的技术难题。组织调动大专院校、科研院所、产业技术体系等各方力量，加强池塘养殖、筏式养殖、网箱养殖等主要养殖方式的生态系统结构功能与调控机理、环境生态容纳量与养殖容量、生境生态要素与设施设备互作机制等基础研究，为加快推进水产养殖机械化提供基础支撑。充分发挥大型装备制造企业和水产养殖企业、现代农业产业技术体系、农业科技创新联盟等方面的作用，重点开展池塘养殖精准管控、高效起捕、筏式养殖轻简化植苗采收、苗种计数分选、病死水产品无害化处理等新装备研发，完善深远海大型智能化养殖、深水抗风浪网箱养殖、工厂化养殖、集装箱式养殖、池塘工程化循环水养殖等成套技术设施装备，加快推广应用。健全完善水产养殖装备创新平台和全程机械化科研基地布局，加强技术集成示范。加快补齐水产养殖机械和设施标准，制定设施装备作业质量评价、信息化监测终端与数据管理等标准，健全完善水产养殖机械化标准体系。加快遴选推广绿色高效的水产养殖机械化新技术、新装备、新工艺、新模式，淘汰高能耗、高污染、安全性能差的老旧水产养殖机械，促进技术装备更新换代。

（四）加快构建主要水产绿色养殖全程机械化体系。选育适合机械化饲喂、收获的品种，推进池塘、筏架、工厂化、网箱等养殖设施的宜机化标准化建设，促进养殖品种、工艺、设施与机械装备协同联动，加快饲喂、增氧与清淤清扫、疫苗注射、起捕采收、分选分级、保质保鲜以及水质监控、水草管护、尾水处理等方面的设施装备集成配套，构建标准化、区域化、规模化的全程机械化生产体系。重点围绕池塘工程化循环水养殖、工厂化循环水养殖、深水抗风浪网箱养殖、盐碱水绿色养殖、多营养层级综合养殖、稻渔综合种养、鱼菜共生生态种养、集装箱式循环水养殖等生态健康养殖模式，因地制宜开展主要水产绿色养殖方式全程机械化生产体系的试验优化、凝炼总结，推出一批全程机械化解决方案，制定发布技术规范，建立示范基地，加快推广应用。支持引导有条件的水产养殖主产县、大型养殖企业率先实现主要水产养殖全程机械化。

（五）积极推进水产养殖机械化信息化融合。促进物联网、大数据、移动互联、智能控制、卫星定位等信息技术在水产养殖装备、生产作业和管理服务上的应用，推进设施装备智能化、生产管理精准化、经营服务网络化。大力发展在线监测、精准饲喂、智能增氧、自动净化、分级分拣等水产养殖数字化装备，开发推广渔联网与大数据平台。支持鼓励养殖场进行设施装备物联化智能化升级改造、应用水产品全程可追溯系统，引导支持水产养殖和装备生产企业建立机械化信息化融合示范场，推进智能装备与智慧养殖融合发展。

（六）加快提高绿色养殖重点环节社会化服务水平。推动水产养殖机械化作业专业服务队伍建设，提供清淤、收获、分级、废弃物处理、池塘改造等环节的社会化作业服务，发展订单式作业、生产托管、承包服务等社会化服务新模式、新业态，加快推进各类经营主体以多种形式融合发展。发挥规模经营主体的示范引领和带动作用，按照“全程机械化＋综合渔事服务”的要求，建立“龙头企业＋养殖合作社＋养殖户”的水产养殖生产经营模式，集中建设水产养殖尾水综合处理、养殖废弃物集中收集无害化处理资源化利用等设施，促进清淤、收获、初加工等机械装备共享共用，构建全程机械化水产养殖生态小区，推进水产养殖向标准化、规模化、绿色化发展。

（七）着力推进养殖池塘标准化宜机化建设。制定水产养殖池塘标准化建设规范，明确相关设施配置规范和机械作业的空间结构、出入口、通行道路等配套要求。制定养殖池塘宜机化改造工作指引，大力推进老旧池塘标准化改造，完善循环水、进排水处理设施，支持尾水处理设施升级改造，建设塘间道路，优化空间布局，满足设备应用、机械通行作业需求。合理确定池塘清淤与护坡修整周期，建立标准化养殖池塘维护修缮及设施装备管护的长效机制。

三、保障措施

（八）加强组织领导。各级农业农村部门要把水产养殖机械化发展纳入农机化、渔业发展规划，列入重要议事日程，做好机械化与水产养殖业发展目标任务衔接。加强与财政、科技、工业和信息化、自然资源等相关部门的沟通协调，争取支持，形成合力，共同推动水产养殖机械化加快发展。农机化和渔业等方面要密切沟通，加强重大事项的会商和协调，组织调动农机试验鉴定和农机化、水产技术研发推广等系统力量，协同推进水产养殖机械化发展。鼓励支持水产养殖机械化行业协会、学会建设，发挥协会、学会在学术研究、信息交流、教育培训、标准制定、技术指导等方面作用，服务引导水产养殖设施装备行业转型升级，助力水产养殖机械化发展。

（九）加大政策扶持。制定发布水产养殖机械化技术和装备需求目录、主推技术，积极争取财政、科技等部门立项支持，推进水产养殖机械装备创新，加快科技成果转化应用。落实水产养殖设施用地政策，完善养殖场设施用地标准，加强规划引领和技术指导，拓展资金投入渠道，支持养殖场标准化建设和宜机化升级改造建设，为水产养殖机械化创造良好条件。加大农机购置补贴对水产养殖机械装备与设施的支持力度，重点向绿色高效机械装备和规模化养殖场倾斜，探索开展水产养殖机械化新产品新装备以及成套设施设备补贴的路径方式。引导金融机构加大对重点渔机生产企业信贷投放，落实水产养殖绿色发展用水用电优惠政策。支持建设一批“全程机械化＋综合渔事”服务中心，完善仓储保鲜冷链、废弃物集中处理等设施，开展“一站式”服务。鼓励各地通过项目支持、政府购买服务等方式，扶持产学研推用各方面联合建立试验示范基地，共同开展水产养殖机械化技术试验、人才培训和推广服务。

（十）优化公共服务。健全完善水产养殖设施装备试验鉴定大纲，支持农机试验鉴定机构改善相关检验检测条件，加快提升试验鉴定能力，为水产养殖设施装备科技创新和技术推广提供有力支撑。推进政务信息公开，加强规划和政策引导，保障安全生产，保护知识产权，切实调动各类市场主体的积极性、主动性和创造性。优化水产养殖机械化水平评价指标体系并积极开展动态监测，及时发布相关结果信息，强化水产养殖机械化发展指引。指导水产养殖设施装备工程安装和操作使用、维修维护等技能人才培训教材和培养基地建设，推动水产养殖设施装备生产企业、水产养殖企业与有关院校共建共享工程创新基地、实践基地、实训基地，不断壮大水产养殖机械化人才队伍。加强舆论引导，推介宣传发展典型和经验，努力营造加快推进水产养殖机械化发展的良好氛围。

农业农村部
2020年11月4日

附录八　农业农村部关于加快推进丘陵山区农业机械化的调研报告

丘陵山区是我国粮食和特色农产品的重要生产基地，也是贫困人口的集中地，主要分布在19个省区市的1 400余个县(市)区，其耕地面积、农作物播种面积均占全国的1/3，涉及农业人口近3亿人。农业机械化是转变农业发展方式、提高农村生产力的重要基础，是实施乡村振兴战略的重要支撑。大力发展农业机械化，对于丘陵山区建设现代农业、推进脱贫攻坚、加快乡村振兴都具有十分重要意义。近年来，丘陵山区农业机械化发展取得了长足进步，但与平原地区仍有不小差距，是全国农业机械化发展不平衡不充分的主要所在。今年6月以来，按照农业农村部党组有关部署，农业机械化司把加快推进丘陵山区农业机械化发展列为“不忘初心、牢记使命”主题教育活动调查研究、检视整改的重要内容，与贯彻落实《国务院关于加快推进农业机械化和农机装备产业转型升级的指导意见》(国发〔2018〕42号)等有关工作结合起来，组织开展了专题调研。

一、近年推进丘陵山区农业机械化的主要做法和成效

近年来，特别是党的十八大以来，我部将推进丘陵山区农业机械化发展摆上重要日程，先后召开首次丘陵山区农业机械化发展座谈会、首次果菜茶生产机械化现场会，明确思路举措，作出全面部署。有关省区市农业机械化主管部门积极谋划，创新工作，持续推进丘陵山区农业机械化发展，取得了积极成效。截至2018年年底，丘陵山区省份农机总动力达到4.4亿千瓦，比2012年增长21%；农作物耕种收综合机械化率达到49%，比2012年提升12个百分点，农业物质技术装备水平和农业机械化水平得到了大幅度提高，有力地支撑了丘陵山区现代农业建设、产业扶贫和农民增收致富。

(一)培植发展主体，强化引领带动。我部组织在丘陵山区创建一批全国农机合作社示范社。丘陵山区省份大力培育发展农机合作社等社会化服务组织，支持农业产业化企业

应用示范农业机械化新技术新装备，引领促进当地农业机械化发展。

如贵州省 2014 年以来，每年开展一次省级农机合作社专业人才培训，累计投入扶持资金 11 143 余万元，扶持建立农机专业合作社 545 个、农机抗旱救灾服务队 145 个。甘肃省自 2015 年起实施“一乡一农机合作社”建设，目前丘陵山区乡镇覆盖率达 63.4%。福建省在 61 个县市培育了 85 个万亩服务规模的农机合作社，大力开展农机社会化服务。山西省把推进丘陵山区农机合作社发展与农机资产收益扶贫相结合，2017 年、2018 年省（市、县）投入资金 6 400 万元，建立试点 187 个，合作社吸纳贫困户 6 100 余户，有效促进了贫困地区农业机械化发展和扶贫攻坚。

（二）推进装备研发，增加技术供给。“十二五”国家公益性行业（农业）科研专项累计投入 5 800 万元，支持丘陵山区适用机具技术研发。“十三五”国家重点研发计划“智能农机装备”重大专项中，设立“丘陵山地拖拉机关键技术研究与整机开发”等 3 个项目，投入资金 5 000 多万元，支持开展丘陵山区农业机械化技术研究示范。同时，一些省（市）也加快推动丘陵山区农机装备研发，如湖北省财政投入 300 万元，实施“丘陵山区主要农作物机械化生产关键技术装备研发与集成示范项目”，重点研发示范油料、茶、蔬菜等生产关键环节装备和山地果园运输技术装备；浙江省发布了产品需求与科研导向目录，并陆续安排了部分省级科技创新项目，支持引导科研单位和企业研发丘陵山区农机新产品等。通过持续推进科技创新，形成了一批重要科研成果，有效缓解了丘陵山区农业生产许多环节“无机可用”的问题。

（三）推动改地适机，改善作业条件。重庆市率先提出开展丘陵山区地块“宜机化”改造，推动农田地块小并大、短并长、陡变平、弯变直和互联互通，为大中型农机运用创造条件，2014 年以来，共投入 1.13 亿元专项资金用于新型经营主体 30 万亩“宜机化”地块改造奖补。我部积极推广重庆等地农田“宜机化”改造的经验，引导各地加大丘陵山区土地“宜机化”整治力度，推进高标准农田建设相关标准满足机械化作业。广西壮族自治区 2016 年启动适于机械化作业的“双高”糖料蔗基地建设，已整治建成近 500 万亩。山西省 2018 年投入财政资金 855 万元，完成 5 300 亩的丘陵山区农田“宜机化”改造。陕西省 2018 年在安康市建立缓坡地“宜机化”改造试点、在延安市进行阶梯形缓坡地“宜机化”改造试验等，积极探索改善机械化作业条件的路径。四川省 2011 年以来累计投入 1.8 亿元用于农业机械化生产道路建设。

（四）强化示范推广，加快发展步伐。我部在丘陵山区省份组织创建主要农作物生产全程机械化示范县 98 个，各地结合实际建设了一批示范县乡、示范基地，加强典型示范引路。如福建省 2018 年 10 个设区的市均建一个主要农作物生产全程机械化示范县，其他 63 个县市区各建设 1 个示范点，投入各类机具 5 000 多台套，举办各种示范推广活动 448 场。湖北省恩施州实施了“万亩乡镇千亩村特色产业基地现代农机装备推进工程”，建成了一批水稻、茶叶、高山蔬菜等生产机械化示范区和基地等。有关省份切实加大投入，实施项目带动，支持推动加强新技术试验示范和培训推广。如湖北省

2010年以来累计安排项目资金超过1亿元、陕西省2012年以来投入近3 000万元、山西省2016年以来投入2 300多万元等。各地在实施农机购置补贴政策中,充分考虑丘陵山区的需求,对补贴范围内的机具实行应补尽补,同时积极支持部分丘陵山区省份开展农机新产品购置补贴试点工作,加大特色作物生产和养殖业所需新装备推广应用的支持力度。2012年以来,中央财政累计安排丘陵山区集中的19个省区市农机购置补贴资金570亿元,支持农户购置机具2 000万台套,有力地推动了丘陵山区农业机械化发展。

二、当前影响丘陵山区农业机械化发展的困难问题

从调研情况看,丘陵山区随着脱贫攻坚工作加快推进,特色优势产业加快发展,农村劳动力加快转移,农业各领域对机械化生产的依赖越来越明显,需求越来越迫切。丘陵山区农业机械化发展虽然取得了积极进展,但总量不足、结构不优、质量不高。丘陵山区省份目前农作物耕种收综合机械化率不足50%,西南丘陵山区仅为29%,远低于全国总体69%的水平,养殖业、农产品初加工等方面的机械化水平也不高,与农业、农村和广大农民对机械化的迫切需要尚有不小差距。制约丘陵山区农业机械化发展的因素主要有:

(一)地形地貌复杂,农机作业条件较差。丘陵山区地形复杂多变,山高坡陡、道路崎岖、耕地条件差,如重庆市分布于丘陵山地的耕地面积占比达98%,贵州省的占比为92.5%。许多地块细碎凌乱、坡多台多埂多、形状不规则,大中型农业机械多数难以通行及作业,机具进地难、作业难,是

制约机械化发展的最大瓶颈。

（二）种养制度多样，适用机具研发困难。丘陵山区种植作物品种较多，采用传统的套作、间作等种植模式较普遍，农艺繁琐，农业产业规模小且分散，所需要的农业机械化技术装备多样，机具研发需要攻克的难题多而复杂，令不少研发机构和农机企业望而却步，许多产业所需的关键环节机具“无机可用”“无好机用”问题突出。已经开发的一些地方特色产业发展所需的特殊、小众机具也由于技术不够成熟，标准滞后等原因，难以通过试验鉴定进入农机购置补贴范围。

（三）投资效益较低，农机供需双向乏力。供给方面，丘陵山区所需的农机品种多，市场规模批量少，售后服务成本高，加之研发难度大，农机企业积极性不足。需求方面，丘陵山区户均耕地规模小，农机在小田块内作业效率低、损耗大，加之农机作业的社会化、专业化程度相对较低，缺乏规模作业量，作业成本比较高，收益比较低，投资回报时间较长。据调查，丘陵山区农机投资回收期比平原地区长 1 倍以上，对农民和服务组织投资农机的积极性造成较大影响。

（四）支持力度不够，技术服务能力薄弱。当前除中央财政农机购置补贴外，各级财政用于支持丘陵山区农业机械化发展的项目和资金比较有限。如丘陵山区农田“宜机化”改造需要大量的资金，但扶持力度不大。丘陵山区农业机械化技术示范、教育培训、服务组织建设等方面的投入长期不足，大多数乡镇的农业机械化技术与管理人员缺乏，已有人员业务知识老化严重，许多地方缺少农机维修服务网点设施等，影响了丘陵山区农业机械化工作的开展。

三、加快推动丘陵山区农业机械化发展的思考建议

没有农业机械化，就没有农业农村现代化。没有丘陵山区的农业机械化，就没有全国的农业机械化。从调研的情况看，丘陵山区农业机械化发展已经取得了较好的成效，积累了有益经验，当前加快丘陵山区农业机械化的时机已经成熟。

《国务院关于加快推进农业机械化和农机装备产业转型升级的指导意见》（国发〔2018〕42 号）对丘陵山区农业机械化发展的目标任务提出了明确要求。我们要乘势而上，积极作为，将发展丘陵山区农业机械化作为当前和今后相当长时期农业机械化工作的战略重点，以农机农艺融合、机械化信息化融合、农机服务模式与农业适度规模经营相适应、机械化生产与农田建设相适应为路径，以“新型经营主体＋”为主要载体和抓手，推行新型经营主体＋农田“宜机化”改造、新型经营主体＋全程机械化＋综合农事服务中心、新型经营主体＋信息化社会化作业服务、新型经营主体＋规模化特色优势产业全程机械化等发展模式，引领推动丘陵山区农业机械化发展。要在已有工作基础上，以推进科技创新、机制创新和政策创新为重点，促进农机、农田、农艺、农业经营方式协调发展，为丘陵山区农业机械化发展注入新动力，加快丘陵山区农业机械化发展进程。

（一）加力科技创新。一是开展丘陵山区优势特色农产品生产机械化技术及装备需求目录的调查发布工作，引导科研单位和企业研发制造适应特色作物生产、特产养殖需要的

高效农机。二是积极争取财政投入和项目支持,推动产学研推用密切结合,加快适宜当地产业需求的农机具研发推广。三是充分发挥行业协会等社会组织作用,组织企业开展产业扶贫急需机具联合攻关,制定相关标准,推进技术创新和产业化。四是大力推进丘陵山区农机专项鉴定工作,加快新产品的试验鉴定、购置补贴步伐,促进创新成果转化应用。

(二)加强机制创新。一是充分发挥国家和各省农业机械化发展协调推进机制作用,创新工作方式,取得财政、工信、科技、发展改革等部门支持,形成工作合力。二是加强农业农村部门内农业机械化与农田建设、种植、养殖、科技等各方面协作配合,加快构建推进农机农艺融合、农田农机配合的机制,推动农田建设和品种、栽培、养殖及产后加工等方面"宜机化",促使良种、良法、良地、良机配套。三是积极构建公益性与经营性协调发展的推广机制,探索公益性服务的多种实现形式,通过政府订购、购买服务、招投标、定向委托、财政补助等方式,引导多元社会力量参与到公益性技术推广中来,加快提升丘陵山区农业机械化技术推广服务能力。

(三)加快政策创新。一是创新丘陵山区开展农田"宜机化"改造政策举措,制定工作指引,开辟资金渠道,开展试点示范引导等。二是创新丘陵山区农机购置补贴政策支持方式,优先满足丘陵山区县市资金需求,支持扩大丘陵山区适用机具补贴范围,探索加快特色产业发展所需机具补贴的途径,对一体化建造安装的设施装备通过先建后补方式予以支持,鼓励探索购置补贴、贷款贴息、融资租赁承租补贴等相结合的综合补贴方式等。三是推动丘陵山区地方探索扶贫资金、涉农资金用于支持农业机械化发展的路径方式，积极推动设立农机作业补助、农机服务组织建设、农业机械化新技术示范推广等方面项目，支持农机服务组织通过跨区作业、订单作业、农业生产托管等多种形式开展适度规模经营，提升作业服务、维修、技术培训等能力，加快农业机械化技术示范推广。四是推进丘陵山区农业机械化人才队伍建设，持续开展农业机械化干部培训和再教育，遴选培育一批农机推广服务"土专家"，通过购买服务、项目支持等方式，支持农机生产企业、农机合作社培养农机操作、维修等实用技能型人才，鼓励家庭农场、农业企业等新型农业经营主体从事农机作业服务，支持引导大中专毕业生等返乡下乡人员创办领办新型农机服务组织，选树推介一批"新型经营主体＋"发展模式"带头人"和典型，为加快丘陵山区农业机械化发展提供人才支撑。（本文系农业农村部农业机械化管理司调研组 2019 年 12 月 7 日发表于《农民日报》的调研报告）

后　记

为适应推进农业机械化向全程全面高质高效转型升级对农业机械化管理工作提出的新要求，加强机构改革后各地农业机械化管理人员的业务培训工作，农业农村部农业机械化管理司会同农业农村部农业机械试验鉴定总站、农业农村部农业机械化技术开发推广总站组织南京农业机械化研究所、中国农业大学、华南农业大学等单位的领导、专家，共同编写了这本《农业机械化管理工作读本》，供各级农业农村部门培训农业机械化管理人员使用，也可作为农机试验鉴定、农业机械化技术推广、农机安全监理等业务培训工作选用教材，以及农机企业、农机合作社和有关院校等方面人员了解农业机械化管理工作的参考书籍。

本书编写人员分工：第一章李安宁、宋建武。第二章罗锡文、曹光乔、王国占。第三章刘旭、王心颖、韩雪、徐峰、张传胜、白蒙亮、邢子涛、刘博、彭彬、田金明、刘德普。第四章李伟。第五章刘恒新、涂志强、王超、张园、吴传云、金红伟，其中，热带作物部分霍剑波、邓干然、李国杰主笔。第六章刘小伟。第七章范学民、白艳、曹光乔、徐峰、曹蕾；第八章杨敏丽。

全书由李安宁组织统筹，编审指导委会审定，宋建武、刘俊、林立、刘晶、段冬冬、滕雪飞、曲桂宝、杨宏伟、陈谦、车宇、毛振强、梅成建、刘司法等参加了编辑、校对工作。

本书参阅了众多领导、专家的文章文献，由于篇幅所限未能一一列出，在此一并致谢。

本书涉及内容广泛，参加编写人员较多，加之时间紧张，疏漏和差错在所难免，欢迎广大读者批评指正。

编　者

2020 年 8 月 26 日